CLAUDE

C'était ma mère

DU MÊME AUTEUR

Souviens-toi de l'Homme : l'éthique, la vie, la mort, Éditions Payot, 1990.

Témoignage dans *Lettres, notes et portraits*, 1928-1974, Éditions Robert Laffont, 2012 ; Le Livre de Poche, 2014.

Alain Pompidou

CLAUDE

C'était ma mère

Flammarion

Ouvrage publié sous la direction de Sylvie Santini.

ISBN : 978-2-0813-8381-4

À celle qui m'a appris
ce que l'on ne trouve pas dans les livres

Préface

Éric Roussel

Le 2 avril 1974, Georges Pompidou s'éteignait au terme d'une cruelle maladie supportée avec un immense courage. Claude, son épouse, lui survécut presque quarante ans avant de disparaître à son tour en 2007. Durant toutes ces années, les Français l'admirèrent sans la connaître réellement. Sa dignité, la réserve qu'elle observait à l'égard de la politique politicienne, son attachement à la mémoire de son mari forçaient le respect. Son élégance, le rôle discret mais très efficace qu'elle jouait dans la vie artistique et culturelle faisaient l'unanimité. Longtemps réticente à s'exprimer sur celui dont elle partagea l'exceptionnelle destinée, elle finit par s'y résoudre dans un livre fervent et pudique, *L'Élan du cœur*. On y devinait une vive sensibilité et des blessures secrètes éprouvées notamment lorsque, pour empêcher Georges Pompidou d'accéder à la magistrature suprême, certains n'hésitèrent pas à essayer de la salir. On y sentait aussi combien, pour Claude Pompidou, sa famille était importante, constamment au centre de ses préoccupations.

Alain Pompidou le confirme dans les pages que l'on va lire. Adopté en 1942, il nous raconte une singulière et émouvante histoire : celle d'un couple très uni qui, rêvant d'avoir un enfant, l'accueillit au plus noir des années noires et forma dès lors avec lui un trio indissociable. Dans les ménages très fusionnels, la descendance a parfois du mal à trouver sa place. Tel ne fut pas le cas au sein de ce foyer. En 2012, rompant un long silence, Alain Pompidou a dit tout ce qu'il devait à un père, toujours présent, très proche de lui, même au moment où la plus haute charge de l'État lui laissait peu de disponibilité. Reprenant la plume, voici qu'il complète ses souvenirs, éclairant cette fois la personnalité de sa mère.

Claude Pompidou incarna l'image même de la Parisienne cultivée. Protectrice des arts, et d'abord du Centre qui portait le nom de son mari ; amie de beaucoup d'artistes, de Niki de Saint Phalle à Tinguely ou Pierre Soulages, elle semblait vivre dans un tourbillon de mondanités. Mais, comme le révèle Alain, ce n'était là qu'une face de son personnage. Or, cette grande dame qui, jusqu'à la veille de sa mort, dîna en ville presque chaque soir, se montrait aussi passionnément attachée aux siens, à sa famille, à ses amis proches. Rien ne comptait davantage à ses yeux que les vacances qu'elle aimait partager avec eux en Bretagne, près de Fouesnant, où elle avait le souvenir d'étés heureux, dans les années soixante, aux côtés de son mari alors Premier ministre.

Le secret de la solidité de Claude Pompidou était à rechercher, comme le suggère Alain, dans cette

France provinciale dont elle était issue, où elle avait passé toute sa jeunesse. Son père, le Dr Cahour, médecin chef de l'hôpital de Château-Gontier, faisait figure de l'archétype du praticien d'autrefois, scientiste et d'un désintéressement absolu. Veuf encore jeune, il ne vivait que pour ses malades et ses enfants. À ses côtés, Claude acquit une inépuisable énergie et quelques grands principes d'existence. Au sommet de l'État, elle ne devait jamais oublier les leçons reçues en ce temps-là : pudeur des sentiments ; goût de la liberté ; horreur des conformismes. Autant de valeurs qu'elle partagea plus tard avec Georges Pompidou.

Alain Pompidou, aujourd'hui, assume ce bel héritage avec le souci de dire sa reconnaissance, de faire partager la chance qu'il a eue de vivre auprès de tels parents. Le portrait qu'il trace de sa mère nous rappelle un temps où les affaires publiques conduites avec rigueur et sens de l'intérêt général se conjuguaient avec le respect de la culture et celui de la liberté des artistes. À la nostalgie qu'inspirent à présent les années Pompidou, il était bon que soit associée celle qui sut si bien épauler son mari.

Note de l'auteur

N'étant ni écrivain, ni journaliste, je donne à cet ouvrage la forme d'un récit. Il est fondé sur des témoignages personnels et de nombreux écrits de Claude et Georges Pompidou.

Mon but est de présenter, avec ma propre écriture, l'évolution des grands traits de caractère de ma mère, à travers ce que nous avons vécu au plus près l'un de l'autre.

Prologue

Fille de médecin, ma mère s'est élevée seule avec sa sœur et a réussi à s'extraire d'une vie provinciale sans perspective. Alors qu'elle est étudiante à Paris, sa rencontre impromptue avec un jeune homme brillant et séduisant va la marquer pour la vie. S'ensuivront des années de bonheur, à Marseille, où enseigne son mari normalien, agrégé de lettres. La guerre consolide leur relation. Et, après sept ans de mariage, Claude et Georges décident d'adopter un enfant. Né trois mois plus tôt à Paris, j'entre dans leur vie le 5 juillet 1942. Claude est radieuse, Georges comblé. Je suis devenu la composante indissociable d'un trio affectif, le fils unique d'un couple intimement lié dès sa première rencontre. Et je leur suis profondément reconnaissant, puisque cet enfant tant désiré est aussitôt entouré de l'affection de la famille et des proches.

Après la libération de Paris, la haute stature du général de Gaulle, en tête du cortège des Champs-Élysées, donnera une dimension nouvelle à la vie de mes parents. Elle confortera leur relation à travers un parcours peu commun.

Pour autant, l'adoption, à l'époque, n'est pas valorisante comme aujourd'hui. Beaucoup la considèrent comme un échec. Un voile pudique est donc jeté sur les circonstances de ma naissance. Ni mon père, ni ma mère n'aborderont le sujet, craignant que cette révélation ne distende les liens qui se sont instaurés entre nous. Leur entourage respectera ce secret. Mon adoption me sera révélée beaucoup plus tard, par un membre de ma famille auprès duquel je m'étais ouvert de mes doutes.

Je suis aujourd'hui un homme d'âge mûr, avec trois enfants et sept petits-enfants. J'ai derrière moi une longue carrière de professeur en médecine, complétée par un parcours largement diversifié. Avec l'âge tout s'apaise. Ce contexte particulier me donne, désormais, la distance suffisante pour apporter mon témoignage sur les deux êtres d'exception qui m'ont élevé et plus particulièrement sur ma mère.

J'ai ainsi été conduit à mieux comprendre sa personnalité, à laquelle je veux, ici, rendre hommage. Pour retracer le portrait de Claude Pompidou, je dispose à la fois de mon vécu de fils aimant et de récits ou d'écrits de proches. Une découverte va toutefois m'aider : un carnet, relié de cuir, rempli de courtes notes manuscrites en vue de la préparation de son livre de souvenirs et de réflexions : *L'Élan du cœur.*

Même si ma mère n'y dévoile pas tout, la plupart de ses traits de caractère y transparaissent.

Si bien que l'ensemble de ces témoignages a agi sur moi comme un révélateur. Et, en 2015, au cours d'une croisière au large des côtes chiliennes, j'entreprends cet ouvrage. Plus précisément à l'occasion d'une escale à Puerto Natales. Serait-ce en raison de la magie que ce nom opère sur quelqu'un comme moi, qui a dû s'ouvrir à la vie sans connaître ses origines ? En tout cas, mon récit commence là, dans des paysages grandioses de pampas et de montagnes où mon esprit évolue sans entrave.

Affirmé dès l'enfance, le caractère de ma mère trouvera pleinement à s'exprimer dans un parcours peu banal mené à l'ombre du général de Gaulle. Il ne pourra que se renforcer lorsqu'il s'agira de perpétuer la mémoire de mon père, celui qui, dans son sillage, lui a permis d'accéder à la lumière.

De tempérament complexe, Claude manifeste sa dignité avec simplicité, elle sait se soumettre sans renier son indépendance, elle a de l'ambition sans rien sacrifier de sa pudeur… Personnage authentique, sa vie illustre une profonde interaction entre la tête et le cœur.

Chapitre I

Une personnalité en devenir : 1912-1953

Premiers défis

C'est pendant son enfance, puis sa jeunesse et après la rencontre avec le général de Gaulle, que la personnalité de Claude Pompidou va se forger et trouver ses repères.

« Semi-bretonne, semi-normande, avec de lointaines origines anglaises (19)… », ma mère m'entretient souvent de ses origines familiales. Claude est attachée à sa mère, grande et belle, élevée en Angleterre. Elle se souvient de quelques moments passés auprès d'elle pendant qu'elle lui lit, en anglais, *Le Livre de la jungle* de Rudyard Kipling.

Hélas, cette période d'affection chaleureuse est interrompue par l'épidémie de grippe espagnole qui, dès 1919, laisse deux petites filles orphelines de mère, Claude, sept ans, et Jacqueline, à peine trois ans.

Claude reporte alors sur sa grand-mère l'attachement à cette maman qui lui a manqué. Pauline –

c'est son prénom – est mariée à un notaire apprécié de tous, Abel Cahour [1].

Grand-mère chérie, elle entretient des relations mondaines avec la bourgeoisie locale au moment où la position sociale de son mari attire, autour d'elle, amies de circonstances comme solliciteurs. Il s'agit d'une « dame » qui tient salon et reçoit admirablement ; sa dignité et sa prestance marquent très tôt sa petite-fille, elle-même à la recherche d'une mère dont elle a gardé en mémoire la distance affectueuse. Sa grand-mère est fort lettrée, chose rare à l'époque ; « Comme pour elle, la littérature m'est indispensable (28) », écrira Claude bien plus tard.

Séduite par sa bibliothèque, Claude se réfugie en effet tôt dans la lecture. Elle découvre *Le Rouge et le Noir* de Stendhal, mais également *le Neveu de Rameau* de Diderot. Et se souviendra toujours de l'hôtel particulier XVIIIe – et de son jardin orné de camélias – de Château-Gontier. Leur odeur délicate marquera sa mémoire.

Pauline restant la seule référence féminine de Claude, un sentiment d'injustice l'envahira lorsque

1. Abel Cahour (1851-1922), marié en 1878 à Pauline, Marie, Agathe Frette-Damicourt (1857-1935). Officier public (notaire-avoué), il est premier adjoint au maire de Château-Gontier, sous-préfecture de la Mayenne, en Anjou. Il serait devenu maire si la guerre de 1914 n'avait pas interrompu la nomination des responsables municipaux. Évitant à ses administrés les privations, il se fait aimer et apprécier de la population.

celle-ci se verra contrainte de vendre, un à un, les meubles de famille au seul antiquaire local… qui la courtisait pour mieux la dépouiller. Claude en voudra longtemps à ce dernier de l'avoir conduite à la dispersion d'un mobilier d'époque qui lui manquera cruellement.

Cela expliquerait-il son goût de la littérature et, pour partie, l'intérêt pour les belles demeures et les meubles de style comme les antiquités ?

Claude est par ailleurs profondément attachée à son père, bien que le Dr Cahour [1] soit absent la plupart du temps.

Le matin, à l'hôpital, exerçant la fonction de « médecin chef », il est coiffé d'un bonnet et drapé d'une cape sombre, jetée sur sa blouse blanche. Respecté de tous, il a fière allure. Sa fille est marquée par cette image, qu'elle me rappellera lorsque j'envisagerai de compléter mon parcours professionnel par d'autres engagements : « J'aurais voulu que tu restes un grand médecin ! », me dira-t-elle.

L'après-midi, les consultations commencent à deux heures précises. Elles viennent interrompre la vie de la maison. La salle à manger sert de salle d'attente, il est interdit de se manifester, chacun reste

1. Pierre Cahour (1885-1962). Médecin, interne des hôpitaux du Havre, il est médecin-chef de l'hôpital de Château-Gontier (1938-1950). Il épouse Germaine Houssaye (1891-1919) en février 1912 dont il aura deux filles, Claude (née le 13 novembre 1912) et Jacqueline, dite « Jackie » (née le 27 octobre 1916).

dans sa chambre jusqu'au moment où la voiture démarre pour les visites dans les fermes de la région.

Dévoué à ses patients, le docteur ne cherche pas seulement à les soulager mais à leur venir en aide chaque fois qu'il le peut. Il refuse de faire payer les moins aisés et se rattrape à peine sur la bourgeoisie locale : on l'appelle « le médecin des pauvres ». Une attitude qui aura valeur d'exemple pour sa fille Claude.

Son traitement de médecin-chef de l'hôpital lui permet d'entretenir la maison et de satisfaire son désir d'être entouré de jeunes employées dont il apprécie la compagnie. Il les gratifie de menus cadeaux ou d'invitations dans les restaurants réputés de la région. Claude finira par le découvrir, mais ne lui en fera pas grief.

Profondément humain avec ses patients et ses amis proches, ce père est en revanche peu attentionné envers ses filles. Elles l'admirent pourtant, en dépit de son caractère irascible lié à un deuil qu'il n'a jamais accepté. Ainsi, il devient parfois imprévisible. La maison résonne alors des éclats de voix destinés à sa gouvernante. C'est le cas notamment lorsque le téléphone sonne et qu'elle doit annoncer une visite à effectuer d'urgence ou un accouchement nocturne à domicile. Laissant libre cours à son impulsivité, il n'hésite pas à lui faire des réprimandes le plus souvent infondées. Or, Marie Bodère [1] est la pierre angulaire

1. Marie Bodère (1901-1961) est « placée » à l'âge de douze ans par une mère employée dans la région : son mari était mort des suites d'un coup de pied de cheval.

de l'édifice familial, assurant le quotidien du père et de ses deux filles puis, plus tard de leurs enfants, mes deux cousines et moi qui lui seront profondément attachés.

Toujours prête à satisfaire nos besoins et caprices, elle nous dispense l'affection qui nous manque pendant les longues périodes de vacances où nos parents exercent leurs activités parisiennes. Marie est une excellente cuisinière : Claude en gardera le goût des plats simples, dont elle apprend très tôt la confection.

Marie fait face à un travail quotidien sans trêve ni repos. Son seul répit consiste à rouler des cigarettes de tabac gris auxquelles mon grand-père, fumeur invétéré, l'a initiée. Usée prématurément, intoxiquée par le tabac, elle mourra dans la maison de campagne d'Orvilliers où elle se sera dévouée à toute la famille, y compris à mon grand-père lourdement handicapé. Et sera enterrée à la tête de la tombe où se trouveront réunis mes parents : ce n'est que justice. À l'occasion de sa disparition prématurée, mon père écrira à son ami d'enfance, Robert Pujol [1] : « Tu connaissais

1. Robert Pujol (1910-1980), ami de Georges Pompidou depuis la 4e au lycée d'Albi. Rien ne les a jamais séparés. Il devient mon parrain en 1942. Ils échangent entre 1927 et 1974 une abondante correspondance qui m'a été transmise par sa fille Françoise. Elle a été largement publiée dans l'ouvrage *Lettres, notes et portraits*, paru aux Éditions Robert Laffont en 2013. D'abord professeur à Marseille puis affecté à Draguignan, c'est un amateur de piano et grand mélomane. Indifférent à la politique, très religieux, fervent de la messe en latin, il ne cherchera jamais à tirer profit de sa relation avec Georges Pompidou. Tout au plus acceptera-t-il de se voir décerner la Légion d'honneur.

Marie. Si quelqu'un a été la sainteté, c'est elle. Elle n'a jamais pensé qu'aux autres. Elle ne possédait rien. Elle vivait de l'amour qu'elle avait et de celui qu'elle inspirait (29). »

À Château-Gontier, Claude et sa sœur Jackie mènent donc une vie plutôt austère. À Noël, chacune reçoit une caisse d'oranges et rien de plus : c'est déjà beaucoup pour l'époque.

Les vacances se passent en Loire-Atlantique, à La Bernerie, avec cousins et cousines, dans une atmosphère de colonie de vacances. Mais tout est pesant, la rigueur règne sur les horaires et les distractions sont encadrées. Quant aux séjours avec leur père, ils obéissent au rituel du camping dans le Finistère nord, près de Portsall, à Saint-Pabu. Avide d'indépendance, mon grand-père s'est fabriqué une sorte de caravane, avec tente attenante à la voiture et remorque aménagée en cuisine. La malheureuse Marie est tenue d'y officier pour satisfaire les exigences du docteur qui goûte aux plaisirs de l'installation qu'il a conçue. Ces vacances sont vécues par ses filles, et particulièrement Claude, comme une contrainte, voire une corvée. Il impose, en plus, une ou deux personnes, venues du voisinage. Si bien que, dans la voiture, les passagers sont serrés les uns contre les autres. Mais il n'est pas question de récriminer : les invités bénéficient de la protection du chef de famille, il faut leur permettre de « voir la mer »…

Les années passent, monotones, jusqu'à l'adolescence de Claude qui décide d'échapper à cette routine insupportable. Elle sait pouvoir compter sur son père qui lui reste plus attaché qu'il n'y paraît. Pour preuve, cet épisode marquant, à un moment où sa vie est menacée. Victime d'une crise d'appendicite aiguë, le Dr Cahour l'emmène, en pleine nuit jusqu'à Angers, à quarante kilomètres, pour être opérée en urgence et éviter une grave péritonite. Claude est sauvée. Elle manifestera à son père, jusqu'à sa mort, une profonde gratitude.

Le soutien matériel et quotidien de Marie ainsi que cette confiance en un père attentif dans les phases critiques permettent à ma mère de laisser se développer un esprit d'indépendance caractérisé par une volonté farouche de trouver en elle-même les ressorts nécessaires. Dotée très tôt d'un caractère affirmé, la jeune fille doit subir l'éducation rigoureuse dispensée par les sœurs de l'école des Ursulines.

Elle ne peut se satisfaire des promenades sans fin et sans but, avec sa sœur, sur les bords de la Mayenne. Même la lecture ne suffit plus à son tempérament décidé et entreprenant. Fort heureusement, la proximité de la rivière donne lieu à de nouvelles activités : Claude apprend à nager toute seule, sans surveillance, entre deux poteaux de bois plantés au bord de la rivière et reliés entre eux par une chambre à air de voiture. Je l'ai plusieurs fois entendue rappeler cet épisode : « J'ai dû m'élever seule… J'en ai acquis un sens marqué de l'indépendance, de la responsabilité et le refus de s'apitoyer sur moi-même (28). »

Puisqu'elle sait nager, Claude se voit offrir un canoë-kayak. Entreprenante par nature, elle devient l'élément moteur d'un petit groupe de cousins et d'amis. Les photographies de l'époque reflètent la satisfaction de cette fine équipe défiant les méandres de la Mayenne.

Claude, à dix-sept ans, monte à cheval et joue au tennis chez des amis.

Mais, ce qui la préoccupe en vérité, c'est le moyen de rompre avec cette vie provinciale sans débouché à sa mesure, refusant de s'enfermer dans une existence bourgeoise de mère de famille. Mais comment y parvenir alors que l'école des Ursulines, réservée aux filles, ne permet pas de préparer le baccalauréat ? Il faut obtenir une inscription au collège des garçons.

Le Dr Cahour a suffisamment d'influence pour convaincre le principal du collège d'y inscrire sa fille sans se soucier de l'opinion de la bourgeoisie locale : imaginons les réactions suscitées, à l'époque, par la présence d'une seule et unique jeune fille dans un établissement scolaire destiné aux garçons !

Claude n'est pas près d'oublier les allusions perfides et les quolibets. Elle évoquera, devant moi, l'attitude de personnes jalouses ou mal intentionnées à son égard. Dans ce contexte, relever le défi de l'émancipation ne peut se concevoir que par le travail. Alors Claude étudie avec régularité, obtient de bons résultats. Le jour venu, son père l'emmène lui-même à Rennes passer le baccalauréat. Et elle obtient, sans difficulté, ce diplôme qui lui ouvre la porte de l'université.

Passionnée de lecture, alimentée très tôt par la large bibliothèque de sa grand-mère puis de son père, Claude souhaite intégrer la faculté de lettres. Le docteur, fils de notaire, l'oblige, lui, à s'inscrire en droit, sous prétexte qu'elle pourra mieux gagner sa vie. Ma mère s'incline. Elle a cependant gagné sa liberté. Et, provocatrices, sa sœur et elle se promènent dans les rues de la ville, toutes deux en pantalon, la cigarette aux lèvres.

Coup de foudre à Paris

Installée à Paris, Claude commence, sans enthousiasme, ses études de droit. Elle me laissera entendre, néanmoins, que sa vie d'étudiante lui convient car elle lui permet d'acquérir un large éventail de relations orienté sur ses centres d'intérêt : les livres – Proust, Barbey d'Aurevilly, Radiguet, Malraux, Camus et bien d'autres… –, les films (avec Raimu notamment) et les pièces de Claudel, d'Anouilh et de Giraudoux. Entre les cours, elle fréquente le quartier Latin où elle mène une vie libérée du carcan provincial. Fière de cette liberté conquise, elle n'aura de cesse de convaincre sa sœur de la rejoindre.

À la faculté, elle est certainement courtisée, au-delà même de ses attentes… Un cercle ésotérique repère en elle des qualités de médium qui se vérifieront au cours de son existence. Cette prédisposition, néanmoins, l'inquiète : elle la repoussera toute sa vie pour se protéger d'elle-même. Sa capacité d'anticipation, son sens prémonitoire représentent autant d'atouts que de handicaps. Claude est, par exemple, sensible à l'expression des mains. Souvent je l'ai entendue porter des jugements sans appel sur telle ou telle personnalité. « Il a des mains épouvantables », affirmait ma mère avant même d'avoir pu engager la conversation et elle ne se trompait pas…

Déjà la compagnie des femmes l'ennuie. Elle ne s'intéresse qu'à ceux qui visent avec talent un but précis. Séduisante, sans préjugés, curieuse de nouveauté, elle peut enfin donner sa mesure. Sa spontanéité s'exprime au sein du cercle d'amis qu'elle a su sélectionner. Libre et indépendante, elle ne se distingue encore en rien des autres, sinon par son attitude résolue, à l'abri des critiques et des regards malintentionnés qui ont jalonné son adolescence.

Une rencontre inopinée va transformer sa vie : celle de Georges Pompidou [1].

---

1. Georges Pompidou (1911-1974) né le 5 juillet à Montboudif, petite commune du Cantal, est le premier enfant de deux instituteurs du collège de Murat. Son grand-père Jean est métayer dans une ferme aux environs de Maurs-la-Jolie dans le Cantal. Son père Léon Pompidou (1887-1969) épouse le 24 septembre 1910 Marie-Louise Chavagnac (1886-1945). Fille d'un marchand de toile, elle est également enseignante. Ils auront aussi une fille, Madeleine (1920-2014). Léon, titulaire d'un certificat d'études avec mention très bien, entre à l'école normale primaire de Murat. Il obtient le diplôme de

Ce « beau ténébreux » apprécie la compagnie des jeunes femmes. Séducteur, il ne sait jamais à laquelle il va s'attacher. Allant de l'une à l'autre, mon futur père laisse libre cours à son attrait pour des conquêtes éphémères. C'est dans ce contexte désinvolte que le jeune et brillant normalien fait, en 1933, la rencontre qui va marquer son existence. Il y perçoit un signe du destin.

« Je me trouvais avec des amis au cinéma Saint-Michel. [...] Quand la lumière se fit, j'aperçus, à deux ou trois rangs devant moi, une jeune fille blonde. Nos regards se croisèrent, par hasard, un instant, et quelque chose passa. L'obscurité revint, les actualités, puis de nouveau la lumière. La jeune fille se leva et sortit. Au passage, nos regards se croisèrent encore (29)... »

---

professeur d'espagnol dans l'enseignement primaire supérieur. Il est nommé à Albi, au lycée Lapérouse : Jean Jaurès y a enseigné. Lui-même socialiste, il devient adjoint au maire d'Albi. Mobilisé en 1914, il est blessé à la jambe et se portera volontaire pour l'armée d'Orient dès que son état le lui permettra.

Georges sait lire à trois ans. À huit ans, il entre en 8e au lycée Lapérouse où enseigne son père, rigoureux et sans concession, qui l'oblige à des devoirs supplémentaires. Premier prix de grec au concours général, Georges est envoyé au lycée Pierre-de-Fermat de Toulouse pour y préparer hypokhâgne. Brillant sujet, il intègre la khâgne du lycée Louis le Grand à Paris grâce à son professeur principal. Après une première année passée en dilettante, il sort major au concours d'entrée de l'École normale supérieure en 1931, puis à l'agrégation de lettres en 1934. Pétri de culture classique, il est également attiré par la poésie et l'art contemporain.

Quelques jours plus tard, il retrouve l'inconnue boulevard Saint-Michel et poursuit celle qui croit à la démarche d'un importun. Il parvient à engager la conversation. Elle est vêtue d'un manteau beige en poil de chameau qui ne fait qu'ajouter à sa prestance naturelle. C'est « le coup de foudre » : un amour intense, une identité de vue, un attachement indissoluble les unit.

« De ce jour, écrit Georges, nous n'avons cessé de nous aimer sans partage (29). »

Après avoir présenté le jeune homme à son père, Claude, émue, reste sans voix. Georges est impressionné par la stature du personnage qui le toise sans rien exprimer : l'engagement socialiste de ce futur gendre ne déplaît pas à l'anticonformiste médecin.

L'épreuve passée, Georges Pompidou doit accomplir son service militaire à Saint-Maixent où il retrouve son ami, René Brouillet [1].

---

1. René Brouillet (1909-1992), fils d'instituteur, élève à l'École normale supérieure où il fait la connaissance de Georges Pompidou. Diplômé de l'École libre des sciences politiques, il devient, à trente-deux ans, auditeur à la Cour des comptes. Il sera résistant puis collaborateur de Georges Bidault et membre du Conseil national de la Résistance. Devenu chef adjoint du cabinet du général de Gaulle, il introduit Georges Pompidou auprès de celui-ci en octobre 1944. Après le début d'une carrière diplomatique, il devient directeur de cabinet du Général de 1958 à 1961, et ambassadeur à Vienne puis auprès du Saint-Siège (1964-1974). Il sera nommé au Conseil constitutionnel de 1974 à 1983, sera élevé à la dignité de grand-croix de la Légion d'honneur en 1987 et deviendra membre de l'Académie des sciences morales et politiques de 1987 à 1992.

Ma mère m'a montré, avec fierté, une photographie de ce jeune lieutenant sur un cheval blanc.

Leur mariage est célébré à Château-Gontier, le 28 octobre 1935, rassemblant, pour une cérémonie traditionnelle, la famille auvergnate et la bourgeoisie angevine. Pour Claude, c'est une forme de revanche sur un passé douloureux. N'est-elle pas au bras d'un jeune et brillant normalien face à ceux qui l'ont tant critiquée ?

Marseille : le soleil de Provence

Georges est nommé à Marseille où il s'installe avec sa femme, rue de Sébastopol (aujourd'hui rue Marx-Dormoy), à deux pas du Lycée Saint-Charles. Ils y retrouvent Robert Pujol, professeur agrégé de français au lycée. Qui fait découvrir l'éventail de la musique classique au couple dont il partage l'appartement.

La vie du trio, rythmée par les cours et la correction des copies, est loin de s'engoncer dans la routine. La musique envahit la maison. Le temps s'écoule entre parties d'échecs et jeux de cartes, discussions interminables sur la littérature et déclamations de poèmes classiques et contemporains. Ces activités sont interrompues, le dimanche, par des excursions dans les calanques et à Martigues, où l'on apprécie la bouillabaisse de « Pascale », restaurant fréquenté également par Jean-Paul Sartre et Simone de Beauvoir en août 1939. C'est une période si heureuse et insouciante que Georges délaisse ses engagements politiques pour se consacrer au bonheur partagé dans un climat de rêve. La lumière de Marseille est agrémentée de l'humeur enjouée des habitants et des commerçants.

Le quotidien de mes parents est ponctué de visites dans les villes avoisinantes grâce à l'achat d'une Primaquatre Renault baptisée « Dalila », du nom de celle qui soutira à Samson le secret de sa force. « Nous parcourions sans cesse la région : Les Baux-de-Provence, Cassis, les abbayes cisterciennes, Saint-Maximin et la grotte de Marie-Madeleine… Nous vivions dans une insouciance grevée toutefois par le pressentiment de la guerre », écrivit ma mère (28).

Robert Pujol excelle dans les prises de vue avec un appareil perfectionné. Je possède ainsi une collection de photographies d'art illustrant leurs incursions à travers la Provence : le pont du Gard, La Turbie, Arles et les Aliscans, bien d'autres encore…

C'est dans la région d'Uzès que Claude et Georges découvrent un château abandonné, envahi de plantes grimpantes. Elles dissimulent un ensemble de bâtiments XVIIIe, de taille habitable et entouré de vignes. L'émerveillement s'empare d'eux, ils sont sous le charme de ce lieu qui leur évoque la poésie exprimée par Julien Gracq [1] dans *Le Château d'Argol.*

---

1. Julien Gracq (1910-2007). Originaire d'Anjou, condisciple de Georges Pompidou, Louis Poirier est normalien en 1930 puis agrégé d'histoire et de géographie. Sous le pseudonyme de « Julien Gracq », son premier roman *Le Château d'Argol*, influencé par le surréalisme, attire l'attention d'André

C'est le domaine des Barons de Castille. Mes parents sont tentés de l'acquérir pour une somme modique, Claude se montre enthousiaste. Malgré son insistance, Georges résiste en raison des importants travaux à faire. Alors, le manoir s'évanouit, emportant son mystère… Aujourd'hui, rénové, c'est l'une des plus belles demeures privées du Gard.

En vérité, ils n'envisagent, ni l'un ni l'autre, de poursuivre indéfiniment cette vie heureuse qui manque de perspectives de carrière.

Marseille les retient d'autant moins que Château-Gontier devient le lieu de vacances et le point de ralliement familial. Accompagné de l'ami Pujol, le couple y retrouve les parents de Georges. Sa mère a dû être accueillie à l'hospice peu après leur mariage. Minée par la tuberculose, son état ne lui permettait pas de rester à Albi. Son père, enseignant, passe toutes les vacances auprès de son épouse qu'il accompagnera jusqu'à sa mort, la veille de Noël 1945.

Léopold Senghor, camarade de promotion de Georges, vient souvent séjourner à Château-Gontier ainsi que la sœur de Georges, Madeleine. Tous ensemble, ils s'adonnent à la lecture, dévorent les ouvrages de la collection du père de Claude, recouverts et scrupuleusement numérotés par lui. Sinon, ils se plongent dans les journaux sur les bords de la Mayenne.

Breton. *Le Rivage des Syrtes* obtient, en 1951, le prix Goncourt qui sera refusé par l'auteur.

En vue de la rentrée 1938, après trois années consécutives entre Marseille pour les cours et Château-Gontier pour les vacances, Georges demande sa mutation en région parisienne. Il est d'abord nommé à Versailles puis, à la faveur de la demande d'affectation d'un collègue, il permute et devient professeur de seconde au Lycée Henri-IV.

Ma mère et mon père ont le même goût pour l'art, le théâtre, le cinéma. Grâce à un ami normalien, ils occupent un petit trois-pièces, dans le 7e arrondissement, près de l'avenue de Breteuil, rue José-Maria-de-Heredia.

Après une année d'enseignement, la guerre éclate : Georges est mobilisé.

Temps de guerre. Alain

Lieutenant, il est affecté au 141e régiment d'infanterie alpine. Une correspondance affectueuse s'instaure entre les époux séparés.

Claude passe la plus grande partie de son temps à Château-Gontier, chez son père et avec ses beaux-parents. Acceptant difficilement la séparation, elle tente à plusieurs reprises de rejoindre son mari à proximité du déroulement des opérations.

Georges n'a pas la possibilité de donner facilement des nouvelles, sinon quelques courtes cartes, pré-imprimées, rédigées à la hâte et décrivant sa position, exprimant sa tendresse. Claude fait face. Refusant d'accepter les contraintes de l'invasion allemande, elle mobilise son entourage, qu'elle trouve trop fataliste.

Le régiment de son mari a été envoyé en Alsace, il est même question qu'il fasse route vers le front de Norvège. Eh bien, ma mère, encore une fois, ne s'avoue pas vaincue. Un jeune cadre marseillais, ami de Georges, se trouve dans le même régiment. Son épouse se rapproche de Claude. Et toutes deux décident de prendre la voiture, la fameuse Primaquatre, avec un minimum de vivres, d'habillement et d'argent, et d'aller rejoindre leurs maris vers le nord de la France. Au moment de partir, grâce à une correspondance de dernière minute, elles apprennent que le régiment doit se replier sur la Somme pour faire face aux percées ennemies. L'excursion est annulée. La correspondance de Claude à Robert Pujol est édifiante quant à son anxiété en ces heures sombres :

Le 21 mai 1940, elle écrit :

« Je n'ai pas besoin de vous dire combien je suis anxieuse quand je pense que mon Georges doit maintenant participer à une terrible bataille. Je n'ai rien eu depuis son petit mot de Creil où il me disait qu'il repartait vers le nord. Je suppose donc, d'après cela, qu'ils ont dû aller du côté de Saint-Quentin. Je fais tout ce que je peux pour avoir confiance mais, à vous, je peux dire que c'est dur et difficile par moments. Nous vivons entre la crainte et l'espoir (29). »

Trois jours plus tard, elle précise :

« J'ai eu des nouvelles de mon Georges qui est à Ham. Il me dit qu'ils "tiennent". Je suis par moments bien inquiète quand je pense à des terribles dangers. Mais je me secoue pour retrouver l'espoir et la confiance. Nous sommes bien dans le pétrin mais j'ai la conviction qu'on en sortira car il est impossible que nous devenions allemands (29)... »

Les deux femmes restent à l'écoute des nouvelles, la bataille de la Somme est dure et meurtrière pour les deux camps.

L'armistice du 22 juin 1940, réclamé par le maréchal Pétain, conduit à la démobilisation de Georges, qui rentre décoré de la médaille militaire avec son régiment. Il a fait acte de courage avec la détermination que l'on peut reconnaître au fils d'un combattant de 1914, blessé au front puis « rengagé » volontaire jusqu'à la fin de la guerre.

Deux des tantes de ma mère ayant caché des officiers anglais sont arrêtées puis envoyées en camp de concentration. Avant le départ du convoi, elles jettent sur le quai du train qui les emmène un billet, plié dans une enveloppe, témoignant de leur détermination et leur espoir de revenir. Bien plus tard, Claude aura confirmation de leur déportation à Ravensbrück où elles ont été condamnées à la chambre à gaz. Claude tiendra ce témoignage de la nièce du Général, Geneviève de Gaulle-Anthonioz [1], déportée également, mais revenue de captivité.

---

1. Geneviève de Gaulle-Anthonioz (1920-2002). Fille de Xavier de Gaulle, frère du Général. Résistante, elle est déportée en 1944 par les nazis dans le camp de concentration de Ravensbrück. Après la Libération, elle épouse, en 1946, Bernard Anthonioz. Elle se mobilisera en faveur des plus démunis et

Sans s'engager directement dans la Résistance, Claude n'hésite pas à prendre des risques, elle soutient celles et ceux qu'elle peut aider en les cachant ou en faisant passer des messages. La période est d'autant plus tendue que deux officiers allemands occupent la maison de son père. L'un d'eux entre un jour sans frapper dans le cabinet de consultations du Dr Cahour. Choqué d'une telle désinvolture, l'impétueux médecin lève la main sur l'officier et retient de justesse un geste qui aurait pu avoir de lourdes conséquences. L'incertitude et l'angoisse règnent pendant plusieurs heures : l'arrestation et la déportation peuvent être envisagées. Avant la fin de la journée, l'autre officier vient présenter ses excuses.

En dépit de l'exode, Claude avait écrit en novembre 1940 :

« J'ai réussi à rejoindre Georges dans un petit hameau au sud de Limoges et je n'ai pas besoin de vous dire combien nous avons été heureux de nous retrouver… Nous logeons dans une ferme, les gens ont bien voulu me prendre en pension, heureusement, et Georges mange à la popote. Il fait un temps épouvantable mais on est si contents d'être ensemble que cela n'a aucune importance. Il me semble rêver et je suis encore tout abrutie ! (29)… »

---

fera adopter en 1958 une loi visant à lutter contre la pauvreté. Présidente de la branche française du Mouvement ATD Quart Monde (1964-1998), elle sera la première femme à être élevée à la dignité de grand-croix de la Légion d'honneur.

Démobilisé, Georges retourne au Lycée Henri-IV. À Paris, il faut survivre, Claude assure le quotidien en utilisant les tickets de ravitaillement. Un jour, elle part à bicyclette chercher du charbon de bois pour alimenter le fourneau de la cuisine. Devant manœuvrer pour éviter un obstacle, elle se laisse déstabiliser, son vélo tangue, elle tombe mais se relève entourée du contenu du précieux paquet répandu sur la chaussée. Il faut tout ramasser à la main et rentrer à la maison. C'est dire que rien n'est simple malgré les colis qui arrivent de Château-Gontier, remplis, au départ, de volailles et de légumes frais mais souvent éventrés et partiellement pillés durant le voyage. Le couple doit alors attendre le passage des amis commerçants qui viennent en voiture, bravant les contrôles, pour tenter de ravitailler leurs proches retenus à Paris. Les allées et venues de résistants, hébergés temporairement au dernier étage de l'immeuble, continuent aussi, sans conséquences. « Nous servions de boîte aux lettres pour les résistants, nous en hébergions certains ; ceci ne semblait pas héroïque, c'était normal (28) » écrira-t-elle.

Mon père, lui, n'arrive pas à se contenter de ses activités d'enseignant. Par l'intermédiaire d'une relation personnelle, il devient, à titre bénévole, trésorier d'une fondation destinée à accueillir des enfants en bas âge, orphelins ou abandonnés. Au bout de sept ans de mariage, l'absence d'enfant représente en effet un drame personnel pour Claude et une profonde déception pour Georges, qui tient à fonder une famille. Approchant de près les personnes engagées auprès de nouveau-nés dépourvus de tout, il évoque avec sa femme la possibilité d'une adoption qui peut, désormais, se faire en toute légalité notamment pour les bébés nés sous X [1], puis abandonnés par la mère et non reconnus par un père inconnu ou sans scrupule.

Des démarches sont engagées. Et c'est ainsi que, né le 5 avril 1942, j'entre dans ma famille en juillet de la même année. Je suis alors conduit à Château-Gontier, loin de Paris, où je profite pleinement de la campagne, comme en témoignent mes premières photos de bébé rieur et prospère dans les bras d'une Claude épanouie. Mon père est comblé. Il écrira, un an plus tard, à son ami Pujol, le 8 mars 1943 : « À la maison, la vie n'a guère changé qu'à cause d'Alain. Claude et moi restons le couple modèle [...]. Alain est un garçon robuste, blond, volontaire qui sera, je crois, sportif, casse-cou et bon caractère, mais têtu (29). » C'était bien vu !

Mais la guerre n'est pas terminée. Elle se prolonge même. Un souvenir fort m'en reste. Une impression fugitive mais précise et très présente dans ma

---

1. Naissance sous X : pendant la guerre, la multiplication des maternités secrètes amène le gouvernement de Vichy à adopter le décret-loi du 2 septembre 1941 sur la protection de la naissance. Ce texte organise l'accouchement anonyme et la prise en charge gratuite de la mère pendant un mois avant et après l'accouchement. Abrogé puis repris à plusieurs reprises, il figure enfin dans la loi du 22 janvier 2002.

mémoire, qui remonte à mes deux ans : la période qui précède la libération de Paris. Les alertes à la bombe se multiplient. Les sirènes retentissent et chacun se précipite dans des caves à peine éclairées pour tenter d'échapper aux conséquences des bombardements. Claude a réussi à confectionner pour moi un « nid d'ange » matelassé, recouvert d'un tissu soyeux. Je lui parais, ainsi, mieux protégé.

J'entends encore distinctement le son des sirènes, je revis la descente de l'escalier dans les bras de ma mère, inquiète. Les locataires se retrouvent dans la cave, entassés les uns contre les autres. Les visages sont tendus, éclairés par une maigre ampoule électrique. On attend la fin de l'alerte. Maman me serre nerveusement contre elle, comme son bien le plus précieux. Je ressens son attachement et son inquiétude, d'autant plus fort que mon père est absent. Au bout d'un moment, l'alerte cesse, Claude desserre son étreinte. C'est mon premier souvenir personnel de la guerre.

Plus tard, ma tante Jackie sera prise dans une fusillade. Me portant dans ses bras, elle se jettera dans l'embrasure d'une fenêtre du rez-de-chaussée d'un immeuble et m'y couvrira de son corps afin de me protéger.

Ces souvenirs, rétrospectivement, me font encore frémir. Je me rends compte, *a posteriori*, du caractère hasardeux des situations auxquelles chacun se trouvait chaque jour confronté. Il y a eu des moments bien plus dramatiques pour d'autres, qui ont été blessés ou tués, laissant une famille dans le désarroi, mais ces émotions demeurent à jamais ancrées en moi.

Claude, de son côté, ne se laisse pas abattre. Pujol se plaint de la guerre et des restrictions, elle lui répond, le 8 mars 1943 : « Optimisme ! Optimisme ! Secouez-vous, sapristi (29) ! »

Et vint de Gaulle

Bien qu'il n'adhère pas au régime de Vichy, mon père ne rejoint pas la Résistance : « Je me trouvais cantonné dans notre petit appartement et dans mon lycée parisien, ne dissimulant pas mes opinions mais incapable de les traduire en actes [...]. Je ne trouvais pas la porte qui conduisait à l'action (25). »

Le débarquement des forces alliées a lieu en Normandie le 6 juin 1944. Le 26 août, à la suite de la libération de Paris, le général de Gaulle, suivi de ses compagnons, descend les Champs-Élysées au milieu de la foule immense des Parisiens. Sur la contre-allée, Claude et Georges participent, comme beaucoup d'autres, à ce moment historique. Apercevant la haute silhouette du Général qui surplombe le cortège, ils sont impressionnés par la stature de celui qui, grâce à une ténacité sans faille, a réussi à libérer la capitale et bientôt la France tout entière. Cette rencontre est, dans leur vie, comme un deuxième « coup de foudre ».

Elle déterminera leur engagement auprès du Général. Georges écrira : « L'idée de rentrer à Henri-IV alors que la France ressuscitait ne me venait pas à l'esprit (25). »

Le samedi 10 septembre, Charles de Gaulle devient président du Gouvernement provisoire. Georges se rend au siège de l'ex-CNR (Conseil national de la Résistance) et rencontre René Trotobas dit Thibault, un ancien camarade de Normale, qui l'oriente vers son ami de khâgne, René Brouillet. Celui-ci a rejoint, par l'intermédiaire de Georges Bidault, le cabinet du Général comme directeur adjoint auprès de Gaston Palewski [1].

Alors, dès le 11 septembre, mon père rédige une lettre à son intention : « J'aimerais que tu me trouves

1. Gaston Palewski (1901-1984). Fils d'un ingénieur des Arts et Manufactures, frère du député Jean-Paul Palewski. Diplômé de l'École libre des sciences politiques, de l'École du Louvre et de l'université d'Oxford ; licencié *ès* lettres de la Sorbonne. Attaché politique au cabinet du maréchal Lyautey à Rabat (1924-1925), puis chef de cabinet, entre 1930 et 1931, de Paul Reynaud qui lui présente le colonel de Gaulle. Entre 1941 et 1942, volontaire dans l'armée de l'air, il participe brillamment à la campagne d'Éthiopie. Puis, jusqu'en janvier 1946, il rejoint le général de Gaulle qui lui confie la direction de son cabinet à Londres et à Paris. Il participe en 1947 à la création du RPF (Rassemblement du peuple français). Il noue des relations régulières avec Georges Pompidou et poursuit une carrière politique avant d'être nommé, en août 1957, à la demande du général de Gaulle, ambassadeur à Rome. Il entre dans le gouvernement de Georges Pompidou en 1962. De

quelque chose. Dans les circonstances actuelles je me résigne mal à décliner “rosa la rose”. Il me semble que je puis faire, momentanément au moins, autre chose. Non pour moi : tu sais que je n’ai pas d’ambition et que je ne demande rien d’important ni de lucratif. Mais ce pays aura besoin de tout le monde et je me sentirais diminué de ne rien faire [...]. » Et il termine en écrivant : « Reçois mes amitiés, celles de Claude, avec les baisers d’Alain (29-33). » Étonnante par sa simplicité, agrémentée d’une note d’humour normalien, cette lettre témoigne de sa détermination.

Mes parents ont pris leur décision ensemble. Un choix qui changera leur vie et la mienne.

Ainsi débute le parcours long et difficile qui conduira Georges, à travers nombre d’aléas, à présider au destin de la France.

René Brouillet ménage aussitôt une entrevue avec le Général. Les hommes de lettres ne sont-ils pas, pour ce dernier, la quintessence de l’esprit français ? Installé symboliquement au ministère de la Guerre, rue Saint-Dominique, Charles de Gaulle a d’ailleurs déjà reçu François Mauriac, Paul Valéry, Georges Duhamel puis Georges Bernanos et André Malraux. Il confiera plus tard, à Alain Peyrefitte, « qu’un grand écrivain occupe le tout premier rang, bien avant un militaire ou un

1965 à 1974, il succède à Léon Noël comme président du Conseil constitutionnel.

serviteur de l'État, si éminent soit-il ». L'historien Éric Roussel [1] en est certain : pour de Gaulle, « les régimes passent, les réalités nationales restent et si les militaires ont vocation à les défendre, rien ne peut mieux l'exprimer qu'un grand artiste de la langue (32). »

Le Général a-t-il cherché « un agrégé sachant écrire » comme le dit la légende ? Rien ne le confirme (25). En revanche, un brillant normalien, professeur de lettres, formé à la culture classique, peut le séduire.

Le rendez-vous est à la fois intimidant, constructif et déterminant. Le 1er octobre 1944, Georges est nommé chargé de mission pour les dossiers liés à l'Éducation nationale et à l'Information. Le Général se rend compte de ses qualités : esprit clair, jugement sans faille, force de conviction. Mon père s'emploie à entraîner dans son sillage ceux qui gravitent autour de lui, bien qu'ils viennent d'horizons différents. Il est, pour de Gaulle, l'homme de la situation, une personnalité capable d'assurer la gestion de la complexité dans un cabinet marqué par l'hétérogénéité de ses membres. Les qualités du jeune chargé de mission vont lui permettre d'élargir son champ d'action.

1. Éric Roussel (1951-). Docteur en droit, spécialiste en histoire politique, il devient rapidement écrivain et journaliste. Il s'illustre par la première biographie complète de Georges Pompidou (1984 puis 1994) suivie de celles du général de Gaulle en 2002, de Pierre Mendès France en 2007, de Pierre Brossolette en 2011 et de François Mitterrand en 2015. Il préside l'Institut Pierre Mendès France de 2007 à 2012 et rédige de nombreux ouvrages d'histoire contemporaine.

Rapidement, il lui est demandé de rédiger des notes à caractère plus politique. C'est l'occasion pour lui d'avoir des contacts directs avec le chef du Gouvernement provisoire... « Bientôt le Général remarque ce collaborateur qui se montrait clair, précis, plein de bon sens », rappelle Éric Roussel (29) : leurs relations deviennent régulières.

Georges s'impose vite, épanoui par une vie de famille heureuse, soutenu par une Claude convaincue du bien-fondé de leur choix. Malgré la réticence de certains, il devient le plus proche collaborateur du Général, l'homme par lequel toute décision mûrit et prend forme.

Épouse de conseiller

En septembre 1945, mon père et ma mère sont invités à Neuilly par le Général. Il s'agit de rencontrer Léon Blum en présence d'André Malraux et de sa femme. Madame de Gaulle s'applique à mettre à l'aise la conjointe du collaborateur de son mari, qui est impressionnée. Dès leurs premières rencontres, elles se trouvent des points communs liés à leur éducation religieuse et au sens du devoir qui les habite. Ma mère écrira : « Il ne faut pas être autre chose que ce que l'on est, mais l'être pleinement, honnête vis-à-vis de soi-même et des autres (28). » C'est dans ces circonstances que se tissent entre elles des liens de sympathie et de respect mutuel, confortés par le fait que Georges devient secrétaire général de la Fondation Anne de Gaulle [1]. Ils se poursuivront longtemps après la disparition du Général, comme en témoigne la correspondance qu'elles entretiendront régulièrement.

Claude accompagne le parcours de son époux. Elle comprend vite l'importance de recevoir ses collègues à la maison et d'y faire régner une atmosphère intime et chaleureuse. Au cours de dîners qu'elle prépare elle-même, ces relations récentes se trouvent mêlées à d'anciens camarades de l'École normale supérieure.

Une nouvelle vie commence, dans laquelle ma mère occupe toute sa place et dont je ne suis pas absent. En témoignent diverses correspondances avec les amis proches de mes parents qui vont occuper une position prépondérante dans l'entourage du Général : René Brouillet, bien sûr, mais également

1. Fondation Anne de Gaulle. Créée en 1945, à l'initiative de Charles et Yvonne de Gaulle, pour apporter une aide aux jeunes handicapées mentales, sans ressources. En 1946, Georges Pompidou en devient le secrétaire général, puis, plus tard, trésorier en 1954. L'association, reconnue d'utilité publique, est nommée Fondation Anne de Gaulle par référence à la fille du Général. Financée par les droits d'auteurs des ouvrages écrits par Charles de Gaulle elle est installée au château de Vertcœur à Milon-la-Chapelle, dans les Yvelines. Elle est gérée par des religieuses jusqu'en 1996 puis par une association laïque, bien que les sœurs de Saint-Jean assurent l'accompagnement spirituel des pensionnaires. Madame de Gaulle en a étudié et suivi personnellement tous les dossiers jusqu'à sa mort.

Gaston Palewski, Jean Donnedieu de Vabres [1] et Claude Mauriac [2].

Plus qu'à Marseille, les grands traits de caractère de ma mère s'affirment. Discernement et indépendance d'esprit, sens des relations humaines, goût pour la mode et les « belles robes ». À ce sujet, Claude se cherche un style avec les moyens dont elle dispose. Elle devient la cliente assidue d'une couturière du quartier, Madame Lapelleterie. Ce qui me conduit à de longues attentes dans son atelier imprégné de l'odeur de tissu et de rubans, où j'observe avec intérêt les « petites mains » s'affairer avec leurs épingles.

Une famille pas comme les autres

De cette enfance, je garde des souvenirs précis. Dans lesquels Georges travaille sans relâche, et

1. Jean Donnedieu de Vabres (1918-2009). Issu d'une famille de protestants cévenols, il étudie à l'École libre des sciences politiques et obtient une licence de droit. Le 25 août 1944, il entre au cabinet de Charles de Gaulle, président du Gouvernement provisoire de la République française. Il y restera jusqu'en janvier 1946. Avec René Brouillet, il est l'un des artisans de la nomination de Georges Pompidou comme maître des requêtes au Conseil d'État. En 1958, il devient directeur de cabinet de Pierre Guillaumat, ministre des Armées, puis, en 1962, de Georges Pompidou, Premier ministre. Admis au Conseil d'État, il est secrétaire général du Gouvernement entre 1964 et 1974.

2. Claude Mauriac (1914-1996). Romancier, essayiste, journaliste. Fils aîné de François Mauriac. À la Libération il devient

Claude affirme sa personnalité. Je perçois que nous occupons une position privilégiée.

La détente succède au qui-vive permanent de la guerre : la France retrouve ses marques. Le lait, les vins « du Postillon », sont livrés à domicile par des voitures à cheval. Dans la journée, le rémouleur sonne la cloche, le vitrier hurle pour signaler son passage. Déchargés des rares camions qui circulent, les sacs de charbon et les pains de glace sont transportés de porte à porte à dos d'homme. De temps à autre on entend l'explosion de décompression d'un véhicule alimenté par de longues bouteilles de gaz liquide disposées sur le toit.

En 1947, j'ai cinq ans et j'entre au cours Montalembert, avenue de Breteuil, fréquenté par une majorité de filles. Je tiens à occuper, parmi elles, une place à part, d'autant que je me sens investi d'une identité sociale particulière. Devenu maître des requêtes au Conseil d'État peu après le départ du Général, mon père est certainement intervenu pour obtenir mon inscription dans cet établissement « élitiste » situé à quelques minutes de notre appartement. Je vais y vivre, peu après mon admission, une expérience inhabituelle pour un enfant de mon âge.

---

secrétaire particulier du général de Gaulle jusqu'en 1948. Il crée la revue *Liberté de l'esprit* (1949-1953) située dans la mouvance gaulliste puis poursuivra une carrière littéraire. Entre 1944 et 1953, il est proche de Georges et Claude Pompidou (18) puis maintiendra avec eux des relations amicales.

Dégoûté par les « joutes politiques », le général de Gaulle est retourné à Colombey où il a entrepris la rédaction de ses Mémoires. Mais il vient régulièrement à Paris, à l'hôtel La Pérouse, le mercredi après-midi et le jeudi, pour rencontrer des personnalités et ne pas se couper de l'actualité. Et, en militaire bien organisé, il n'aime pas déroger à cette habitude : tout changement perturbe les horaires de travail qu'il s'impose.

À l'occasion d'une commémoration en l'honneur des anciens combattants de la deuxième DB présidée par Leclerc, le Général demande à mon père de le représenter. Cela est perçu comme une marque de confiance. Également invitée, ma mère prépare une tenue de circonstance : une robe assortie d'un manteau et d'un chapeau de paille entouré d'un « gros grain ». Pour cette mission de représentation, le Général met à disposition son chauffeur et sa voiture personnelle, une Traction Citroën haut de gamme (elle figure désormais au musée du Mémorial Charles-de-Gaulle). Et mes parents décident de m'emmener avec eux, car il n'y a personne à la maison pour me surveiller.

Mon père porte une chemise blanche et un costume sombre. On m'habille de mes plus beaux vêtements. Nous nous présentons ensemble devant la voiture lustrée, resplendissant de tous ses accessoires. La Traction me paraît immense. Nous pénétrons dans ce véhicule emblématique comme dans un mausolée : mon père devant à côté du chauffeur, ma mère et moi derrière, perdus sur la large banquette en cuir patiné. Quand nous arrivons à destination, le général Leclerc nous réserve un accueil officiel. Il salue mon père, ma mère, puis il se tourne vers moi qui, à l'époque, porte des cheveux longs, blonds et bouclés. Me voilà gratifié d'un martial : « Bonjour mademoiselle », que je ne suis pas près d'oublier. Non en raison du quiproquo sur mon genre mais parce que j'étais mis au même rang que mes parents, reçus comme l'aurait été le Général !

Vanité précoce ou penchant naturel, je perçois donc déjà que mon rang social est particulier.

Et, petit à petit, mon esprit d'indépendance s'affirme. Je découvre les délices et les revers de l'exercice d'un autoritarisme précoce qui sera, à juste titre, réprimé par ma mère. Il n'en faut pour exemple que mon arrogance d'alors vis-à-vis des commerçants du quartier. Lorsqu'il y a du monde, je ne passe jamais mon tour mais j'ai la faiblesse de tenir à quelques égards liés à ce que je perçois comme une forme de respect dû à ma famille. Or, un jour, la crémière du quartier refuse de me gratifier d'une sucette « Pierrot gourmand » qui me tente. Malgré ma capacité de séduction et mon esprit enjôleur, elle s'obstine. Ma réaction ne se fait pas attendre : « Eh bien, si c'est comme ça, nous ne viendrons plus chez vous ! », dis-je. Dès le lendemain, la commerçante se plaint de ma mauvaise éducation, et une belle correction m'attend à la maison. À peine rentrée, ma mère pose son sac, m'appelle auprès d'elle et me gratifie d'un magistral « coup de pied au derrière » !

Ainsi se confirme l'un des traits de caractère de ma mère, illustrant sa réactivité. Mon père minimise l'épisode. Et me dévoile que, dans sa famille, certains surnomment Claude « la grande secousse » ! Loin de moi l'idée de lui en vouloir car, même s'il convient au tempérament parfois impulsif hérité de son père, ce sobriquet est gommé de la mémoire familiale grâce à sa qualité de jugement, doublée d'une prestance naturelle que personne ne remet en cause. Ma mère commence en fait à inspirer le respect, tout en forçant une certaine admiration à laquelle je m'associe.

En 1946, mon père est entré au Conseil d'État comme maître des requêtes, grâce aux efforts conjugués de René Brouillet et Jean Donnedieu de Vabres. C'est la conséquence de son efficacité au cabinet du général de Gaulle. Le caractère entraînant et chaleureux de Claude vis-à-vis de leurs amis n'est pas sans avoir joué également un rôle. La même année, il est nommé adjoint d'Henry Ingrand, commissaire général du Tourisme.

Dans ces activités, Georges Pompidou rencontre François Castex, secrétaire général du Comité Vendôme, qui réunit les grands joailliers et parfumeurs parisiens. Celui-ci épousera Jackie, la sœur de ma mère, dont il aura deux filles. Ancien de Monte Cassino, François Castex s'est illustré à la fin de la guerre de 1940 pendant une période où il devient l'ami de Michel Jobert (né comme lui en Afrique du Nord), de Michel de Marenches et d'Anne-Marie

Dupuy [1] qu'il présentera à son beau-frère, sur la suggestion de Claude. Mon père y rencontre également Philippe de Croisset [2].

En mai 1948, lors de la visite de la princesse Élisabeth et du prince Philip à l'occasion de la célébration de « Huit siècles de vie britannique à Paris », Georges Pompidou est directement impliqué dans l'organisation de cette manifestation qui se tient, pour partie, au palais Galliera [3].

---

1. Anne-Marie Dupuy (1920-2008). Engagée à vingt-deux ans dans les Forces françaises libres (FFL), elle rejoint l'Afrique du Nord puis sert comme ambulancière en Italie, en France et en Allemagne. Engagée à la banque Rothschild par Georges Pompidou dès 1954, elle le rejoindra à Matignon en 1963 comme chef de cabinet et sera en 1969 son directeur de cabinet à la présidence de la République (5). Entrée au Conseil d'État en 1972, elle sera élue maire de Cannes (1982-1989) où elle fera ériger un buste de Georges Pompidou par Jean-Louis Cazieux. Elle sera députée européenne de 1989 à 1994.

2. Philippe de Croisset (1911-1965) rejoint la France libre et sert brillamment dans l'aéronavale. Marié à une riche Américaine, Ethel née Woodward, amatrice d'art moderne, il dirige, à New York, l'Office du tourisme français pour les États-Unis. Il prendra, ensuite en 1953, la direction du journal *Marie-Claire* et deviendra l'un des bras droits de Jean Prouvost, président du groupe de presse. Il est le fils de Françis Wiener dit de Croisset (1876-1937) (écrivain et auteur de comédies légères à succès dans les années vingt). Son épouse est cousine de Marie-Laure de Noailles. Il se prend d'amitié pour Claude et Georges qu'il introduira dans la haute société parisienne lorsque mon père engagera une nouvelle carrière à la banque Rothschild.

3. Le palais Galliera, situé avenue Pierre-Ier-de-Serbie, devint propriété de l'État en 1878, à l'issue d'une donation de

Le protocole est rigoureux : les dames doivent porter des chapeaux et leurs tenues les plus élégantes. Claude se fait faire une robe printanière chez la couturière du quartier. Elle a choisi, chez sa modiste, une capeline « à façon ». Qu'elle porte avec distinction, faisant honneur à son mari. Elle a aussi soigné son maquillage. Quand je la vois s'engouffrer avec mon père dans une voiture de fonction, tenant son chapeau d'une main et son sac de l'autre, je suis saisi d'admiration, réalisant toute l'importance de cette cérémonie protocolaire imprégnée de l'aura de la future reine d'Angleterre.

Indépendamment de leurs activités de représentation, mes parents organisent des dîners une ou deux fois par semaine, dans le petit appartement du 7e arrondissement. Mon père occupe, auprès du Général, une position privilégiée qui le rend incontournable pour obtenir des rendez-vous avec lui.

Intermède

Après le départ de De Gaulle en 1946, malgré des contacts fréquents et réguliers avec lui, Georges n'a pas cru à un retour rapide aux affaires de celui qui fait, néanmoins, figure d'ultime recours. L'échec du RPF est patent. Entre le Général et le MRP (Mouvement républicain populaire), les points de vue sur

la duchesse de Ferrari. Il est depuis 1977 le musée de la Mode de la Ville de Paris.

l'Europe divergent. Antoine Pinay, après avoir obtenu, pour son investiture, le soutien d'une trentaine de députés gaullistes, s'apprête à signer le traité instituant l'armée européenne sous le patronage de l'Otan. Georges ne peut donc que constater le divorce entre son mentor et les parlementaires, qui ne soutiennent pas sa vision d'une nation indépendante.

Pourtant, le Général lui écrit le 27 novembre 1947 : « L'avenir ne nous appartient pas mais, s'il s'y prête, sachez que je compte sur vous et avec une entière confiance (25-33). » Le 23 avril 1948, jour de la Saint-Georges, il lui demande d'ailleurs de devenir son chef de cabinet, à titre personnel. Claude est émue. Or, cette mission oblige son mari à quitter le commissariat général au Tourisme. Grâce à la compréhension de René Cassin, vice-président du Conseil d'État, mon père conserve ses fonctions de maître des requêtes mais aussi son poste de maître de conférences à l'École libre des sciences politiques. Nous allons souvent l'y retrouver, ma mère et moi. Assis dans le grand hall de la rue Saint-Guillaume, nous attendons la fin du cours. Georges nous explique alors être frappé par l'inculture des candidats au concours d'entrée : à l'oral, une étudiante sèche désespérément sur les questions de cours. De guerre lasse, il lui demande : « Mademoiselle, qu'est-ce que *La Bible* ? » Incapable de répondre, sans doute ne connaissait-elle que les Évangiles et encore… À ce récit ma mère est scandalisée. En revanche une brillante étudiante s'illustre dans la même promotion : Hélène Carrère d'Encausse.

Le général de Gaulle, absent de la scène politique depuis sa démission du 20 janvier 1946, tente de susciter un nouvel élan en créant le RPF. En dépit de la mobilisation de mon père, les élections législatives du 17 juin 1951 ne sont pas bonnes. Elles préfigurent le retour au « régime des partis », en raison d'une coalition des députés anti-gaullistes au sein de la « troisième force ». La lettre qu'écrit Claude à Noëlle, l'épouse de René Brouillet, le 20 juin 1951, mérite d'être citée car elle constitue la seule trace de son implication dans la vie politique : « Moi aussi j'ai été très déconcertée par le résultat du RPF. Bien que j'aie souvent essayé de modérer Georges dans son optimisme qui me paraissait exagéré, j'avais fini par m'y laisser prendre, persuadée que je n'y connaissais rien en matière politique, mais au fond je me rends compte qu'on s'était quelque peu monté la tête et qu'on croyait au Père Noël. Au fond le résultat est très normal et l'opinion courante le trouve splendide. Ce sont les initiés qui savent que l'on attendait autre chose et c'est bien dommage d'avoir vendu la peau de l'ours comme on l'avait fait ; je sais qu'il fallait créer le climat mais enfin… Ce qui est moche c'est qu'il va falloir maintenant faire du vulgaire parlementarisme. René va peut-être sourire de mes petites réflexions qui sont toutes personnelles car je n'ai pas encore pu parler avec Georges faute de temps. Il se refuse à paraître déçu : vous le connaissez ! Moi, cela me déçoit surtout pour lui quand je pense au mal qu'il s'est donné [1] ! »

En 1951, au cours d'un séjour à la montagne, à Auron dans les Alpes-Maritimes, nous chaussons tous les trois des skis en bois avec des chaussures rudimentaires. C'est une grande première ! Notre maladresse est évidente… Nous logeons « en pension » à l'hôtel Las Donas où les clients nous observent avec commisération. Néanmoins, le climat est ensoleillé, et Claude, sportive, ne boude pas son plaisir. Mon père et moi échangeons des commentaires sur l'inconfort des chaussures et sur nos courbatures. Au pied des pistes, nous observons avec envie les clients de l'hôtel chic, Le Vallon : issus de la bourgeoisie niçoise, ils sont plus qu'aisés financièrement. Georges, lui, n'est qu'un haut fonctionnaire, dépensier et peu argenté. Or, nous retrouverons cette clientèle, bien plus tard en 1972, dans un tout autre contexte. Ces vacances sont néanmoins bénéfiques puisque mon père sortait épuisé de cette arène politique dans laquelle le Général n'est plus qu'une ombre.

1. Claude Pompidou : correspondance personnelle avec Noëlle Brouillet, 1951.

Chapitre II

L'affirmation de soi : 1953-1962

La tentation du privé

En 1953, Georges cesse de consigner sur un cahier ses entretiens avec le Général et envisage d'entrer dans le privé. Déçue par la tournure des événements politiques, Claude l'y encourage.

Pendant cette période charnière, il éprouve le besoin de fixer sa propre image et décide de faire réaliser son buste. René Brouillet a maintenu des contacts avec le directeur adjoint du cabinet de Georges Bidault, Jean Falaize, dont l'épouse, Odette Blanc, est peintre. Elle est en relation avec un sculpteur d'origine hongroise, Étienne Hajdu [1] dont la femme est peintre également.

1. Étienne Hajdu (1907-1996). Sculpteur français, d'origine hongroise. Après une formation à l'École professionnelle de l'industrie du bois en Autriche-Hongrie, il se forme à l'École d'arts décoratifs de Vienne. Dès 1927, à Paris, il est élève de Bourdelle et découvre les œuvres de Fernand Léger puis se lie d'amitié avec Maria Helena Vieira da Silva. Pendant un séjour en Grèce et en Crète, il est impressionné par la sculpture

Il a construit de ses mains l'atelier dans lequel il habite à Bagneux. Dès le premier contact, mes parents apprécient l'artiste et son travail. Un calendrier est établi pour des séances de pose. Ma mère et moi suivons l'élaboration de l'œuvre. Je suis fasciné : l'artiste compose par petites touches de terre glaise. Il nous dit un jour : « L'art commence là où finit la matière. » La transposition du modèle s'opère sous nos yeux.

Les mois suivants, je réaliserai, à mon tour, dans la glaise, les portraits de toute la famille et de quelques amies, transporté par l'ambiance du lieu. Subjugué par le travail du sculpteur, mon esprit est en éveil permanent. Je remarque, posé sur une cheminée, un tableau composé à l'huile et au couteau saisissant par sa puissance poétique : c'est un petit Nicolas de Staël. Ce peintre, ami des Hajdu, est encore peu connu en 1953.

Toujours est-il que la sculpture en terre glaise est reproduite en plâtre avant d'être fondue dans le bronze. Claude est fière du résultat, Georges satisfait. Ils décident de l'installer en bonne place dans le salon de l'appartement du Marais. Aux amis qui s'étonnent, Georges répond par une pointe d'humour : « J'ai tenu à suivre l'exemple des grands personnages de l'Antiquité qui faisaient immortaliser leur silhouette. »

---

archaïque des Cyclades. Après avoir travaillé dans une usine d'aluminium près de Tarascon puis dans une marbrerie à Bagnères-de-Bigorre, il réalise ses premiers bas-reliefs en cuivre martelé notamment pour le lycée de Marseille en 1953.

Claude devine qu'au-delà de la dimension culturelle cette démarche marque une étape dans la vie de son mari. Elle-même adopte cette œuvre au point qu'elle la proposera pour la stèle commémorative réalisée à Saint-Flour de nombreuses années plus tard. En 1984, Hajdu, à nouveau sollicité, réalisera une maquette destinée à recevoir une réplique du buste. Le monument terminé permet de découvrir, à travers un décor magistralement composé, le paysage des collines du Cantal.

Le passage de Georges au privé se confirme. Ma mère l'y a encouragé car elle y perçoit une source supplémentaire d'épanouissement pour leur couple. Elle ne néglige pas non plus l'aisance financière qui en découlera.

Elle le pousse donc à accepter la proposition d'un collègue agrégé de lettres, trésorier du RPF et fondé de pouvoir à la banque Rothschild, René Fillon [1], qui souhaite s'engager en politique.

Curiosité du destin, celui-ci est l'oncle de François Fillon, futur Premier ministre. Ancien précepteur de Guy de Rothschild, il lui est aisé de le contacter,

1. René Fillon (1904-1978). Ancien élève de l'École normale supérieure, agrégé de lettres, il devient le précepteur de Guy de Rothschild qui le nommera fondé de pouvoir à la banque. Attiré par la politique, il devient trésorier du RPF et sollicite une circonscription électorale. Georges Pompidou est le soutien idéal. Il sera conseiller de la République du Soudan avec rang de sénateur de 1955 à 1959. Claude et son épouse se lient d'amitié. Je noue des relations d'enfance avec leur fils, Alain.

mais plus difficile de lui faire accepter son propre départ. Dès la première rencontre qu'il organise, à la banque, entre mon père et le baron Guy, ce dernier est séduit par l'intelligence et la perspicacité du collaborateur du Général. Après un entretien avec les deux associés, Élie et Alain, l'entrée de Georges à la banque est acquise, au grand soulagement de René Fillon – qui pourra donc être élu sénateur.

Mon père écrit au Général pour demander sa mise en congé. Ce dernier le remplace par Olivier Guichard. Georges attendra cependant la fin d'une période probatoire à la banque pour se mettre en disponibilité du Conseil d'État et rejoindre officiellement le groupe Rothschild.

Un autre monde, de nouvelles perspectives s'ouvrent à mes parents. En effet, depuis 1952 ils sont installés dans le Marais, rue Charlemagne. Claude répète souvent devant moi qu'il s'agit de l'hôtel particulier d'un ancien procureur de Louis XVI.

Pour ma part, je suis entré en 6e à Charlemagne. Je quitte l'univers des toutes jeunes filles pour découvrir celui du lycée de garçons dans lequel je vais passer mon adolescence. J'y prépare ma communion solennelle. Ma mère, par conviction, enseigne le catéchisme. Elle sympathise avec l'épouse d'un garde républicain, Madame Bringuier, dont le fils est mon plus proche camarade. Leurs relations sont étroites jusqu'à la cérémonie qui marque une étape de notre vie religieuse. Elles maintiendront des liens durant plusieurs années.

L'aisance venant, l'appartement est rénové. Ma chambre est mise au goût du jour. Claude décide de la meubler en style contemporain. La mode est au « design » de Jean Prouvé et de Le Corbusier. Mon mobilier n'en porte pas les signatures mais en reflète l'esprit… Le salon accueille un grand canapé cossu, des sièges Louis XV, un secrétaire en bois fruitier d'excellente facture.

Le couple s'affaire chez les antiquaires pour compléter, avec goût, le décor. Ils s'adjoignent les services d'une architecte-décoratrice, Jeanne Laurent, qui prépare les dessins et les maquettes, objets de discussions animées. Faisant office de maître d'œuvre, elle complète le choix des meubles et d'objets par des luminaires de Jean Perzel dont elle soumet systématiquement la sélection.

Claude dispose désormais de plus de temps pour s'occuper de la famille : son père, qui exerce encore à Château-Gontier, sa sœur Jackie, son mari et leurs deux filles, son oncle Alfred Houssaye, ancien directeur de la Compagnie générale transatlantique, et son épouse ainsi que la sœur de celle-ci ; le père de Georges, enfin, et sa fille Madeleine, agrégée de lettres. Cette dernière a épousé en 1946 Henri Domerg [1] qui deviendra le collaborateur de Georges à Matignon

1. Henri Domerg (1922-2015). Originaire de la région toulousaine, professeur agrégé, il épouse en 1946 Madeleine (1920-2014), sœur de Georges Pompidou, elle-même professeure agrégée. Ils suivent ainsi la tradition familiale mais à un échelon supérieur. Ils auront deux enfants, Jean-Paul et

puis à l'Élysée. Tous sont très présents dans l'univers familial.

Les amis et relations reçus auparavant rue de Heredia viennent volontiers rue Charlemagne. Les invitations sont composées avec soin, en parfaite concertation conjugale. Claude est aidée par une domestique mais n'en continue pas moins à préparer elle-même la cuisine. Je dîne avant tout le monde, goûtant à des plats succulents : le soufflé au fromage dont un petit ramequin m'est réservé, les timbales de fruits de mer, les fromages affinés venant directement d'Auvergne… Je suis même admis à l'apéritif pour passer les petits-fours, mes parents ayant plaisir à présenter ce jeune fils auquel ils sont tant attachés. Je rencontre alors des hauts fonctionnaires, des personnalités politiques, des directeurs de journaux dont Émilien Amaury [1] ou Pierre et Hélène Lazareff [2],

Françoise, qui héritera de la maison natale de Montboudif. Inspecteur général de l'Éducation nationale, Henri Domerg occupe la fonction de chargé de mission pour l'Enseignement à Matignon (1962-1968). Il rejoindra la présidence de 1969 à 1974, comme conseiller pour la Culture. Il prendra une part active à la préfiguration du futur Centre Pompidou et continuera, avec ma mère, à suivre ce dossier délicat et polémique. Je garderai, depuis mon enfance, des liens étroits avec ces oncles et tantes, particulièrement attentifs et affectionnés à mon égard.

1. Émilien Amaury (1909-1977). Homme de presse, gaulliste et proche de Georges Pompidou, il fonde *Le Parisien libéré*, *Point de vue-Images du monde* et l'hebdomadaire *Carrefour*.

2. Pierre et Hélène Lazareff. Pierre Lazareff (1907-1972). Proche de Georges Pompidou dès 1944, il est patron de presse

respectivement propriétaires de *France-Soir* et du magazine *Elle* ; sans oublier, un peu plus tard, des artistes-peintres et sculpteurs qui apprécient la compagnie de leurs hôtes.

Au cours de cette période qui précède la nomination de Georges comme directeur général de la banque Rothschild, nous vivons, mes parents et moi, dans une grande proximité et une parfaite harmonie. Georges rentre le soir les bras chargés de dossiers et se couche après le dîner pour les étudier. Il en constitue une pile, près de son lit, au fur et à mesure que les documents sont lus, annotés et définitivement intégrés. Bien qu'il indique : « Je n'ai jamais possédé une action, je ne sais pas faire la différence entre une traite et une lettre de change (13) », il se familiarise sans difficulté avec le monde de la finance.

Quant à ma scolarité, elle se déroule régulièrement.

Comme souvent dans les périodes heureuses, des soucis familiaux surgissent inopinément. Nous

---

et producteur de télévision. Il crée *France-Soir* en 1945 puis le *Journal du Dimanche* et *France-Dimanche*. Il est à l'origine de la première émission télévisée « Cinq colonnes à la une » en 1959. Surnommé « Pierrot les bretelles » en raison de sa détermination à ne jamais quitter ces accessoires quelles que soient les circonstances, il se marie en 1939 avec Hélène Gordon (1909-1988), créatrice de l'hebdomadaire féminin *Elle*, qu'elle dirige de 1945 à 1973. Très vite reconnus du monde parisien, ils reçoivent régulièrement le dimanche midi, dans leur propriété de Louveciennes, quelques amis fidèles dont les Pompidou et les personnalités qui font l'actualité du moment.

sommes par exemple, ma mère et moi, atteints de ce que l'on appelle à l'époque « la jaunisse ». Affaiblis et incapables de lire, nous nous distrayons grâce à la radio. Nous écoutons alors avec délice, sur RTL, le feuilleton *Ça va bouillir* avec Zappy Max, et la rubrique *Sur le banc* avec Jane Sourza et Raymond Souplex. Mais passons le reste de la journée à somnoler, partageant le même lit : impression agréable et chaleureuse. Mais nous ne serons pas fâchés que cet épisode se termine, tant nous apprécions, l'un et l'autre, notre liberté. Dès la guérison, la vie reprend son rythme.

Mes parents, aimant faire bouger les choses autour d'eux, décident d'acquérir une nouvelle voiture. L'achat d'un véhicule est, pour beaucoup de Français, un signe d'ascension sociale. Georges possédait une Traction avant Citroën qui avait remplacé « Dalila », la Primaquatre Renault de Marseille, traction qui dévorait les kilomètres des fréquents allers-retours de Claude à Château-Gontier. Le jeune fondé de pouvoir n'a pas encore de voiture de fonction, le choix de mes parents se porte alors sur la Versailles, nouveau modèle de la marque Simca/Ford, surpassé par la Chambord, sans parler de la Trianon ou de la Régence qui ne sont pas dans leurs moyens. Claude et Georges ne cherchent pas à se faire remarquer, à cette étape de leur vie ils privilégient le confort.

Le jour de la livraison de la berline, notre premier déplacement est pour le restaurant La Cascade au bois de Boulogne, où nous allons ensemble prendre l'apéritif. Je suis conquis. Claude trouve le véhicule agréable. Elle appréciera ultérieurement les cadeaux automobiles de son mari : la Floride puis la Simca blanche décapotable, précédant la fameuse Porsche 356 acquise au début de 1962.

Pour ma part, je passe les vacances à Château-Gontier, accompagnant mon grand-père à l'hôpital et dans ses tournées de médecin de campagne. En fin d'après-midi, il nous emmène en promenade, mes amis et moi, dans la campagne avoisinante. En dehors de la lecture, il se passionne pour le tirage argentique qu'il pratique dans un laboratoire de fortune. Les plaques photographiques réalisées avec un appareil de l'époque sont tirées dans la pénombre : je participe à ces moments, pour moi, remplis d'ésotérisme. Je suis aussi choyé par Marie et occupe le reste de mon temps à sillonner la ville à bicyclette.

Avec mes parents, nous nous rendons un mois par an à la mer, en Bretagne. Parfois à Morgat, le plus souvent à La Baule, dans une petite maison de location. Claude n'y dispose pas de beaucoup d'aide, malgré la présence de mes cousines et de leurs parents. Elle part tous les matins au marché, à bicyclette, un cageot ficelé sur le porte-bagages… Les membres de la famille défilent. Claude est rapidement éprouvée par l'agitation générale. Lorsque Georges vient pour quelques jours de congé, elle abandonne temporairement ses envahisseurs afin de profiter de moments de tranquillité à deux, à l'hôtel

La Voile blanche, style de vacances qui lui permet de superviser ce qui se passe dans la maison et de bénéficier pleinement de la présence de Georges lorsqu'il la rejoint.

À Paris, hors des périodes estivales, les dimanches deviennent monotones. Georges envisage donc de trouver une résidence secondaire. Il en parle autour de lui. Un ami industriel découvre, à quelques kilomètres de chez lui, à Orvilliers, près de Houdan, une propriété de village avec jardin de curé. Ancien relais de poste du XIXe, l'endroit est devenu un café-épicerie puis a été acheté, après la guerre, par un Auvergnat qui l'avait appelé la « Yoyette » du nom d'une danse traditionnelle auvergnate. Georges est attendri, Claude imagine déjà comment décorer cette maison dans laquelle tout est à refaire. L'achat est décidé un dimanche, le 7 mai 1954, jour de la chute de Diên Biên Phu. Georges et Claude déplorent ces événements tragiques mais la perspective de cette maison de campagne les séduit. Le crépi étant clair, les habitants l'appellent « La maison blanche ». Le nom est tout trouvé bien que mes parents soient loin d'anticiper leur avenir ! Ultérieurement ce détail ne sera jamais relevé par la presse.

Comme Georges vient d'acquérir la Versailles, il n'a pas les moyens personnels de financer la propriété. Refusant d'emprunter à la banque qui l'emploie, il accepte l'offre de l'oncle de Claude, Alfred Houssaye, de lui prêter les dix mille francs nécessaires. La contrepartie est que le prêteur, son épouse et la sœur de celle-ci (séparée de son mari) puissent venir tous les week-ends, au même titre que mon grand-père paternel, la sœur de ma mère, son mari et leurs deux filles. Il est décidé que chacun s'occupera de ses propres aménagements, y compris des peintures. Les pièces communes, de même que les extérieurs, seront rénovés par tout le monde.

Claude laisse le soin à la famille (y compris Georges) de bricoler et repeindre pour s'occuper des repas et des courses à Houdan (chez le fameux épicier-primeur, Le Cacheux), veiller à l'harmonisation des meubles et au confort. Tout le monde s'affaire au point que, même les amis invités, mettent la main à la pâte.

Un dimanche, l'épouse de Philippe de Croisset, Ethel, américaine d'origine, tient à venir déjeuner, avec l'un de ses fils. Elle aime l'endroit. Simple et pragmatique, elle passe la journée à repeindre les grilles du jardin. C'est de ce jour que son fils aîné Pierre et moi devenons d'excellents amis.

Pour prolonger la journée en leur compagnie, nous décidons de les accompagner dans leur voiture avec chauffeur. Sur la route, un pneu éclate. Il fait presque nuit. Ethel de Croisset sort alors de la limousine et enfile ses gants en chevreau blanc afin d'aider le chauffeur qui a déjà monté le cric. Claude s'étonne et demande à son amie de protéger ses gants. La réponse ne se fait pas attendre : « Mais, Claude, il faut bien qu'ils servent à quelque chose ! » Nous sommes d'autant plus médusés que personne d'autre que cette élégante Américaine n'est à même d'aider le chauffeur !

La rénovation de la maison d'Orvilliers ne traîne pas. Nous nous y retrouvons tous les dimanches. Mon père et mon oncle conduisent, et la famille trouve sa place dans les deux voitures. Le départ ne pose pas de problème mais, pour le retour, après un dîner convivial, chacun veut faire valoir son itinéraire. Des querelles sans fin s'ensuivent auxquelles Claude se garde bien de se mêler.

Maison de campagne, berline confortable, appartement parisien dans le Marais, les conditions d'un bonheur cossu et familial sont réunies. Claude s'est-elle trop surmenée pour mener à bien ces réalisations ? Menacée d'un abcès négligé, un ami chirurgien doit intervenir d'urgence : elle lui doit la vie. La voix grave de mon père, quasiment éteinte par l'émotion, résonne encore à mes oreilles : « Nous avons failli perdre maman, me dit-il, maintenant tout va bien, je suis soulagé. » Pour lui, la vie reprend comme avant : sensibilité à fleur de peau et optimisme inaltérable, tels se dévoilent deux de ses traits de caractère.

Ma mère a donc frôlé la mort pour la deuxième fois, la crise d'appendicite de son adolescence ayant également été traitée au dernier moment. Cette fois, elle doit entamer une longue convalescence. Bien qu'amaigrie et méconnaissable, en quelques mois elle retrouvera son dynamisme et même, encore plus qu'auparavant, comme l'avait prédit le chirurgien, signes d'une excellente nature et d'une grande force de caractère.

Georges travaille beaucoup, les missions s'enchaînent. Les trois associés Rothschild, au premier rang desquels Guy, apprécient ses qualités de jugement et son esprit de synthèse. Quant à lui, il a pu maintenir des relations étroites avec le Général. Dès 1954, ce dernier a compris le passage au privé de son ancien collaborateur, mais refuse de s'en éloigner.

Différentes démarches en témoignent : le Général lui confie l'exemplaire numéro 1 de son testament rédigé en 1952, le poste de trésorier de la Fondation Anne de Gaulle (Madame de Gaulle s'en félicite dans une lettre écrite à Claude), la relecture de ses *Mémoires de Guerre* et la négociation des droits d'auteur avec la maison Plon. Le Général rédige aussi deux dédicaces à l'intention de celui qu'il considère comme l'un de ses proches. Sur une photographie, ce commentaire daté du 18 juin 1954 : « À Georges Pompidou, mon collaborateur depuis dix ans, mon compagnon, mon ami pour toujours (25). » Puis, le 19 octobre, à l'occasion de la sortie des *Mémoires d'Espoir*, il annote un exemplaire original numéroté : « À Georges Pompidou, en souvenir de son excellente collaboration dans les jours brillants et dans les jours difficiles ; en témoignage de ma fidèle amitié (25). »

Claude est impressionnée mais ne s'inquiète pas moins. Perspicace, elle sent que les liens avec le

Général se resserrent. Pour ma mère, il n'y a pourtant rien de plus à en attendre : le pas a été franchi, le couple a engagé son parcours en dehors d'un monde politique qui l'a déçu. Ceci est d'autant plus clair dans son esprit que Guy, Élie et Alain, les trois associés du groupe et leurs épouses, deviennent des familiers. Claude est transportée dans un nouvel univers. Elle en avait déjà perçu la nature, à une tout autre échelle, auprès de sa grand-mère, durant son enfance. Aussi, se retrouver dans cette ambiance distinguée, élégante et apparemment chaleureuse, n'a pas de prix à ses yeux. Décidée à entamer une nouvelle vie, elle tente d'oublier les démarches appuyées du Général qui cherche à s'attacher la personne de mon père.

Georges se familiarise rapidement avec les activités du groupe Rothschild. À la suite d'un voyage en Afrique avec le baron Guy, après qu'il a réglé les affaires de Peñarroya [1], puis, avec succès, le dossier épineux de Transocean [2], le baron et ses deux cousins sont convaincus de ses capacités.

En 1956, il devient donc directeur général de la banque Rothschild. Sa vie va prendre une tournure différente, à la fois plus riche d'un point de vue relationnel mais aussi plus contraignante professionnellement. Fait à noter, dès son entrée à la banque,

1. Peñarroya. Société minière et métallurgique fondée en 1881. En 1960, sous l'impulsion de mon père, elle éclatera en plusieurs sociétés qui seront transformées, en 1988, en une nouvelle entité : Metaleurop. Elle sera fermée en 2003.

2. Transocean. Société fondée en 1953 à l'initiative de Georges Pompidou, pour l'exploitation pétrolière « offshore ».

Madeleine Négrel l'a accompagné, ne l'ayant jamais quitté depuis le cabinet du général en 1945. Il garde aussi auprès de lui Anne-Marie Dupuy dont il a apprécié les talents lorsqu'il n'était encore que fondé de pouvoir.

Je n'ai pour ma part que quatorze ans, mais je commence à m'intéresser aux jeunes filles, au grand dam de ma mère qui craint pour mes études. En fait, elle me sent moins présent et le regrette, au point de s'en ouvrir à mon père qui en minimise les conséquences.

Comme une sorte de compensation aux contraintes croissantes, l'ascension sociale du couple progresse régulièrement : le cercle des connaissances s'élargit et une aisance bourgeoise s'installe autour de nous. Parallèlement, Claude a saisi que les relations avec les Rothschild ne se limitaient pas au domaine professionnel. Elles se renforcent, deviennent plus intimes, notamment avec l'épouse de Guy, Marie-Hélène. Séduite de jour en jour davantage par la vivacité de Georges, cette dernière apprécie sa compagnie et l'interroge sur tous les sujets : la politique, ses goûts et sa personnalité qui se révéleront rapidement.

« Sur un livre du château de Ferrières, écrit Guy de Rothschild, ceux de nos amis qui le voulaient bien s'amusaient à répondre au fameux questionnaire de Proust. Georges Pompidou s'y est prêté de bonne grâce en 1959. On y retrouve l'homme avec sa simplicité, son naturel. Aucun jeu de mots, nul effet, nul effort pour briller mais l'homme dans sa richesse et sa profondeur :

Quelle est votre vertu favorite ? La pudeur.

Quelle est votre qualité préférée chez l'homme ? La noblesse.

Quelle est votre qualité préférée chez la femme ? La grâce.

Quelles sont vos occupations préférées ? Lecture ; Musique.

Quelle est votre principale caractéristique ? L'obstination.

Quelle est votre idée du bonheur ? "Au coin du feu, le soir, auprès d'une âme aimée" (31). »

Claude a saisi toutes les nuances d'un « monde parisien » lié aussi bien à la politique qu'à la finance et aux affaires, dans son sens le plus large. Elle est désormais l'épouse d'un banquier reconnu et influent, qui plaît à une élite, privilégiant autant le pouvoir de l'argent que le plaisir des distractions. Les « potins » sont la forme élémentaire des relations dans ce milieu où chacun s'observe, se donne à voir et se juge. « Les gens du monde sont d'incorrigibles bavards. La volubilité irrépressible me paraît une forme d'indiscrétion et indécence », notera-t-elle dans son carnet (22).

Claude a pourtant su générer une forme d'attachement à sa personne. Ceux qui cèdent facilement à la critique et aux bons mots disent d'elle : « Claude Pompidou n'est pas une jolie personne mais elle est tellement sympathique ! »... Manière de signifier qu'elle n'est pas une « beauté » mais qu'elle n'a rien non plus de rébarbatif. Pour elle, l'important est d'être « dans le ton » et de tenir le rang auquel elle est astreinte tout en restant naturelle. Dans un dîner en ville ou dans une réception, sa personnalité affirmée lui permet de faire oublier la légère dissymétrie de ses paupières liée aux suites d'un coup de maillet de croquet reçu dans son enfance ! Ma mère est en tout cas, dorénavant, non seulement l'épouse d'un banquier brillant, séduisant par son intelligence et sa culture, mais une personne avec laquelle il faut compter. « Les Pompidou » sont projetés dans la haute société parisienne : premières de théâtre et de cinéma, vernissages, dîners, cocktails...

Ces convives appréciés et recherchés apparaissent comme indissociables et il ne vient à personne l'idée de les inviter l'un sans l'autre ou de tenter de les mettre à l'épreuve d'une séparation, même temporaire, comme c'est parfois le jeu dans ce monde.

La fréquentation régulière de Guy et Marie-Hélène aurait pu pousser Claude au snobisme apparent, affiché par son mari. Lui n'est pourtant pas dupe. Et trop indépendant pour se laisser prendre au piège. Claude écrira : « Pour moi qui venais d'une famille bourgeoise de province, ce fut une sorte de tourbillon. Pour parler franc je faillis devenir snob. Mon mari, lui, conservait ses distances et ne se laissait pas épater (24). » Ce dont témoigne Guy de Rothschild : « À Ferrières, désormais, tout le monde adorait Georges. Celui auquel on parlait peu était devenu celui qu'on écoutait. Celui dont on s'était méfié attirait maintenant la confidence et la confiance. Chaque week-end, il avait son petit monde qui l'attendait comme on attend le professeur prestigieux (31). »

Claude tient à occuper sa place dans ce monde nouveau qui l'observe. Elle va s'y forger une personnalité grâce à un mélange de prestance et de spontanéité, s'attachant aussi à maintenir une sorte de distance faite d'orgueil et de dignité. Ainsi donne-t-elle le change devant cette société qui n'est pas encore la sienne. Elle sait, par habileté naturelle, orienter son interlocuteur sur ce qui le préoccupe. En général, les gens préfèrent parler d'eux plutôt que de s'intéresser aux autres, sauf pour les critiquer, voire les caricaturer. Cet univers est acerbe et sans pitié.

Après Château-Gontier, Orvilliers devient le point de ralliement de la famille proche, d'autant que le père de Claude, contraint de cesser ses activités, vient de s'y installer. Il ne peut plus marcher en raison de troubles vasculaires apparus à un âge relativement jeune, aggravés en raison d'une forte consommation de tabac. Mon grand-père prenait en effet plaisir à rouler lui-même, à l'aide d'une petite tabatière en métal, des cigarettes qui en appelaient rapidement une autre. À Orvilliers, ses distractions sont la lecture ou la conversation avec les plus jeunes, à commencer par moi.

Claude et Jackie s'évertuent à lui tenir compagnie. Les autres, pendant ce temps, Georges, son père, son beau-frère et les tantes, jouent au billard, aux cartes, aux échecs à l'intérieur, au croquet et à la pétanque à l'extérieur.

Une femme de ménage vient soulager les tâches de Marie. Claude s'en remet aux soins d'une cuisinière pour préparer les plats mis au menu par Georges.

Après les premières années un peu rustiques, la maison est désormais entièrement rénovée. Mon père avait suivi les travaux et pris plaisir à s'entretenir avec les artisans locaux.

Rue Charlemagne, à Paris, une vie plus mondaine amène à transférer la salle à manger dans l'une des pièces de réception destinée initialement au bureau de Georges, qui n'en a jamais fait usage. Un ou plusieurs maîtres d'hôtel viennent « en extra » servir lors des dîners où la position sociale des convives s'avère un critère prépondérant. Ainsi se déroule une vie très parisienne rythmée par ce que mes parents et moi appelons les « grands dîners ». Claude met chacun à l'aise, Georges est écouté. Ma mère me pousse non plus à passer les petits-fours mais à lier conversation. Je me retire avant le dîner, qui se termine tard. Il m'arrive d'être réveillé par le départ des invités qui prolongent un moment aussi utile qu'agréable. Le lendemain, Claude reçoit les félicitations téléphoniques des convives pour le caractère brillant de ces soirées. De cette époque date son goût pour le téléphone, outil de rapprochement avec ceux dont elle partage, comme Georges, l'estime et l'amitié.

Ces soirées vont prendre un relief supplémentaire lorsque mes parents, après de longues recherches, trouvent, en 1959, un superbe appartement à louer quai de Béthune, dans l'île Saint-Louis. L'entrée de l'immeuble est impressionnante : une imposante porte cochère date de la période de l'hôtel Hésselin, construit en 1642 par Le Vau, puis abattu par Helena Rubinstein pour y réaliser un immeuble de luxe. Lorsque nous pénétrons pour la première fois dans les pièces de réception, nous sommes éblouis. Elles sont baignées de soleil et éclairées par les reflets de la Seine qui passe à nos pieds. Claude est heureuse d'avoir déniché un tel lieu d'exception. Il faut toutefois engager de longs travaux. Après quelques mois, nous emménageons donc dans un lieu unique à Paris, confortable, luxueux mais de bon goût. Dans une lettre à Robert Pujol datée de janvier 1960, Georges écrit : « J'espère que vous pourrez venir voir notre appartement et que vous serez éblouis. Il faut dire que rien n'est plus beau que l'île Saint-Louis (29)... »

J'y occuperai une chambre pendant quelques années avant que mon père ne m'offre, pour mes vingt ans, un petit studio situé à proximité de l'appartement familial. Cette prise d'indépendance marquera une pause temporaire dans la constitution du trio intime que nous avions formé dès mon arrivée dans la famille.

Plus et mieux qu'avant, Claude et Georges ont pignon sur rue. Le Tout-Paris se précipite chez eux. Ma mère se montre parfaite maîtresse de maison et mon père sait utiliser les talents de ses interlocuteurs et les séduire en même temps. On parle de l'actualité mais souvent aussi d'art et de culture.

Malraux : le sacré dans l'art

Dès 1950, mes parents sont devenus amis des Malraux. Georges écrit à André en décembre 1954 : « Notre amitié m'est chaque jour plus nécessaire : elle est ma fierté et mon réconfort (29). »

Leurs liens se sont tissés au cabinet du Général, mais Claude a noué aussi de son côté des relations étroites avec lui et sa femme Madeleine. Mon père lui a confié la préparation d'un ouvrage sur Malraux, publié dans les « Classiques illustrés Vaubourdolle », chez Hachette (21). Nourrie à la lecture des *Noyers de l'Altenburg*, de *La Condition humaine* et de *L'Espoir*, Claude voue à ce personnage d'exception une profonde admiration. Dégagés du cabinet du Général à partir de 1954, les deux hommes se voient régulièrement pour débattre art et culture. La conversation tourne autour de « l'art en soi ». L'art sacré obsède Malraux. « Le seul domaine où le divin soit visible est l'art, quel que soit le nom qu'on lui donne (16). » Pendant ces discussions approfondies auxquelles, tels des dieux de l'Olympe, s'adonnent les deux protagonistes, Madeleine interprète, au piano, Ravel, Debussy et Bartók. Claude découvre les précurseurs de la musique contemporaine. Elle prend plaisir à évoquer avec son amie ces compositeurs, sans négliger de s'entretenir de leurs enfants qu'elles élèvent l'une et l'autre avec amour. Madeleine Malraux témoigne : « Claude était une mère tendre et attentive : Alain était tellement choyé qu'il ressemblait à un petit prince (36) ! »

Au cours de ces rencontres régulières, Claude participe aux échanges, à bâtons rompus, entre les deux hommes. C'est l'époque de la gestation de la *Psychologie de l'art* (16) et de la *Métamorphose des dieux* (15). Le père Couturier [1] vient souvent se joindre à eux, ce dominicain, lui-même artiste, étant passionné d'art sacré.

Profondément croyante, Claude apporte à ces échanges sa vision de la foi. « Le père Couturier, dominicain, eut sur mon mari et moi une grande influence. Les longues conversations que nous eûmes avec lui, sur

1. Marie-Alain Couturier (1897-1954). Père dominicain, artiste et théoricien de l'art. Il est l'un des principaux acteurs du renouveau de l'art sacré en France, au lendemain de la Seconde Guerre mondiale, après avoir été un acteur résolu de la France libre. Cofondateur de la revue *Art sacré*, il séjourne aux États-Unis et se lie d'amitié à la mécène Dominique de Ménil. Grâce à elle, il rencontre de nombreux artistes : Pierre Bonnard, Fernand Léger, Jean Lurçat, Germaine Richier, Georges Rouault, Jean Bazaine, Henri Matisse, Georges Braque, Marc Chagall. Il fera appel à eux pour décorer, en 1950, Notre Dame-de-Toute-Grâce, située sur le plateau d'Assy.

la religion, sur l'art, nous marquèrent. Il rayonnait d'un feu intérieur qui fascinait et révélait l'ardeur de sa foi, laquelle n'avait d'égale que son ardeur pour l'art. Il a mené un combat incessant pour imposer l'art contemporain dans les édifices religieux, qui en avaient bien besoin. On lui doit ces lignes pertinentes ; "En art, ce n'est pas l'intelligence qui juge et discerne, ce sont les sens. Très exactement l'intuition sensible et non pas le raisonnement. En matière d'art, on ne juge pas comme on pense, mais comme on sent." Il déplorait ce qu'il appelait "l'immense malentendu qui sépare l'art chrétien de son public [...]". Familier des grands artistes de son temps, il est passionné par le Japon, l'Inde, l'Afrique noire, ce qu'il appelait "les arts indigènes". Il était d'une totale liberté d'esprit, conséquence de son absolu détachement. [...] De pareils hommes inscrivent leur marque dans une civilisation par leur génie comme leur spiritualité (28). »

Un séjour près de Saint-Jean-de-Luz, dans une superbe propriété louée par André, resserre encore davantage les liens entre les deux couples. « Nous étions allés à la plage, nous baigner. Je ne pense pas qu'il y ait beaucoup de gens qui aient fait de la natation avec André Malraux ! À la villa, [il] se lançait dans de fulgurantes et intarissables conversations qui traversaient les temps et abordaient aussi bien l'art que les civilisations ou la géographie de la planète. C'était captivant, mais aussi un peu enivrant. Le dernier jour, notre fils, qui avait alors une dizaine d'années, et à qui nous faisions remarquer la chance qu'il avait eue d'être là, nous déclara qu'il avait "des turbines dans la tête" (28). » Ma relation avec André Malraux trouve son dénouement à travers une dédicace qu'il rédige à mon intention dans un exemplaire de la *Métamorphose des dieux* (15). « Et l'accent d'un sculpteur oublié depuis des millénaires nous semble aussi invulnérable à la succession des empires que l'accent de l'amour maternel ». Tout est dit…

Ma mère me citera ce passage de Malraux tiré des *Noyers de l'Altenburg* (14) :

« L'arme la plus efficace de l'homme c'est d'avoir réduit au minimum sa part de comédie. » Cette phrase va la marquer, surtout après la mort de mon père.

Quelques années plus tard, je me lie d'amitié avec Vincent et Gauthier, deux des trois fils d'André. Nous sommes très proches tandis qu'Alain, plus jeune, ne participe pas à nos fugues de jeunes hommes. Elles sont faites de week-ends à Orvilliers, occupés à dessiner ou à peindre pour Gauthier et Vincent, à sculpter en musique en ce qui me concerne. Gauthier a dix-sept ans, Vincent quinze, ils étudient à l'École des Roches, près d'Évreux. Les relations avec leur père sont houleuses. Madeleine, secondée par ma mère, s'évertue sans succès à « arrondir les angles ». Nous nous voyons aussi à Saint-Tropez où Vincent rencontre Clara Saint, jeune orpheline et riche héritière franco-chilienne. Elle mène une vie libre et débridée. Et tous trois sont pris dans un tourbillon de sorties et libations diverses. Elle offrira à Vincent la puissante voiture dans laquelle ils se tueront ensemble après une soirée trop arrosée. André et Madeleine sont profondément atteints par ce drame supplémentaire dans leur vie. Il sera atténué par une vie intellectuelle et politique intense : en 1961, André Malraux devient ministre de la Culture ; et le restera jusqu'en 1969. Je garderai des liens avec Alain, le dernier des fils. Bien qu'épisodiques, ils durent toujours. J'apprécie sa créativité, sa chaleur humaine et son sens de l'amitié.

Les relations avec les Malraux, si étroites soient-elles, ne suffisent pas toutefois à nourrir la passion de mes parents pour l'art contemporain perçu par mon père à travers le filtre d'une culture classique « structurante et structurée ».

Dès les années cinquante, ils fréquentent ensemble les galeries d'art, notamment celle de Jeanne Bucher, où ils découvrent un peintre trop longtemps méconnu, Chapoval [1].

Pendant cette période, son œuvre s'apparente à celle de Braque. Elle est marquée par une présence profonde, empreinte d'une mélancolie poétique. Claude et Georges achètent deux de ses toiles. Ils

1. Youla Chapoval (1919-1951). Peintre russe de l'école de Paris, prix Kandinsky 1949. Il est reconnu par les plus grands peintres de l'époque mais n'arrive pas à élaborer un style personnel. Il meurt à Montmartre, en décembre 1951. Le catalogue raisonné de son œuvre est édité en 2015, aux Éditions de l'Armateur grâce au travail mené par Évelyne et Marie-Laure Moisset.

resteront attachés à ces toutes premières acquisitions. Même enfant, j'aime ces tableaux qui parlent à mon imagination. Je les ai toujours gardés en témoignage. Les pérégrinations de mes parents dans les galeries les mettent en relation avec des amateurs d'art et des marchands qui deviennent des amis.

Ils rencontrent également des personnages atypiques, dont deux écrivains de talent : les frères Gall [1]. Comme ils sont enjoués et entraînants, Claude convainc Georges de les inviter à dîner.

Souvent seul à la maison, je réponds au téléphone. Et j'entends une voix ténébreuse mais ferme me dire : « Cher monsieur, nous sommes invités chez vos parents et nous en sommes ravis, mais je tiens à vous dire que nous n'avons pas de smoking. » La conversation s'arrête là, ne voyant pas quoi répondre sinon indiquer que je transmettrai le message. Je suis interloqué : jamais je n'ai vu, à la maison, de dîner en smoking. Ce n'est pas encore l'habitude, à cette période.

---

1. Les frères Gall : Jacques et François, passionnés de voyages, ils entament à deux reprises le tour du monde. Dans les années soixante, ils écrivent ensemble les textes de la bande dessinée de *13 rue de l'espoir* publiée quotidiennement dans *France-Soir* de 1959 à 1972, puis un récit de leurs expériences communes *Les Invités du tour du monde* (7) mais également des romans populaires. Après le décès de son frère, François deviendra producteur et réalisateur de reportages télévisés. Tournés dans le monde entier, ils sont intitulés *Des trains pas comme les autres* et feront rêver ma mère.

Leur ami commun Raymond Cordier [1] présente, rue Guénégaud, des tableaux serrés les uns contre les autres dans deux pièces situées en fond de cour. Les œuvres de ses artistes sont les premières – après celles de Chapoval – acquises par mes parents avec des moyens modestes.

Quelques années plus tard, en 1958, Claude offrira à son mari, grâce à la nouvelle aisance apportée par la banque Rothschild, un petit Nicolas de Staël, de 1952, intitulé *Les Toits de Paris*. Une merveille de couleur et de profondeur, à forte puissance évocatrice. J'y découvre la facture de l'esquisse que j'avais « repérée » chez les Hajdu, pendant que mon père faisait réaliser son buste en 1953. Ce petit tableau avait attiré mon regard et parlait déjà à ma sensibilité. Je ne serai donc pas étonné de ce cadeau de ma mère à un Georges comblé. Cette initiative, partagée avec moi, me rapprochera d'elle encore plus.

Un peu plus tard, un autre galeriste, Karl Flinker [2], entre dans le cercle restreint des amis.

---

1. Raymond Cordier : autodidacte, originaire du Vézinet, né de parents commerçants. Dénicheur de talents, il ouvre une galerie d'art où il fait découvrir de nombreux jeunes artistes contemporains : Arman, Hundertwasser, Macréau, Baj, Toyen, Brô. Il devient ensuite gérant de la boutique de décoration La Factorerie, boulevard Malesherbes qui importe l'art artisanal venu d'Asie grâce à ses relations avec Francis Fabre, propriétaire des Chargeurs réunis. Il achètera un moulin près de Carjac en 1965 et mourra subitement au volant de sa voiture, en rentrant chez lui.

2. Karl Flinker est propriétaire d'une galerie d'art contemporain située rue de Tournon. Il y présente notamment Christo et Moninot, alors inconnus. Ami intime de Claude Pompidou,

Il fera découvrir à mes parents bien des artistes : François Kupka, Sonia Delaunay, La Fresnaye, Bissière, Maria Helena Vieira da Silva, Fontana, Martial Raysse, mais également Yves Klein et son épouse Rotraut, sculptrice, future conjointe de l'amateur d'art Daniel Moquay [1].

Claude fréquente par ailleurs assidûment et avidement les libraires, notamment Galignani, rue de Rivoli. Elle épluche les catalogues des ventes de livres d'exception et complète ainsi la collection de Georges. Mon père avait en effet fait son premier achat de bibliophile à dix-sept ans, boulevard Saint-Michel, avec l'argent de sa bourse de khâgneux : c'était *La Femme 100 têtes* de Max Ernst. Trente ans plus tard l'auteur assortira sa dédicace d'un dessin original (29).

De son côté, il surveille régulièrement les ventes de livres à la recherche d'éditions originales de ses auteurs préférés : poètes, historiens, personnalités publiques ou romanciers.

---

il l'accompagnera dans de nombreux voyages à l'étranger après la disparition de son mari.

1. Daniel Moquay épouse, en 1968, Rotraut Klein, sœur du peintre Günther Uecker, et veuve d'Yves Klein décédé en 1962. Il administre avec elle les archives Yves Klein par l'intermédiaire d'un site de consultation électronique. Il siégera au conseil d'administration de la Fondation Claude Pompidou et fera réaliser des sérigraphies numérotées d'artistes contemporains, qui seront vendues majoritairement au profit de la Fondation. Il vit entre Paris et l'Arizona.

Œuvres d'art et livres rares viennent ainsi compléter la décoration de l'appartement du quai de Béthune. Ils étonnent certains invités plus familiers des artistes classiques et émerveillent les précurseurs. Nous vivons en somme dans une sorte de musée imaginaire, transformé en réalité tangible.

L'épouse du banquier

Si mes parents accèdent à une position sociale enviée par certains, elle est aussi décriée, voire jalousée par d'autres. Georges se trouve au centre de véritables luttes d'influence tandis que Claude, tout en restant complice, se familiarise avec le luxe. N'écrit-elle pas : « On s'habitue très vite à l'argent [...], qui serait indifférent à pareille chance (27) ? »

Pour autant, grâce à son élégance naturelle, rien d'ostentatoire dans cette soudaine opulence. Elle côtoie sans complexe les femmes les plus raffinées, en particulier Jacqueline de Ribes « la Parisienne la mieux habillée ». L'allure dépourvue d'arrogance de ma mère séduit les grands couturiers. Christian Dior, Pierre Cardin, Guy Laroche se déplacent en personne dès qu'elle pousse la porte de leur maison de couture. Ils choisissent avec elle les modèles mis à sa mesure, puis assortis de chaussures, gants et sacs. Claude se prête avec plaisir à ce rôle de mannequin qu'apprécient tant les couturiers, aimant faire de leur « modèle » leur chose, en attendant de voir celui-ci évoluer au gré des invitations et événements, attendu par une presse avide de reportages de mode.

La rencontre la plus inattendue aura lieu avec Coco Chanel. L'une des deux femmes est tyrannique et obséquieuse à la fois, l'autre déterminée et attentive. Élevées toutes deux chez les sœurs, elles sont faites pour s'entendre ! Mademoiselle Chanel a des origines auvergnates, comme mon père. Elle aura l'élégance de ne pas les évoquer, préférant ne pas mêler la politique à l'amitié qui se dessine avec une femme qu'elle respecte.

Leur première rencontre dut être suffisamment marquante pour que ma mère la mentionne, le soir même, à mon père qui esquisse un sourire amusé… et entendu.

Ma mère a aussi plaisir à me faire partager son intérêt pour la mode. Ce qui me vaut de rencontrer Coco Chanel à deux reprises. La première fois, elle avait été prévenue que j'accompagnerai sa cliente. Le jeune adolescent que j'étais l'intéresse, elle attend donc notre arrivée du haut du fameux escalier à miroirs qui lui permet, depuis l'antichambre de son salon, de surveiller aussi bien les défilés et leurs invités, que tout ce qui se passe dans sa maison de couture. Claude est priée de se rendre dans les salons d'essayage à proximité des ateliers. Je suis escorté par une élégante collaboratrice, agréablement parfumée. Mademoiselle m'observe. « Bonjour jeune homme. Maintenant, ma chère, vous nous laissez », ordonne-t-elle à l'accompagnatrice. Rouge d'émotion, je me trouve propulsé dans un salon où trônent un somptueux paravent de laque noire, deux biches en bronze, divers objets souvenirs et un immense sofa où elle prend place en m'invitant à m'asseoir dans le fauteuil contigu afin de mieux me dévisager. Nos regards se croisent, je me sens rapidement à l'aise, malgré le caractère inquisiteur de mon interlocutrice. « Jeune homme, vous avez la chance d'avoir une mère exceptionnelle. » Que voulez-vous répondre ? Sinon acquiescer et engager la conversation sur la décoration de la pièce et la comparer à la perfection des tailleurs et des robes que j'ai pu admirer dans les magazines. Interloquée par ce jugement venant d'un « gamin », elle répond : « C'est mon métier et je l'aime. » La conversation s'engage sur mes goûts, mes pôles d'intérêt ; puis dévie rapidement sur la créatrice : « Je me suis réalisée toute seule, je travaille beaucoup et personne ne me comprend. » En réalité, elle aime prendre ses modèles à revers et « torturer » mentalement ses couturières comme un metteur en scène dirigeant les acteurs au théâtre. Sa forte personnalité me séduit et j'abonde dans son sens afin d'engranger quelques leçons de vie.

Elle m'explique qu'elle aime se sentir à l'aise dans ses tailleurs. Qu'elle porte des vêtements qui ont subi, sans dommages, l'épreuve du temps. Compte tenu de la qualité de la confection et des tissus, des ganses et des rubans, ceux-ci traversent les années, de même que les chapeaux qu'elle ne quitte jamais. Nous sommes loin de la couturière du 7e arrondissement qui avait accompagné les premiers pas de ma mère dans cet univers en confectionnant ses premières robes. Mademoiselle Chanel m'assure même qu'il faut se rouler par terre pour étrenner un nouvel ensemble. C'est, dit-elle, l'unique moyen de se l'approprier et de voir à quel endroit, à quelle « pliure », une retouche est nécessaire. « Il s'agit d'une deuxième peau », ajoute-t-elle. Je suis médusé. Je le serai plus encore lorsque je verrai ma mère, suivant scrupuleusement ses prescriptions, se rouler au sol, en rentrant à la maison, avec un nouveau tailleur. Je me rends compte alors qu'elle est faite pour porter ces toilettes sur mesure, dans lesquelles elle se plaît tant à évoluer.

Mon premier tête-à-tête avec Mademoiselle est interrompu par l'arrivée de Claude, entraînée à nouveau vers l'atelier du rez-de-chaussée pour vérifier le détail d'un tailleur en cours de confection. Coco Chanel repère d'un coup d'œil les petits défauts, déchire les coutures, redécoupe parfois le modèle en prenant à partie la première d'atelier docile, qui remet les épingles où il faut avant de reprendre, elle-même, à la main, les imperfections. C'est un curieux ballet. Tel un mannequin, ma mère se laisse diriger jusqu'au moment où la création de « haute couture » donne satisfaction.

Quelques semaines plus tard, Mademoiselle et moi sommes déjà complices. Sur le ton de la confidence, elle me fait part de sa déception à l'égard des performances de son personnel : modèles et couturières qui ne savent pas exécuter suffisamment vite ce qu'elle a en tête. En revanche, elle ne se plaint jamais des vendeuses, triées sur le volet, tant pour leur niveau social que pour leur sens du contact. « Ce sont elles qui font marcher la maison », me dit-elle, refusant tout éloge aux autres qui ne sont à ses yeux que le support ou l'émanation de son talent.

Claude apprend de Coco Chanel l'art de porter les vêtements, celui de se déplacer, de marcher, de s'asseoir avec aisance. Son perfectionnisme me semble nourri de l'expérience. Ma mère en a besoin : elle a depuis longtemps quitté l'adolescence mais est encore une « débutante » que, pour ma part, je me prends à admirer. Elle brossera plus tard un portrait de la couturière mythique : « D'une élégance suprême avec un soin raffiné des détails, elle adorait contredire et provoquer, ayant parfois des mots terribles. » Reçue un jour à l'Élysée, Mademoiselle lancera : « De mon temps on n'invitait pas les fournisseurs ! (28)… »

Le lien de grande proximité noué avec Coco Chanel sera en tout cas fondateur du rôle futur d'une Première dame « ambassadrice de la mode française ».

Des voyages mémorables

Claude aime le dépaysement. Mes parents partagent le goût des voyages. Plutôt insensibles aux richesses naturelles, ils cherchent à retrouver les œuvres des grands artistes ou le parcours des personnalités d'exception. Le Prado à Madrid les enchante, comme le

Kröller-Müller à Otterlo aux Pays-Bas, qui présente des Van Gogh exceptionnels, ou le Rijksmuseum d'Amsterdam avec l'imposante *Ronde de nuit* de Rembrandt.

Trois voyages marqueront leurs esprits, et tout particulièrement celui de Claude.

L'Espagne les a séduits dès 1951, l'Alhambra de Grenade et l'Alcazar de Séville, l'architecture de Gaudi à Barcelone... Ils circulent, en amoureux, sur des routes chaotiques, bien souvent en construction, allant de paradors en paradors, ces hôtels de charme construits du temps de Franco dans des bâtiments historiques.

À cette époque, je suis encore un enfant et dois me contenter, résigné, des récits enthousiastes de leurs péripéties.

Je participerai, en revanche, à deux voyages marquants pour nous tous, la Grèce et Venise.

En 1960, j'ai dix-huit ans. Mon père, qui a été reçu premier au concours général de grec, connaît parfaitement la Grèce antique... Deux de mes amis proches nous accompagnent, Carole Weisweiller [1] et François Rochas [2].

---

1. Carole Weisweiller. Fille de Francine, née Worms, amie de Jean Cocteau et épouse d'Alexandre Weisweiller, dit Alec, riche banquier et président de la société Shell. Collectionneur de tableaux et propriétaire de chevaux de courses, c'est un milliardaire au cœur généreux.

2. François Rochas. Fils d'Hélène et Marcel Rochas, parfumeur de luxe de réputation internationale. Gai de tempérament, excellent chasseur, nous nous retrouvons généralement à Orvilliers où sa mère occupe une propriété voisine de la nôtre. Je « courtise » volontiers sa sœur Sophie et ses amies.

S'ils supportent mal les importuns et désirent rester maîtres de leur temps, mes parents n'apprécient pas nécessairement de se déplacer seuls : notre petit groupe de jeunes gens est à la fois distrayant et attentif. Georges nous fait partager ses passions et Claude retrouve la capacité d'entraînement de sa jeunesse.

Nous partons d'Athènes, avec un chauffeur et un guide. Pauvre guide, il parle parfaitement le français et s'attache, comme il en a l'habitude, à présenter les sites archéologiques. Mais il est interrompu régulièrement par mon père qui nous explique le contexte en l'assortissant de citations. Nous restons cois. Claude est ravie d'entendre son Georges nous plonger dans cette période de l'Antiquité et déclamer, avec sa voix grave, des passages entiers de la mythologie grecque, faisant revivre, comme au théâtre antique, les dieux et les héros. Mes amis se souviennent encore de ce voyage où ma mère fait régner la bonne humeur tout en nous ménageant des moments de liberté dont nous lui sommes reconnaissants. De son côté, elle profite avec mon père des sites antiques et des paysages du Péloponnèse. Seul le guide n'a jamais compris comment cette personnalité française était aussi imprégnée de la culture classique de son propre pays.

Quelques années auparavant, à Venise, en 1957, la dimension est tout autre, à la fois culturelle, émotionnelle et quasi mondaine. Georges est directeur général de la banque Rothschild et en même temps administrateur de la compagnie d'assurances « Assicurazioni Generali ». Dès notre arrivée, un *motoscafo* (hors-bord) de luxe nous conduit sur le grand canal. Là, une large gondole nous attend ainsi qu'une embarcation annexe pour les bagages. C'est l'équipage du président de la compagnie, destiné aux hôtes de marque.

Georges n'avait informé personne mais « on » avait prévenu pour lui... Nous sommes installés dans l'un des plus beaux hôtels, le Gritti, où nous occupons deux suites.

Nous avons prévu, ma mère et moi, de séjourner une semaine alors que mon père, pour raisons professionnelles, doit se contenter de trois jours. Nous sommes donc embarqués comme de hautes personnalités. Claude, loin d'être blasée, est agréablement surprise. Nous découvrons le palace, le concierge, personnage incontournable avec sa sonnette et ses « Pronto ! » retentissants à l'appel du téléphone, le maître d'hôtel, si attentionné, et le personnel de chambre qui défait les bagages. Lors du premier dîner sur la terrasse du Gritti, au bord du grand canal, nous sommes au milieu des milliardaires distingués, amoureux de Venise, auxquels se mêlent quelques représentants de l'aristocratie vénitienne qui saluent discrètement mon père.

Le lendemain, place Saint-Marc, Claude est ravie de profiter de la terrasse du Quadri où l'orchestre reprend des airs connus. L'après-midi, la découverte des Carpaccio à la Scuola di San Giorgio degli Schiavoni constitue une révélation. « Quelle modernité ! », s'écrie ma mère dont l'esprit traverse volontiers les siècles depuis ses conversations avec André Malraux.

À Murano nous admirons les mosaïques, délaissant les souffleurs de verre pour orienter notre embarcation privée vers San Francesco del Deserto, petite île peu fréquentée où des biches côtoient les pères franciscains.

Le soir, Claude nous fait partager sa joie d'être avec nous. Mon père doit repartir, nous poursuivrons nos visites, avec délectation, comme deux amis de toujours.

Lors de l'apéritif du lendemain, en plein soleil sur la terrasse du Gritti, une scène va marquer ma mère à jamais. L'hôtel fait face à un petit palais qui jouxte l'église de la Salute. De dimensions relativement modestes, ses murets cachent aux regards une porte d'entrée entourée de bosquets bien taillés. Nous en voyons sortir, entourée de maîtres d'hôtel en livrée, une femme, grande et distinguée, vêtue d'une robe de tulle clair, coiffée d'une large capeline, et dissimulée derrière des lunettes noires. Une gondole l'attend, encore plus spacieuse et confortable que la nôtre : la silhouette vaporeuse prend place, escortée d'un motoscafo de sécurité. À la fois attirante et intrigante, cette présence insolite est perçue par nous comme une « apparition ».

Claude sait que les palais de Venise sont occupés par la haute société italienne, mais qui est cette mystérieuse élégante ?

Inconsciemment, les réminiscences de sa grand-mère aidant, elle s'identifie à cette apparition. Intriguée, elle se renseigne : « C'est la Guggenheim [1], Madame : elle demeure ici une partie de l'année, c'est une grande collectionneuse d'art. »

Rien ne laisse alors présager que Claude sera, plus tard, sur la suggestion de Peggy, la présidente de la Fondation Peggy Guggenheim de Venise puis membre du Conseil au musée Guggenheim de New York.

Pour ma mère, les voyages sont un enchantement. La beauté des lieux, leur perspective historique sollicitent son imagination et la transportent dans une quatrième dimension.

Un couple influent

Pour les vacances d'été, nous allons au bord de la mer. D'abord à l'hôtel en Bretagne, à La Baule ou à

---

1. Marguerite Guggenheim, dite Peggy, est née en 1898 à New York. Fille d'un riche banquier qui dilapidera sa fortune, elle devra attendre que ses oncles redressent l'affaire et que son grand-père lui lègue ses biens pour devenir une mécène américaine. Autodidacte, elle lit Marcel Proust et Shakespeare. Elle apprend l'art moderne auprès de Duchamp, de Constantin Brâncusi et de Jean Cocteau. Elle ouvre ainsi en 1938 une galerie d'art à Londres, Guggenheim jeune, où elle expose Arp, Moore, Calder et Kandinsky. Pendant la guerre, elle use du prestige de son nom et de sa nationalité pour sauver de nombreux artistes auxquels elle fournit de faux papiers, tels André Breton et Max Ernst – qu'elle épousera. Son nom est lié au musée qu'elle fonde à Venise dans le palais Vernier dei Leoni,

Morgat, puis en louant des villas « les pieds dans l'eau » dans le Midi, près de Saint-Raphaël, à Théoule ou à Cavalaire. La famille s'y retrouve avec quelques intimes de passage.

À Saint-Tropez, un cousin de Georges, ingénieur en électronique à « l'usine à torpilles » de La Foux, est logé dans une maison contemporaine, faite de pierres et de tubes en métal. La villa est entourée de vignes dont la culture s'étend, à l'époque, jusqu'à la plage de la Bouillabaisse. Mes parents y séjournent quelques semaines l'été à partir de 1953, sans se mêler aux personnalités et aux starlettes. En revanche, ils vont dîner dans une maison louée par Roger Frey [1], alors trésorier du RPF, sur le petit port de la Ponche.

Le propriétaire, haut en couleur, est souvent invité et tutoie Roger Frey. Chacun donne l'impression de se connaître depuis toujours, la conversation est

---

sur le grand canal. La Fondation Peggy Guggenheim à Venise est l'un des plus beaux musées d'art contemporain. Elle décède près de Padoue en 1979. Le rayonnement de sa fondation sera encore amplifié par celui de la Fondation Solomon R. Guggenheim de New York.

1. Roger Frey (1913-1997) adhère dès 1947 au RPF dont il devient le trésorier. Il est en 1958 l'un des artisans du retour du général de Gaulle au pouvoir. Il sera ministre de l'Information de janvier 1959 à février 1960. En charge de l'Intérieur de 1961 à 1967, il devient ministre d'État de 1967 à 1972. Le 23 février 1974, un mois avant le décès de Georges Pompidou, il succède à Gaston Palewski à la présidence du Conseil constitutionnel.

détendue mais assez superficielle. En rentrant, ma mère qualifie toutefois le propriétaire de « pêcheur d'opérette » !

Rien d'artificiel en revanche au cap Camarat, Chez Camille, où mijote, sur les sarments de vigne, une succulente bouillabaisse dégustée à l'ombre de la charmille. Ce n'est plus le Saint-Tropez des peintres, mais ce n'est pas encore celui des vedettes. Le port a gardé son authenticité, la région est merveilleuse et les vignes, dominées par la citadelle puis la chapelle Sainte-Anne, permettent des promenades à pied ou à cheval. La vie est simple et douce. Je m'occupe à construire une cabane en utilisant les massifs de roseaux situés auprès de la maison : de vraies vacances. Claude fait des effets d'élégance lorsque Georges vient pour quelques jours. Je me souviens d'une robe longue à bustier, recouverte d'une veste bien ajustée, le tout taillé dans un tissu de piqué blanc. Voir ma mère ainsi vêtue descendre l'escalier de la maison est un ravissement. Robert Pujol, l'ami de toujours et excellent photographe, a fixé sur la pellicule ces moments privilégiés qui bercent et illuminent mes souvenirs de jeunesse.

Trois ans plus tard, mon père est directeur de la banque. Durant les « années Rothschild », Saint-Tropez devient à la mode, et la société parisienne y crée une ambiance qu'il ne faut pas manquer.

Les premiers contacts se sont noués à l'hôtel du cap d'Antibes, au restaurant Eden Roc, où Claude et

Georges déjeunent souvent avec Philippe de Croisset [1], ami de longue date.

Marié à une riche Américaine – la fameuse Ethel qui, au retour d'une visite à Orvilliers, avait changé le pneu de sa voiture gantée de chevreau blanc –, Philippe gravite dans le grand monde parisien parmi les princesses et les jolies femmes. Après la séparation du couple, Claude et Georges resteront liés aux deux : à Ethel, pour son amour de l'art contemporain et ses relations avec le père Couturier, ami de Malraux, à Philippe, pour son humour acerbe. Ami intime des Rothschild, il introduit Georges auprès des milieux de la mode, du cinéma et du journalisme, monde distrayant dominé par la personnalité de Pierre Lazareff, patron de *France-Soir*, mari d'Hélène, propriétaire et directrice du journal *Elle*. Claude et Georges les avaient déjà côtoyés lorsque mon père officiait auprès du général de Gaulle.

Après plusieurs séjours chez les Croisset, à Grasse, les Pompidou sont mûrs pour une parfaite intégration au tout-Saint-Tropez. Le directeur de la banque Rothschild et son épouse sont adoptés sans difficulté par cette riche société cosmopolite, à l'humour impitoyable. On y rit de tout et de rien, avec une insouciance sans concession.

---

1. Sa mère a fait aménager en 1922 la « Villa Croisset » à Grasse où Philippe occupe une des annexes qu'il a fait décorer avec goût et un luxe distingué sans être ostentatoire. J'y passe de nombreuses vacances avec son fils, Pierre, qui deviendra banquier, de même que son frère Charles.

Comme ce microcosme vit sur lui-même, les nouveaux arrivés sont d'autant mieux acceptés que leur sens de la repartie suscite les commentaires des oisifs. Mes parents sont curieux de nature, leur compagnie est agréable. Ils sont désormais à l'aise dans cet univers sans comparaison avec l'enseignement, la haute administration ou la politique. Pendant quelques années, ils vont donc se laisser séduire, Georges se disant volontiers « grisé », état comparable à l'euphorie sans lendemain des coupes de champagne.

Je vois moi-même mes parents captivés par ce monde disparate où se côtoient écrivains, artistes, galeristes, comédiens ou journalistes... Il n'est plus question d'occuper la maison du cousin d'Auvergne. Il faut recevoir dans une grande et belle villa, surtout bien située, pour pouvoir être reçu à son tour. L'agence immobilière s'impose : la plus connue est celle de Suzanne Pellet, que Françoise Sagan et Jacques Chazot [1] présentent à Claude.

---

1. Jacques Chazot (1928-1993). Parmi les personnalités des arts et des spectacles, c'est certainement l'une des plus douées et la plus attachante. Il entre à l'école de ballet de l'Opéra de Paris dès 1947. En 1956, il rejoint l'Opéra-Comique et la même année publie *Le Chien de Marie-Chantal* évoquant l'archétype du snob. Il se lie d'amitié avec Claude Pompidou – dont le mari normalien apprécie son sens de l'humour acerbe, à la limite du canular – et publie *Sophie Ripaille* (1960) puis *Chazot Jacques* en 1975. Il est l'ami intime de Françoise Sagan et considère Thierry Le Luron comme son plus proche camarade. Très présent dans le monde parisien, il l'occupe par ses mots d'esprit et sait prendre le recul nécessaire vis-à-vis de son personnage. D'une grande générosité, il anime les clubs de per-

Des liens d'amitié se noueront avec cette homosexuelle distinguée, qui vit depuis toujours dans le Midi avec sa mère et s'est, désormais, installée à Saint-Tropez. Son dynamisme, son entregent et ses jugements sans concession l'ont rendue incontournable. Elle est de tous les dîners et soirées, animant les conversations avec un sympathique accent méridional. Claude partage son goût pour la franchise et le naturel. Toutes deux ont plaisir à échanger leurs impressions sur une vie quotidienne animée.

Suzanne est donc chargée de trouver une villa confortable, en bord de mer. La « Canardière », sur la baie des Canoubiers, offre un double avantage : elle donne sur la plage et se trouve à deux pas de l'entrée du village. Georges n'y passe que quelques jours d'affilée, pour se distraire au club de l'Épi Plage dans la journée, jouer à la pétanque à Ramatuelle et prolonger, de temps à autre, la soirée au club de l'Esquinade… Il apprécie l'ambiance, semblable à celle des caves de Saint-Germain-des-Prés de l'après-guerre où Juliette Gréco se produisait, mais n'est pas

---

sonnes âgées de la Fondation Claude Pompidou et donne des cours de danse réguliers et gratuits aux « seniors » accueillis par la mairie de Paris : il est le seul danseur masculin à savoir faire les « pointes ». Il décède dans le château de Monthyon appartenant à Jean-Claude Brialy. Après sa disparition, Pierre Bergé remettra, au musée de la Vie romantique, un ensemble d'œuvres et de papiers souvenirs : c'était son souhait. Nous cultivions avec lui, ma mère et moi, une grande connivence. Il me donnera, par simple amitié, une pièce de sa collection, *Les Fleurs animées*, illustrée par Grandville.

un noctambule. Son plaisir est de louer un bateau rapide, en bois vernis, l'un de ces fameux Riva recherchés à l'époque qui permettent de rejoindre rapidement les criques et les plages désertes pour se baigner, avec Claude, en toute tranquillité. Le soir, nous allons dîner au restaurant Lei Mouscardins au bout du port où le propriétaire, Félix, nous accueille avec autant de naturel que d'égards.

Claude, ayant du personnel, convie, lorsqu'elle n'a pas de dîner, ceux qui sont disponibles pour un verre en terrasse avant les réceptions du soir. Ses amis apprécient sa spontanéité et son entrain.

Dans ce nouvel univers, je mène, de dix-huit à vingt ans, une vie de « golden boy ». Plus question de construire des cabanes en bambou, j'emprunte la Simca décapotable de ma mère pour séduire sur le port de Saint-Tropez, y retrouver des amis et participer à des soirées qui finissent au petit matin au Gorille, devant les yachts de luxe. Je suis étourdi par le tourbillon des personnalités.

Claude et Georges voient se succéder quelques grands noms de l'aristocratie française et de la haute société italienne. Mais également Françoise Arnoul, l'actrice à la mode, et son mari Georges Cravenne – l'organisateur des grandes soirées parisiennes –, Sacha Distel et Guy Béart qu'ils avaient entendus au cabaret La Colombe, dans l'île de la Cité. Quant à l'inénarrable Ghislaine, elle est l'animatrice endiablée des nuits tropéziennes. Dans « les potins de la commère » de *France-Soir* du 31 juillet 1959, on peut lire sous la plume de Carmen Tessier : « Chez Ghislaine, cave tropézienne, Georges Pompidou et Georges Cravenne ont dansé avec des princesses [...]. Puis ils ont bourgeoisement retrouvé leurs femmes respectives [...]. Georges Cravenne a glissé à l'oreille de Monsieur Pompidou : "après avoir dansé avec des princesses, nous dansons chacun maintenant avec notre reine" »...

Quelques photos de Georges ont été prises au club de l'Esquinade et au cours de farandoles nocturnes, sur la plage, avec quelques célébrités du Tout-Paris, mais n'ont pas été publiées. Elles pourraient paraître choquantes alors qu'elles relèvent plutôt de l'esprit provocateur du normalien, amateur de « canulars ». Il n'est pourtant pas exclu que certains, dans l'entourage du Général, aient pu en faire état.

Françoise Sagan, femme prodigue, tient à offrir à Georges une Bristol, puissante voiture de sport anglaise qui séduit l'amateur de vitesse. Il la confie, peu de temps après, à un chauffeur inexpérimenté qui la rendra inutilisable après un grave accident.

Régine et ses proches, de même que Brigitte Bardot et les siens, restent en dehors de ce cercle très exclusif.

Au-delà de la baie des Canoubiers, les propriétés se situent dans les vignes. Accessible par des routes étroites, la plus recherchée est « l'Étoile », que Claude aurait voulu acquérir. Mais Georges n'avait pas donné suite. Il y a aussi la ferme de la Messardière et quelques autres. C'est à chaque fois l'occasion de se distraire avec quelques amis, partageant le même goût pour la vie facile.

Les étés à Saint-Tropez sont complétés par des séjours aux sports d'hiver, en Suisse à Gstaad, avec Basil Goulandris, riche armateur grec et son épouse Élise, grande mécène, ou à Klosters chez l'acteur Gene Kelly, tous amis des Rothschild.

En dépit des difficultés à venir en Algérie, l'économie française se porte bien et ceux qui disposent de revenus suffisants profitent sans limite de vacances de rêve.

Dans cet univers diversifié, animé, sans contraintes, ma mère se sent libre. Elle y apporte son charme, sa gaieté et sa capacité d'entraînement. Elle y donne libre cours à son goût pour le naturel, à sa spontanéité et à cette forme d'insouciance que procure l'aisance financière.

Mes parents sont très proches de Guy et Marie-Hélène de Rothschild. Quant à moi, je deviens ami de David, qui présidera, avec talent, aux destinées de la banque familiale.

C'est à cette époque, en 1960, que le baron Guy propose à Georges de devenir associé au sein du groupe. Il s'agit d'un avantage financier considérable… que mon père refuse pour garder son indépendance et ne pas rompre les liens avec le Général.

Claude ne pouvait le critiquer sur ce point… C'est dire si les relations entre Guy de Rothschild et lui sont devenues étroites et solides. Le premier est satisfait d'avoir repéré ce personnage hors norme par sa culture et sa rapidité d'esprit. Le second apprécie ces horizons nouveaux. Marie-Hélène, elle, fille du baron Van Zuylen [1], est conquise par la personnalité de Georges.

Nous sommes, mes parents et moi, invités au château de Haar avec les Rothschild. Parfaitement entretenue, cette forteresse médiévale est décorée dans le style propre à une grande lignée aristocratique. Quelle n'est pas ma stupeur de découvrir que les couloirs sont fréquentés, la nuit, par des bataillons de chauves-souris ! Cela nous distrait des cartes et des conversations mondaines.

Le baron Guy est très épris de Marie-Hélène, qui le pousse à rénover la propriété de Meautry, en Normandie, charmant manoir situé près de Pont-l'Évêque, où sont élevés les chevaux de l'écurie Rothschild arborant casaque bleue et toque jaune. Elle l'engage également dans une vaste entreprise : la restauration à l'identique du château familial de Ferrières. Parmi les plus luxueux du XIXe siècle, il

1. Le baron Egmont Van Zuylen Van Nievelt (1890-1960). Diplomate belge, issu d'une grande famille néerlandaise, il avait épousé une Égyptienne rencontrée au Caire, Marguerite Natémalla dite Maggie. Comme tous les membres de sa famille, ils seront enterrés dans la crypte de la chapelle du château de Haar, aux Pays-Bas.

avait été commandé, vers 1855, par le baron James de Rothschild, puis inauguré par Napoléon III. Il s'y déroulait des fêtes fastueuses, mais il avait été pillé et dégradé pendant la guerre et devait être refait. Les travaux prendront plusieurs années et seront suivis plus tard de la restauration de l'hôtel Lambert situé à la pointe de l'île Saint-Louis, qui deviendra la luxueuse résidence parisienne des Rothschild.

En 1959, à Ferrières, un bal d'anthologie, sur le thème de *La Belle au bois dormant*, est époustouflant. Les robes sont somptueuses, celle de Claude comprise. J'y assiste, émerveillé par le « vaisseau fantôme » apparaissant sur le lac. Cette fête sera suivie du bal « Proust » en 1970 puis du « Surréaliste », conçu par Salvador Dalí.

Je participe aussi aux parties de chasse, où le pantalon de golf et la veste en tweed anglais sont de rigueur. Chaque convive dispose non seulement d'une chambre, mais également de son propre personnel qui défait et refait les valises, aide les hôtes à revêtir leur tenue de soirée – robe longue pour les dames et smoking avec chemise à plastron retenue par des clips en or blanc rehaussés de diamants pour messieurs.

Georges ne disposant pas de ces « fioritures » provenant des meilleurs bijoutiers anglais, il les recevra en cadeaux pour Noël. Claude porte en ces occasions des tenues de haute couture, tailleurs ou ensembles habillés mais décontractés pour le jour, robes longues pour le soir, agrémentées de parures Chanel. Elle ne possède pas de bijoux venant de grands joailliers, sinon une perle fine montée en pendentif offerte par Georges, qu'elle portera le restant de ses jours.

Mon père tient nombre de jolies femmes sous le charme de ses propos, qu'il s'agisse de la jeune Victoire de Ganay, de la très distinguée princesse de Croÿ, mais également de Grace Kelly ou d'Audrey Hepburn. Claude se lie d'amitié avec Françoise de Langlade [1], qu'elle l'apprécie pour son entrain et son caractère enjoué.

Quant à l'exceptionnelle d'intelligence et de vitalité Maggie van Zuylen, mère de Marie-Hélène, elle attend Hervé Mille (directeur de *Paris Match*) pour passer la nuit à jouer aux cartes avec lui jusqu'au petit matin.

Tout est donc, à Ferrières, luxe et perfection.

Cependant, Claude, qui aime aussi recevoir chez elle, considère qu'elle manque en ces lieux d'initiative et de liberté. Bien qu'intime de Marie-Hélène, elle ne trouve pas toujours la place qu'elle estime devoir occuper.

Les obligations, même fort agréables, ne débouchent sur rien de solide et se transforment en un rituel trop répétitif, à ses yeux. Ma mère aurait pris son parti d'invitations épisodiques, mais elles sont trop régulières. Il est délicat de s'en dispenser, si ce n'est en

1. Françoise de Langlade (1921-1983). Fille d'un assureur bordelais, elle est éditrice de mode au journal *Vogue* et épousera le couturier Oscar de la Renta en 1977.

rusant, de temps à autre, pour retrouver la famille à Orvilliers.

Un incident illustre les liens qui se sont instaurés entre mes parents, le baron Guy et son épouse. Il témoigne du caractère de leurs relations personnelles pendant cette période faste, mais contraignante.

Georges n'a jusqu'alors qu'une seule fois traversé l'Atlantique, pour une mission au Canada lorsqu'il était amené à représenter le général de Gaulle. Il en était revenu avec un manteau de ragondin que ma mère avait été ravie de porter pour affronter les rigueurs de l'hiver. En 1960, ils ne sont donc toujours pas allés aux États-Unis.

La proximité avec les Rothschild et la vie des affaires les conduisent à décider d'un voyage à quatre à New York.

Mon père n'est pas fasciné par le Nouveau Monde. Il hésite à quitter la France pour se rendre si loin, dans un pays dont il ignore singulièrement l'histoire et la culture. Guy, en revanche, a été élevé par une gouvernante anglaise. Familier de la société londonienne, il a également de la famille et de nombreux amis sur place. New York représente pour lui un havre de liberté. Il en est de même pour Marie-Hélène, qui y est née et y a passé sa jeunesse.

Claude redoute, intuitivement, la contrainte d'un calendrier et de sorties organisées d'avance. Les Rothschild lui permettent cependant de rencontrer un personnage hors du commun : Dominique de

Ménil [1], riche héritière de la famille Schlumberger, mécène de l'art contemporain, proche du père Couturier, ami des Malraux, et de nombreux peintres.

Bien que séduite par New York, Claude, toujours indépendante, craint les conséquences d'une promiscuité un peu trop envahissante à son goût. Et ce qui devait arriver arriva.

Une fin d'après-midi, après les rendez-vous professionnels de Georges, et les longues heures passées par Claude en compagnie de Marie-Hélène et ses amies, il faut tuer le temps avant le dîner. Au lieu de laisser chacun vaquer à ses occupations, une partie de bridge est décidée. Ma mère joue à contrecœur, donc mal, tandis que Marie-Hélène, par atavisme familial, se comporte en vraie professionnelle. Les deux hommes suivent la partie et ne se rendent pas compte de l'énervement croissant de la baronne de Rothschild devant le désintérêt manifeste de Claude. À la énième bévue de sa partenaire, Marie-Hélène

---

1. Dominique de Ménil (1908-1997). Collectionneuse d'art franco-américain. Fondatrice de la Ménil Foundation de New York et de la Ménil Collection de Houston. Très influencée par le père Couturier qui, à partir de l'art contemporain, l'introduit au monde des arts premiers. Cette relation commune tisse un lien entre elle et ma mère qui va les conduire, après une brouille temporaire, à mettre sur les rails la future Pompidou Foundation pour l'art contemporain (Dominique de Ménil tenait à lui donner le nom de « Beaubourg Foundation »). Ce différend, réglé par Jean-François de Canchy (voir p. 265), ne laissera pas de trace dans leur amitié : il s'agit de deux femmes intelligentes dotées de la même sensibilité.

lâche une réflexion désobligeante. Alors Claude, excédée, perd son contrôle et lui jette les cartes à la figure !

Ma mère est rouge de colère, Marie-Hélène blême de rage. Consternation générale. Les joueurs se séparent. Georges doit calmer sa femme, mais également s'excuser auprès de Guy. Il élabore un trait d'humour destiné à Marie-Hélène, qui l'accepte volontiers. Pour autant, la connivence est rompue entre les deux épouses ; rien de très étonnant entre deux caractères aussi affirmés.

Elles seront par la suite contraintes à se mesurer, chacune avec leur tempérament. Ma mère s'évertue à composer, pour des raisons évidentes, tandis que Marie-Hélène ne s'en trouve que plus proche de Georges, dont elle admire le talent.

L'installation Quai de Béthune va représenter un changement radical d'environnement. Nous allons, enfin, pouvoir admirer, jour après jour, la beauté des couleurs sur les bords de Seine et le mouvement permanent des péniches sur le fleuve qui, par temps de soleil, laisse la lumière se refléter sur les plafonds, comme à Venise.

Pendant cette période, malgré les nouvelles activités de mon père, le général de Gaulle ne se fait pas oublier de notre famille. À divers indices, Claude se rend compte que les liens entre les deux hommes sont restés très forts. Depuis 1954, Charles de Gaulle multiplie les marques de confiance à l'égard de son mari qui reprend goût à la vie publique. Ma mère a ainsi eu connaissance d'une lettre qu'il a écrite à Charles Frappat[1].

« … Jamais, me semble-t-il depuis dix ans, il n'y a eu autant de possibilités pour la France de résoudre ses difficultés, celles de l'Outremer et celles de l'Algérie, à la seule condition que son système politique reflète sa vitalité économique et démographique. Jamais, malheureusement, nous n'avons été aussi loin du sursaut nécessaire. Que notre pays ait renoncé, par le complot des hommes politiques solidaires, à utiliser les services du seul Français qui ait un grand prestige Outremer et une taille internationale, me confond (29). »

Sans participer aux initiatives de ceux qui œuvraient en coulisse pour le retour du Général, Georges est tenu informé et son épouse sait ce qui se prépare. Contre toute attente, le Général revient au pouvoir le 15 juin 1958 et demande aussitôt à mon père de devenir son directeur de cabinet à la présidence du Conseil.

Ma mère veut croire qu'il s'agit d'une simple parenthèse et que Georges ne coupera pas les liens avec leurs nouvelles relations. Elle se satisfait, au

1. Charles Frappat. Directeur adjoint du cabinet civil du socialiste Robert Lacoste, il est nommé ministre résident en Algérie par Guy Mollet, en février 1956.

fond, de cet intermède : son époux va renouer avec ses amis gaullistes, retrouver le Général et être confronté à de nouveaux défis n'ayant rien à voir avec la banque. Cette position lui permet, au moins temporairement, de desserrer l'étau qui se refermait sur elle et d'échapper à des obligations contraignantes.

Pendant cette période, les délices de la IVe République vont occuper encore largement les parlementaires. Autour du Général, les plus fidèles préparent la suite en engageant, avec Michel Debré, la révision de la Constitution. Grâce à l'expérience acquise au Conseil d'État, Georges en surveille étroitement l'élaboration. Il siège dans la commission désignée pour réviser les textes. Et, parallèlement, mène, avec succès, une politique financière destinée à reconstituer les réserves de l'État. Fort de la confiance du général, il suit tous les domaines et devient vite incontournable.

« En fait, à la fin de 1958, pendant six mois, Georges Pompidou a été le maître de la France (38) », explique d'ailleurs Jacques de Bourbon-Busset, ex-collaborateur de Robert Schuman (29-33).

Malgré le rythme harassant de la vie de cabinet, mes parents ne sacrifient pas leurs relations parisiennes. L'attrait du pouvoir entraîne de nombreuses invitations à Ferrières, où se précipitent les curieux, le monde des affaires et de la mode.

Au cours des déjeuners dominicaux chez les Lazareff [1], en dehors d'une poignée de fidèles que Monique Bolloré [2] qualifiait de « fond de sauce », celles et ceux qui font l'actualité se retrouvent pour mieux faire connaissance et échanger des points de vue.

Pierre et Hélène Lazareff vont des uns aux autres, rapprochant ceux qui doivent se rencontrer. À l'époque, l'actualité se construit à partir de « dépêches écrites » et d'appels téléphoniques. Le patron de *France-Soir* est régulièrement alerté, les nouvelles sont aussitôt commentées. Il garde les notes et télex dans les poches de sa veste qui en deviennent informes et pendent comme deux besaces. Ces déjeuners à Louveciennes alimentent la conférence de rédaction du lendemain et permettent à Georges de bénéficier de la primeur des réactions aux mesures préparées par le gouvernement. Ils se révèlent irremplaçables.

Claude se laisse entourer avec un plaisir non dissimulé. Vive, voire enjouée, elle prend d'autant plus

1. Voir p. 60.

2. Monique Bolloré est l'épouse de Michel Bolloré (1922-1997). Breton, gaulliste de la première heure et homme d'affaires. Son père avait fait fortune dans le papier à cigarettes « OCB ». Il fournit les fins feuillets des livres de La Pléiade. C'est grâce à son fils, Vincent, qu'il développe en Bretagne l'usage du polypropylène expansé. Ce produit fin et résistant permet de façonner les sachets d'infusion distribués dans le monde entier, puis d'alléger les composants des condensateurs d'énergie électrique. C'est ainsi que seront réalisées les batteries performantes et peu encombrantes destinées aux voitures électriques désormais réparties dans les grandes capitales.

volontiers part aux conversations que certaines n'ont rien à voir, ni avec la banque, ni avec la politique. Chacun fait assaut d'esprit. Elle se lie donc d'amitié avec Hélène Lazareff et ses amis.

Son mari devenant indisponible, ma mère constitue autour d'elle un cercle d'amis solides qui apprécient autant son charme, sa spontanéité que sa vitalité et son sens critique. Elle a pris de l'assurance, devient un personnage qui compte. Elle manifeste néanmoins toujours vis-à-vis de moi la tendresse dont nous avons besoin l'un comme l'autre.

Ces six mois passent vite, et aboutissent à l'élection de Charles de Gaulle comme premier président de la Ve République. Georges, ainsi qu'il était convenu avec le Général, retrouve la banque. Même s'il exprimera ultérieurement un certain regret, il s'en tient à ce qu'il a décidé.

Le jour de la passation de pouvoir entre René Coty et le nouveau chef de l'État, celui-ci, après avoir ranimé la flamme du soldat inconnu à l'Arc de triomphe, doit descendre les Champs-Élysées en voiture découverte. Nous sommes, ma mère et moi, devant la télévision en noir et blanc pour assister à ce moment historique. Georges a accompagné le Général jusqu'à l'Arc de triomphe, et prévu de prendre place dans la voiture de suite. Mais, après un moment de flottement manifeste autour de lui, quel n'est pas notre étonnement de voir Georges monter dans la voiture découverte, et s'asseoir à côté du futur président de la République. Ma mère me dit : « Regarde. » Son intuition ne la trompe pas. Connaissant les comportements du chef de la France libre pour les avoir observés depuis près de quinze ans, elle sait qu'il ne s'agit pas d'un simple remerciement pour services rendus (cela aurait pu se faire par lettre ou en privé). Dans ce moment solennel, le grand homme tient à mettre en lumière son plus proche collaborateur devant la population massée sur les Champs-Élysées ainsi que devant les Français rivés à leur téléviseur. Symboliquement, et de façon impromptue, Georges Pompidou apparaît comme promis à un destin national.

En dépit de son retour à la banque Rothschild, mon père va donc maintenir des contacts étroits avec le Général. Et la situation politique amplifie cette proximité.

En 1960, la guerre d'Algérie n'est pas terminée. Les membres de l'OAS[1] sont mobilisés.

Georges écrit à son ami Pujol, le 13 février 1960 : « Les problèmes politiques nous valent de temps à autre des lettres de menace (29). » Quel euphémisme ! Ma mère et moi sommes en fait l'objet de tentatives d'enlèvement. Les services de protection nous envoient régulièrement à l'écart, vers des destinations inconnues et pour des raisons de sécurité.

1. OAS : Organisation de l'armée secrète, structure clandestine née en 1961 à la suite du putsch des généraux (21 avril). Elle poursuivra ses activités jusqu'en 1962, date de l'indépendance de l'Algérie.

Nous possédons même chacun un faux passeport au nom de « Pommier ».

Dans ce contexte, nous rejoignons pour quelque temps le « manoir du Stang » dans la région de Fouesnant, en Bretagne. Tous les soirs, mon père appelle. Et ma mère s'enferme dans la cabine téléphonique après que le personnel a appelé « Madame Pommier ». Le jour du départ, elle s'inquiète de la note : elle doit remplir la fiche de police que la propriétaire a oublié de lui remettre. Après s'être appliquée à la compléter, excédée de tant de précautions, elle signe… « Poirier » ! La propriétaire, interloquée, lui indique qu'elle s'est trompée. « Cela n'a aucune importance », rétorque Claude. Réponse : « Mais madame, ces fiches sont transmises à la préfecture de Quimper. » « Ne vous inquiétez pas, elle en fera son affaire ! » Et ma mère prend son sac, puis m'entraîne dans la voiture pour quitter l'hôtel. Comment rendre simples des situations peu communes !

Claude sent l'étau politique se resserrer autour d'elle. Alors elle se réfugie dans la lecture et la fréquentation des galeries d'art, sans oublier celle des magasins et des maisons de couture.

La guerre d'Algérie est meurtrière. En dépit de la position intransigeante de Michel Debré, opposé à l'indépendance de l'Algérie, le Général est favorable à une négociation avec le FLN [1].

1. FLN : Front de libération nationale de l'Algérie.

C'est à Georges Pompidou qu'il s'adresse pour prendre des contacts officieux avec le GPRA [1] (29).

Muni d'une lettre d'instructions détaillée, adressée également à Bruno de Leusse (haut fonctionnaire du ministère des Affaires étrangères), mon père se déplace deux fois en Suisse. Le 20 février 1961, à Lucerne, le 8 mars à Neuchâtel. Ces deux missions devant se dérouler dans le plus grand secret, Georges dispose d'un faux passeport, son visage est transformé par une moustache postiche et il porte un chapeau à large bord destiné à dissimuler son profil aisément reconnaissable. Mais Michel Bolloré, en déplacement pour affaires, se trouve dans le même train. Évidemment, il le reconnaît, veut le saluer, entre dans le compartiment et s'adresse à lui. Georges, caché derrière son chapeau et son journal, ne répond rien. Bolloré n'insiste pas et tente de se renseigner auprès de Claude dès le lendemain. Mais cette dernière n'a pas plus été informée…

Quelques mois plus tard, après le putsch des généraux d'avril 1961, ma mère apprend que l'OAS a l'intention de « neutraliser » l'émissaire du Général, qui refuse de reconnaître l'Algérie française. Une tentative d'attentat organisée dans l'église d'Orvilliers est d'ailleurs déjouée, d'autant plus facilement que, ce dimanche-là, mes parents sont allés à la messe dans un village voisin. Les services de sécurité avaient

1. GPRA : Gouvernement provisoire de la République algérienne.

découvert dans le confessionnal un activiste muni d'un fusil-mitrailleur, rapidement neutralisé.

Claude sent bien que les liens entre son mari et le Général se resserrent plus que jamais. Elle perçoit que Georges s'ennuie à la banque. Mais il esquive les propositions de rentrer au gouvernement : tant à l'Éducation nationale qu'aux Finances.

Le 27 décembre 1960, il écrit à son ami Pujol : « Il y a des moments où j'en ai marre, tout en sachant qu'il n'y a pas de remède car l'expérience prouve qu'il n'y a aucun moyen terme possible entre la vie privée, calme et familiale, et une vie suragitée à laquelle je ne puis échapper jusqu'à nouvel ordre (29). »

Il n'envisage pas de quitter la banque, autant par loyauté envers les Rothschild que pour des considérations matérielles. À la recherche d'une activité stimulante intellectuellement, il engage donc, dès 1960, le projet d'une anthologie de la poésie française, qui va lui permettre de laisser sa marque personnelle.

Un an plus tard, l'ouvrage est en librairie, assorti d'une longue préface où il explique ses choix et l'influence qu'ont eu sur lui les poètes sélectionnés (22-29).

Alors qu'il avait associé Claude à la préparation de l'ouvrage sur Malraux, mon père mène cet exercice en solitaire, déclamant pour lui-même des poèmes familiers.

Le 3 mai 1960, le Général et Madame de Gaulle sont invités à un dîner familial quai de Béthune.

Le Général s'adresse à chacun : plus que le cadre exceptionnel, c'est la personnalité des convives qui l'intéresse. À moi, tout jeune étudiant, il lance : « Alors, Docteur, comment va la médecine ? » Personne ne m'a encore appelé « docteur ». Sidéré, je formule une réponse embarrassée faisant valoir ma vocation. Cela ne peut que le satisfaire…

Ma mère consignera cet épisode marquant dans un carnet neuf relié en cuir et à tranches dorées. À l'issue de la soirée chacun signe. Elle n'y fera pas figurer d'autres invitations sinon une seule qui rassemble des artistes et des personnalités connues. Madame de Gaulle lui enverra une lettre chaleureuse pour la remercier de cette « agréable soirée passée en compagnie de votre famille ».

L'ensemble sera conservé précieusement dans les archives familiales.

Néanmoins, Claude prend davantage d'indépendance, entendant profiter de ce qu'elle perçoit comme ses dernières années de liberté. De plus en plus à l'aise dans la vie parisienne, elle compte de nombreux amis et s'adonne à une existence facile, presque futile, soignant ses toilettes et fréquentant assidûment les maisons de haute couture.

Forte de l'expérience acquise auprès de Coco Chanel, elle sait désormais choisir ses tenues et répondre aux attentes des couturiers. Invitée à dîner plusieurs fois par semaine, elle se rend régulièrement chez le coiffeur et prend ses habitudes au salon de

Patrick Alès, jeune entrepreneur autodidacte dont elle découvre la passion pour les plantes puisqu'il produit lui-même ses huiles essentielles conditionnées dans des ampoules artisanales. Claude nous convainc, mon père et moi, de les utiliser pour fortifier notre chevelure ! Georges s'y oppose d'autant moins que le coiffeur se déplace à domicile alors que lui-même répugne à s'afficher dans un salon à la mode. Quant à moi, je mets tous mes espoirs dans ces lotions, un peu trop odorantes à mon goût mais sans doute efficaces pour enrayer ma calvitie précoce. Cinquante ans après avoir fait figure de pionnier, Patrick Alès a créé de toutes pièces la société Phyto, de notoriété internationale. Le Groupe Alès dispose aujourd'hui d'un large évantail de produits de beauté.

Claude sympathise également avec un jeune employé talentueux et enjoué du salon : Norbert Ortega. Elle en fera, par amitié, son coiffeur attitré : il a su trouver la coiffure adaptée tant à son visage qu'à sa personnalité. Chacun la reconnaît, désormais, en dépit des lunettes noires qu'elle porte de temps à autre, pensant se protéger des indiscrets.

Mon père aimerait que son épouse passe moins de temps chez le coiffeur. Non par réprobation mais parce qu'il craint qu'elle n'y récolte plus d'informations qu'il ne le souhaiterait, notamment issues d'articles parfois désobligeants à son égard. Connaissant sa sensibilité extrême, il veut la protéger.

À cette époque, Georges mène un triple jeu loin de lui déplaire : banquier « à la mode », homme de culture dont l'*Anthologie de la poésie française* est un succès, et conseiller politique proche des arcanes du pouvoir. Sorti de l'ombre à l'issue de ses fonctions de directeur de cabinet en 1958, revenu chez Rothschild, il bénéficie d'une position qui attise nécessairement les jalousies et suscite les ragots, lesquels circulent dans Paris et raillent ses relations mondaines. Or, Claude tient à savoir ce qui se prépare, tant dans le monde politique que dans cette société parisienne sans pitié. Elle s'oblige donc à rester informée, tout en refusant de penser aux fonctions officielles qui sans doute la guettent.

Fin 1961, lourde déception : l'appartement du quai de Béthune est à vendre, le prix n'est pas excessif et l'achat serait envisageable. Mais Georges refuse de s'octroyer à lui-même un emprunt alors qu'il exerce des fonctions exécutives à la banque Rothschild. Il connaît déjà les intentions du Général et assène à Claude : « Un futur Premier ministre n'achète pas son appartement ! » Autre temps, autres mœurs… Ma mère, dans ses souvenirs, donnera une autre formulation de ces propos – « On ne fait pas d'affaire quand on est aux affaires (28) » – mais la première est la bonne. Ses craintes s'en trouvent renforcées : elle me met dans la confidence en s'appuyant sur notre connivence affectueuse. Elle regrettera de n'avoir pu devenir propriétaire de cet appartement auquel elle avait tant apporté d'elle-même. Quant à moi, en revanche, je suis fier, aujourd'hui, de la décision prise par mon père.

La perspective d'une nomination officielle se précise donc. Raison de plus pour Claude de profiter de sa liberté menacée : Georges lui offre, le 17 février 1962, une Porsche 356…

Mes parents passent leurs vacances à Saint-Tropez, vont aux soirées organisées par les Rothschild, déjeunent chez les Lazareff [1]. Ils sont aussi les invités de Marcel Bleustein-Blanchet [2], pour des projections privées chez Publicis où ils rencontrent le Tout-Paris, notamment André-Louis Dubois, ancien préfet de police, et sa compagne, Carmen Tessier, dite « La commère », célèbre à l'époque pour sa chronique souvent acerbe dans *France-Soir*. Elle restera toujours discrète à l'égard de mes parents, qu'elle estime tout particulièrement.

Comme après les accords d'Évian le général de Gaulle peine à trouver un terrain d'entente avec Michel Debré [3], qui, malgré sa fidélité, reste campé

1. Voir p. 60.

2. Marcel Bleustein-Blanchet (1906-1996). Dès 1926, il crée le groupe de communication Publicis. Engagé dans la Résistance intérieure puis dans les Forces françaises libres (FFL) sous le nom d'emprunt de Blanchet. Croix de guerre (1939-1945), il sera élevé à la dignité de grand officier de la Légion d'honneur. Il crée en 1960 la Fondation de la Vocation.

3. Michel Debré est le Premier ministre du 8 janvier 1959 au 14 avril 1962.

sur ses positions, tout le monde sent qu'il y a du remaniement en perspective.

CHAPITRE III

À découvert… Obligations et dépits : 1962-1969

Premier ministre : le sens du devoir

En mars 1962, le Général convoque mon père et lui demande de devenir son Premier ministre.

Le soir, j'assiste à la maison à un débat nourri, presque houleux. Nous sommes dans le salon du quai de Béthune, où un soleil de printemps tarde à se coucher. Mon père annonce : « Le Général m'a fait part de son intention de me confier le poste de Premier ministre. » La vérité que Claude ne voulait pas entendre tombe comme un couperet. Elle devient blême. Georges a les traits tirés par la fatigue des derniers jours, pris entre deux ambitions : celle d'offrir à son épouse une vie privée agréable et celle de prendre en main les affaires de l'État auprès du Général. Le plus douloureux, pour lui, est d'imposer à sa femme des contraintes qu'elle aura du mal à assumer. Ma mère reste sans voix, comme pétrifiée par ce qu'elle pressent.

Georges arpente le salon en se tenant aux meubles, comme pour mieux appréhender l'épreuve de l'instant et celles à venir.

— Qu'allons-nous faire ? lâche Claude.

— J'hésite encore. C'est à la fois un honneur et un devoir, souffle mon père avec une inquiétude non dissimulée.

Claude passe en revue leurs années de bonheur à Marseille et en Provence, leur vie à Orvilliers puis leur installation quai de Béthune, consécration de leur réussite et facteur d'épanouissement. Elle évoque en son for intérieur leurs goûts communs, les moments partagés à trois, en dépit de circonstances souvent délicates. À aucun moment ne lui vient l'idée d'un chantage au divorce. Quant à l'existence de son enfant, elle ne peut plus être brandie comme un obstacle : j'ai vingt ans et réussis brillamment à la faculté de médecine. Si la vie parisienne lui est agréable, elle n'est pas dupe de son caractère superficiel. Rien n'y fait pourtant : malgré son sens du devoir, les contraintes lui paraissent trop lourdes.

La situation est trop cornélienne. Fait exceptionnel chez lui, mon père reste en proie à des contradictions internes. Même s'il a déjà pu imprimer sa marque et frapper les esprits par la publication de son *Anthologie*, il aspire à d'autres possibilités de réalisation hors de la politique.

Ses goûts personnels, attirance pour une vie confortable et attachement à sa femme, pourraient prendre le pas sur sa fidélité au Général. Il cherche donc un argument ultime pour emporter leur décision. Et c'est avec un regard attendri, à la limite du désarroi intérieur, mais sur un ton ferme et décidé, qu'il lance alors à Claude : « On ne peut rien refuser au Général. » L'argument est sans appel, Georges Pompidou suit son destin comme dans la tragédie classique.

Ma mère pense à la stature du Général, qu'elle admire depuis près de vingt ans, sans doute l'image de Madame de Gaulle l'effleure-t-elle aussi une fraction de seconde. Elle écrira : « Pour moi, je m'adaptais. J'ai toujours fait une confiance absolue à mon mari et n'ai jamais discuté ses choix ni ses décisions même si je n'étais pas emballée (28). »

Elle s'incline donc en mettant un seul bémol : « Tu as raison, il faut accepter même si cela me coûte, mais nous restons installés quai de Béthune. » Cette concession est aisément réalisable, c'est même un facteur d'équilibre professionnel puisque j'entends encore mon père dire, par le passé, en parlant des logements de fonction des ministres : « Jamais je ne pourrais habiter au bureau. »

Même si je suis habitué à être le témoin privilégié de leurs échanges, je reste cette fois-ci estomaqué, subjugué même, par ce dialogue dont je suis tous les méandres. La rupture est brutale pour ceux qui ont marqué la haute société parisienne de leurs simplicité et authenticité. Par la suite, Claude ne cachera pas son aversion pour la politique : « J'en ai toujours eu horreur : faire de la politique, cela entraîne parfois à être détesté par les gens. On est obligé d'être entraîné dans des luttes personnelles, des rivalités (13)... » Pourtant, son mari emprunte un chemin sans retour. Le 4 avril 1962, Georges Pompidou devient le deuxième Premier ministre de la Ve République.

Un nouveau style à Matignon

Le général de Gaulle a obtenu satisfaction. Le gouvernement est rapidement constitué ainsi qu'un cabinet restreint.

Michel Jobert [1] deviendra directeur de cabinet après François-Xavier Ortoli. Édouard Balladur [2] se

---

1. Michel Jobert (1921-2002). Diplômé de l'École libre des sciences politiques et de l'École nationale d'administration, diplomate et homme politique, il a été mobilisé en 1942, puis a rejoint la campagne d'Italie avec François Castex (beau-frère de Georges Pompidou), avant de participer au débarquement de Provence en août 1944. Il est ensuite nommé auditeur à la Cour des comptes, dont il sera promu conseiller maître en 1971. Collaborateur de Pierre Mendès France de 1952 à 1956, il dirige le cabinet du Premier ministre Georges Pompidou de janvier 1966 à juin 1968, puis l'accompagne dans sa mise en retrait temporaire, boulevard de La-Tour-Maubourg. Il devient secrétaire général de la présidence de la République en juin 1969 et sera nommé ministre des Affaires étrangères de 1973 à 1974. Après l'élection de Valéry Giscard d'Estaing à l'Élysée, il fondera le Mouvement des démocrates et soutiendra François Mitterrand à l'élection présidentielle de 1981. Devenu ministre du Commerce extérieur, il démissionnera en 1983 et quittera la vie politique. Entre 1979 et 1999, il publie de nombreux ouvrages politiques ainsi que ses Mémoires.

2. Édouard Balladur. Né le 2 mai 1929, diplômé de l'Institut d'études politiques (1950) et ancien élève de l'École natio-

voit chargé des affaires sociales, Madeleine Négrel (secrétaire de Georges depuis 1945) va gérer les agendas chargés avec Josette Hirigoyen (elle épousera Bernard de Martini avec lequel elle se retirera à Biarritz bien plus tard). Anne-Marie Dupuy, que mon père avait recrutée pour le seconder à la banque, deviendra, dès 1963, chef de cabinet et Simone Servais prend en main les relations avec la presse. Mon oncle Henri Domerg, inspecteur général de l'Enseignement est, lui, chargé de l'Éducation.

Vite, les difficultés commencent. Le discours de politique générale devant le Parlement n'est pas bon,

---

nale d'administration, conseiller d'État, il entre en 1964 au cabinet de Georges Pompidou, Premier ministre, où il est chargé des affaires sociales. Il mènera avec Jacques Chirac, en juin 1968, les négociations de Grenelle. Collaborateur très apprécié de Georges Pompidou, il le suivra boulevard de La-Tour-Maubourg de septembre 1968 à mai 1969. Il prendra une part active à l'organisation de la campagne en vue de l'élection présidentielle de juin 1969 et assumera aussitôt après, auprès de Michel Jobert, les fonctions de secrétaire général adjoint de l'Élysée. Il en deviendra le secrétaire général en avril 1973 lors de la nomination de ce dernier aux Affaires étrangères. La confiance du président lui est acquise au point de tisser entre eux d'étroites relations personnelles. Il sera son plus proche collaborateur pendant les deux dernières années de sa vie et fera part de son expérience vécue dans *La Tragédie du pouvoir* (2). Sa fidélité au président, puis à ma mère, restera sans faille. Il sera à l'origine, en 1989, de l'Association Georges Pompidou, destinée à rappeler l'action de mon père. Il me prendra à son cabinet, comme conseiller scientifique, lorsqu'il sera Premier ministre, du 29 mars 1993 au 11 mai 1995. Alain Juppé, son les obstacles se profilent. Claude pense à Madame de Gaulle : « Elle était beaucoup moins réticente que moi : c'était une femme de devoir. Elle ne posait pas de questions. Elle m'a donné des conseils sur la manière d'observer les gens, de voir comment ils sont. Elle m'a aussi recommandé de porter des chapeaux ! (28)... »

À Matignon, le protocole se met en place. Ma mère prend contact avec l'intendant afin de régler les détails de la vie publique et l'organisation de leur vie privée. Elle dispose d'un chauffeur et d'un inspecteur auxquels elle fait part de ses habitudes, quai de Béthune.

Résolue à accepter son sort, elle préserve cependant un ou deux dîners par semaine à leur domicile ainsi que le maximum de week-ends à Orvilliers. Pendant la période de chasse, mon père et moi nous retrouvons avec plaisir dans les plus beaux domaines de la République : Chambord, Rambouillet et Marly. Claude supporte mal ce « sport » qui lui rappelle trop la politique !

La Porsche acquise en février 1962 étant garée quai de Béthune, pour se rendre à Orvilliers, ma mère passe prendre son mari chaque vendredi soir à Matignon. Bien qu'ils se disputent pour savoir qui prendra le volant, c'est Georges qui décide. Et comme, sur la route, il n'y a pas de limitation de

---

successeur à Matignon, me demandera de poursuivre cette mission (1992-1995).

vitesse, la voiture de protection chargée de les suivre peine à les rattraper. Il va falloir changer de cylindrée !

Un véhicule officiel avec chauffeur et inspecteur passe le samedi emporter les dossiers annotés par le Premier ministre et apporter ceux préparés par les collaborateurs le matin même. Le dimanche est donc libre pour le billard et les jeux de société, auxquels Claude participe avec entrain.

Quelques mois après l'entrée à Matignon, mon grand-père maternel décède brutalement. Claude et sa sœur Jackie, bien que profondément affectées, sont soulagées sur le plan pratique : après la mort de Marie, en 1961, elles n'avaient pu trouver une personne assez dévouée pour supporter un homme habitué à « tyranniser » sa gouvernante.

Comme je voue à ce grand-père une affection particulière – il est à l'origine de ma vocation médicale –, je l'accompagne, dans le fourgon mortuaire, jusqu'à Château-Gontier où les obsèques sont organisées à l'église Saint-Rémy, en plein cœur de la ville. Toute la région s'est déplacée. Par reconnaissance pour le Dr Cahour mais également par curiosité à l'égard du Premier ministre. Les funérailles sont à la dimension de la haute personnalité locale qui s'en va. Je suis impressionné par les bannières noires brodées de fils d'argent tendues autour de la nef, puis ému par l'arrivée de ma mère et de sa sœur en tenues de deuil, les visages dissimulés derrière des voiles noirs, comme cela se pratique à l'époque.

Claude ne s'étonne pas de mon chagrin, elle tente d'apaiser ma peine par des mots tendres et réconfortants qu'elle se refuse à elle-même. Et je réalise que j'ai passé, auprès de son père, une enfance heureuse faite d'affection, de liberté et d'insouciance.

Pendant la cérémonie, les deux sœurs apprécient d'autant plus les marques de reconnaissance prodiguées par tous qu'elles avaient été rejetées, par formalisme, de cette ville pour laquelle leur père avait tant fait.

De retour à Paris, ma mère se laisse prendre par les activités officielles tout en apportant, avec Georges, sa marque personnelle à la décoration des appartements privés et des pièces de réception de Matignon. Le Mobilier national est ainsi chargé de trouver des œuvres d'artistes contemporains que ni Georges ni elle n'auraient pu acquérir à titre personnel. Le Premier ministre a décroché le portrait XVIIIe ornant son bureau pour le remplacer, dès son installation, par une immense toile de Pierre Soulages. Les visiteurs peuvent donc contempler et admirer une œuvre en dégradés de noirs, à la fois somptueuse et insolite. Certains s'en étonneront, mais c'est déjà le « style Pompidou ».

Mes parents et moi choisissons deux grands tableaux, l'un de Max Ernst, l'autre de Nicolas de Staël. Le mobilier, peu confortable, des appartements privés cède la place à des fauteuils et canapés contemporains entourant une table basse d'Yves Klein en Altuglas, remplie de feuilles d'or. Des reliures anciennes, aux tons chaleureux, sont disposées sur les étagères et les cheminées, ainsi que des pierres dures aux couleurs chatoyantes. En six mois, l'hôtel Matignon est rénové. La décoration suscite des commentaires tant critiques qu'admiratifs. Mais Claude, rassurante, s'attache à donner toute sa mesure de maîtresse de maison.

Cajarc : une heureuse découverte

Un nouvel épisode va transformer notre vie : l'achat d'une propriété à Cajarc dans le Lot, maison isolée en plein Causse, au milieu du Quercy.

Claude s'est liée d'amitié avec la sœur de Françoise Sagan, Suzanne, mariée au fondateur des magasins Carrefour, Jacques Defforey, pionnier des « supermarchés » en France à la suite d'un voyage aux États-Unis. La société de consommation se mettait en place avec le soutien de mon père et il en était l'un des acteurs.

Suzanne et sa sœur sont originaires de la commune de Cajarc. Leur mère y possède des terres tout comme leur oncle Paul Laubard de Barasque [1], propriétaire d'un manoir situé à Seuzac, localité voisine,

1. Paul Laubard (1899-1987). Oncle maternel de Françoise Sagan, il est propriétaire d'une entreprise de transport et il deviendra, grâce au soutien de Georges Pompidou, président de la Chambre de commerce de Paris (1971-1977). Je suis ami avec son fils Bruno.

au bord du Lot. Et, un jour, Suzanne décide son amie Claude à rendre visite à l'oncle Paul. Raymond Cordier, le galeriste autodidacte, l'ami de cœur, est de la partie. Ma mère apprécie ces diversions à la vie officielle, ces moments intimes en petit comité qui lui permettent de laisser libre cours à sa spontanéité. Les invités sont logés au manoir, orné de fresques de Jean Souverbie élève de Jean-Paul Laurens, membre de l'Institut – c'est la grande tradition académique ! Un maître d'hôtel en livrée les accueille à l'entrée principale, précédant les maîtres de maison. L'épouse de Paul Laubard, Lilian, grande cavalière, anime un centre équestre et organise des excursions à cheval dans la région. Elle fait assaut de gentillesse, avec beaucoup de classe, auprès de ses hôtes arrivés en gare de Cahors par le Capitole Paris-Toulouse, encore en service à l'époque.

Vite, la conversation s'engage. Il faut trouver une occupation pour le lendemain. Claude se souvient d'une lettre écrite par Georges à son ami Pujol, en décembre 1960 : « J'envisage l'achat d'une petite ferme où l'on élève des poulets avec du grain et des vaches avec du foin, où l'on mangerait des œufs qui n'auraient pas goût de poisson, des poulets qui n'auraient pas d'hormones, du beurre et du lait naturels et ce sera bientôt un luxe fabuleux que de vivre comme un petit propriétaire de 1850 (29). »

Aussi lance-t-elle au hasard, comme pour se provoquer elle-même : « Pourquoi n'irions-nous pas visiter des maisons ? »

Rendez-vous est pris, dès le lendemain, auprès du notaire Armand Roux, invité à prendre le café. Gérant cette étude depuis de longues années, connaissant chacun par son prénom, doté d'humour et de bon sens, il va leur faire visiter ses plus beaux manoirs.

Ma mère apprécie de découvrir, en chemin, des maisons qui sollicitent son imagination. Elle laisse vagabonder son esprit et le nourrir de projets. « J'adore les maisons. J'ai des maisons partout en France (en rêve) que j'ai repérées (27) », écrira-t-elle, « travers » qu'elle partage avec Georges et qu'ils m'ont, l'un et l'autre, légué.

À l'apéritif du soir, chacun fait ses commentaires. Claude écoute puis lance, faisant référence à son mari : « Ce que je cherche, c'est une vieille ferme où l'on puisse avoir des chevaux, élever des poules et des moutons. » Un silence. Alors, avec sa faconde habituelle et sa voix qui porte, Raymond Cordier interpelle le notaire : « Mon cher maître, vous pensiez que Madame Pompidou cherchait une gentilhommière avec lévrier fidèle ! Ce n'est pas le cas. Ses goûts sont simples. Elle a besoin de se débarrasser de la poussière parisienne ! »

Le lendemain, le convoi s'engage sur une route à peine carrossable. Arrivés à un col, ils découvrent le paysage du causse qui s'étend à perte de vue jusqu'au Plomb du Cantal. L'isolement est total. Le ciel bleu intense rappelle celui de la Grèce. Claude est transportée. Elle pense à Georges, paysan du Cantal, berger d'Arcadie, déclamant les auteurs grecs avant de se retrouver « le soir, au coin du feu, auprès d'une âme aimée », comme il l'avait mentionné chez les Rothschild dans sa réponse au questionnaire de Proust (31).

Le notaire lui présente deux maisons simples, l'une en mauvais état, l'autre habitable. Les propriétaires, convoqués, les ouvrent avec de grosses clés anciennes. Datant de 1850, ces fermes sont destinées à héberger des paysans pauvres, éleveurs de moutons et cultivateurs de misérables pâturages : leurs terres sont envahies de cailloux, entremêlées de lavandes et de quelques vignes rabougries. Le tout représente une centaine d'hectares, réservés à l'élevage du mouton « à raison d'un mouton par hectare ». Claude, enthousiaste, s'enquiert du prix : quinze mille francs de l'époque. Elle prend le notaire à part : « Maître, je suis séduite, je souhaite acheter ces deux propriétés, je vous laisse un chèque de caution et reviens avec mon mari, mais cela lui plaira. » Elle élabore déjà une nouvelle vie de vacances...

Ma mère rejoint, le dimanche soir, le quai de Béthune. Je suis en compagnie de mon père, venu lui parler de mes études. Et je la vois esquisser un baiser, poser sa valise et revenir vers nous, rayonnante : « Georges, quel week-end ! Le Lot c'est magnifique, authentique et beau et puis, la lumière de la Grèce... Tu vas être séduit. » Et elle ajoute : « J'ai acheté deux maisons et les terres attenantes... »

Mon père est sidéré :

— Mais je ne les ai pas vues ?

— Ce n'est pas nécessaire, nous allons y aller. Le prix est modique. En plus, Alain aura sa maison à lui !

— Comment en est l'accès ?

— Je ne sais plus, il n'y a pas de route, des chemins de terre, bordés de murs en pierre sèche, une vue fabuleuse sur le Causse et, à travers, sur la vallée du Lot. C'est tout ce que nous aimons.

— Soit, trouvons une date. Alain nous rejoindra, répond-il.

Mon père sent son épouse si enthousiaste qu'il comprend que rien ne pourra l'arrêter.

En réalité, il estime avoir une dette envers elle : bien que satisfait d'avoir accepté le poste de Premier ministre, il doit se faire pardonner les contraintes et les difficultés que celui-ci implique.

Dès la première visite, il est conquis. C'est bien la lumière de la Grèce ; il distingue en effet le Plomb du Cantal ; il pourra vraiment élever ses moutons, avoir ses poules, consommer ses œufs… La maison est à la fois authentique et aménageable. Un escalier de pierre, une salle de séjour avec une souillarde, une grande cheminée, une chambre attenante et un grenier suffisent largement pour une maison de vacances. Face à elle, un grand pigeonnier au toit pentu. Derrière, en montant un petit chemin, se trouvent les mines de phosphate. Profondes et parfois inquiétantes, elles ont abrité le fameux « Lion de Cajarc », fossilisé et conservé au Muséum d'histoire naturelle.

Mon père me prend alors par le cou afin de partager, avec moi, son enthousiasme. Claude s'affaire avec Suzanne Defforey, qui nous a rejoints, pour bâtir un plan de rénovation des bâtiments. Nous marchons tous d'un même pas sur un chemin à peine tracé. Et découvrons, quelques centaines de mètres plus loin, une autre ferme abandonnée, à la vue imprenable. Nous entrons dans la maison ; le propriétaire est là, qui nous montre une pièce principale dans laquelle donnent deux chambres garnies de lits en noyer dont les matelas sont faits de « barbes de maïs », explique-t-il, gêné à la fois du manque de confort et du fil électrique où pend lamentablement un abat-jour opalescent équipé d'une seule ampoule activée par un vieux bouton en porcelaine. Devant la cheminée, il y a une table de ferme, au-dessus de laquelle un râtelier en bois est destiné à recevoir les miches de pain dont les tranches agrémentaient autrefois la soupe mijotant dans le chaudron qui pend dans l'âtre. Vestige d'une vie à la fois simple, rude et authentique, cet intérieur nous enchante. « Celle-ci sera pour Alain », nous lance Claude après avoir embrassé l'ensemble d'un regard vif, décidé et attendri en même temps. « Ce sera parfait pour lui », surenchérit Georges, heureux de me faire bénéficier de ce cadre comparable à celui où ont vécu son grand-père, puis son père, enfant, à Maurs, à quelques dizaines de kilomètres de là, dans le Cantal. Impossible de cacher ma propre joie. Je me vois, avec mes amis, menant la vie du paysan du Causse, loin de la ville, loin des études… J'ai hérité de ma mère le besoin de « ne pas dévoyer le naturel (27). »

Après avoir signé les compromis de vente, nous retournons dans le manoir de l'oncle Paul, où son épouse Lilian a fait préparer un dîner composé de produits de sa ferme et complété par un « pastis » local, aérien dessert de pâte feuilletée parfumée à l'anis ; le tout servi avec un excellent vin de Cahors.

Le lendemain, nous reprenons le Capitole en direction de Paris, pendant que chauffeurs et inspecteurs regagnent – en voiture – la capitale, encore sidérés par la simplicité de l'acquisition du chef du gouvernement.

Tandis que Georges retrouve les difficultés et les aléas de la vie politique, la rénovation débute, des plans sont élaborés par l'architecte de Cajarc, Jacques Prévost, qui connaît bien le Causse et en apprécie les murs en pierre sèche. Il échafaude un plan de mise en valeur des fermes abandonnées et de leurs dépendances. La grange reçoit des chambres d'amis, le pigeonnier devient un salon de musique doté d'une grande table entourée de bancs permettant de recevoir quinze personnes à dîner. La citerne est transformée en piscine, agrémentée d'une terrasse en plein midi, et les taies à cochons en deviennent l'annexe. Le four à pain est réhabilité. La maison de vacances est décorée de meubles locaux grâce à l'antiquaire de Villefranche-de-Rouergue, Suzanne Biard. Une femme ayant son franc-parler… Un jour, où Georges tente de négocier un prix, sa réponse est sans détour : « Mais alors, monsieur le Premier ministre, si vous vous ne pouvez pas vous l'offrir, qui va pouvoir se le payer ? » Les meubles de style Louis XIII s'accumulent et leur emplacement est scrupuleusement défini par mes parents.

Il manque au lieu un couple de gardiens. Il faudrait un berger pour le troupeau de moutons. Le notaire en a déjà un en vue, constitué d'un agriculteur expérimenté et d'une femme énergique pour l'intendance de la maison. Il est convenu, avec ma mère, que je m'en occupe. Je rencontre un couple d'Espagnols réfugiés du franquisme. Bien que venant de la riche vallée du Lot, le Causse ne les rebute pas, d'autant que la perspective de s'occuper de moutons convient au gardien. Ils seront installés dans l'une des deux bâtisses bordant le chemin d'accès à la maison principale, l'autre servira d'écurie pour les chevaux, offerts par le roi du Maroc et ramenés d'Orvilliers. Les bâtiments sont mis à disposition par l'oncle Paul de même qu'une grange, située en bordure de la propriété, aménagée pour les gendarmes affectés à la sécurité de la résidence de campagne du Premier ministre.

Nous sommes, tous les trois, heureux de cette perspective nouvelle. Le chemin d'accès, à peine praticable, est remis en état et recouvert de cette pierre argileuse appelée communément « castine ».

La ville de Cajarc va devenir célèbre.

Élu conseiller municipal en 1965, mon père décide alors la construction d'un collège d'enseignement général et trouvera les crédits nécessaires à l'aménagement du « plan d'eau » pour y accueillir les concours internationaux de hors-bord qui rassemblent personnalités, amateurs et de nombreux curieux. Claude distribuera, de son côté, les trophées sous les « flashs » des journalistes.

Un couple rue de Varenne

Passé l'intermède de Cajarc, Matignon rythme à nouveau le quotidien.

Claude éprouve toujours de l'hostilité envers la politique, mais elle déploie, avec chaleur et nature, ses talents de représentation. Son jugement est prévisible : « Je fus vite édifiée : ce n'était que jalousie et mensonges, petites intrigues et querelles d'intérêts personnels (28). » Pour elle, les « politiques » représentent les relations de travail de Georges, rien de plus. Indépendante, elle sait néanmoins s'incliner devant les nécessités de la carrière de son mari. Tous deux parlent souvent, au dîner, en tête à tête, des événements de la journée, des plus simples aux plus compliqués. Ma mère fait confiance à ses propres intuitions, qui permettent à Georges de mieux anticiper les difficultés. Mais elles peuvent parfois devenir « encombrantes », voire obsessionnelles. Claude s'en défie. Et pourtant, quelle justesse, quel sens prémonitoire ! En novembre 1963, peu avant l'assassinat de John F. Kennedy, elle en a la vision et s'en ouvre à mon père. « Cela n'a ni queue ni tête, il vaut mieux l'oublier », dit-il… Elle restera sidérée devant le « petit écran » en découvrant son cauchemar se réaliser. Mes parents n'en reparleront jamais : qu'auraient-ils pu faire ? Pour ma part, je me remémore les qualités de « médium » reconnues à Claude pendant sa jeunesse ; elles donnent une dimension singulière à sa personnalité. Cette sorte de « radar », qui sommeille en elle, évitera nombre de bévues malencontreuses.

Ma mère s'applique à soigner son image d'épouse de Premier ministre. La fréquentation des maisons de couture prend une nouvelle signification, quasiment diplomatique, puisqu'elle doit lui permettre de représenter la mode française dans les réceptions à l'étranger. Claude endosse le rôle en professionnelle. Formée par Coco Chanel à contrôler démarche et posture, elle apprend l'art du maquillage et la contenance à adopter devant les photographes de presse, qui voient en elle l'incarnation d'une attente des lectrices. Un reportage la montre par exemple quai de Béthune, dans un décor fait de meubles et d'œuvres d'art collectés avec passion par elle et son mari.

Mais elle apprécie surtout les soirées « à deux », quai de Béthune, où elle retrouve « son » Georges, avec qui elle prépare le programme du lendemain. Elle lit jusque tard dans la nuit. « J'adore la lecture, je lis et relis tous les soirs, surtout Proust et Claudel, pourtant si différents (49)… » Et ne se réveille qu'à dix heures pour le petit déjeuner. En écoutant la

BBC – et rien d'autre –, elle entend perfectionner son anglais et, surtout, prendre du recul. « Je n'écoute pas la radio qui parle tout le temps. Je ne regarde pas beaucoup la télévision (27). » Se tenant autant que possible à distance de la politique, elle se retranche dans une relative ignorance de l'actualité, loin des journaux télévisés et des informations, s'appliquant à construire son propre univers. Le téléphone prend une place privilégiée dans ses activités matinales : elle appelle peu – par discrétion, « pour ne pas déranger » – mais répond directement aux appels qu'elle reçoit, de plus en plus nombreux. Ses amis la savent toujours disponible. Sauf obligation particulière, elle déjeune seule ou en tête à tête avec ceux dont elle apprécie l'intelligence, l'humour ou la personnalité : écrivains, metteurs en scène ou musiciens. À quelques exceptions près, elle n'aime pas la compagnie des femmes, craignant trop les « ragots » et les flatteries qu'elle considère comme une perte de temps. « La conversation des femmes est souvent trop potinière ou trop personnelle : il faut se forcer pour y participer (27) », dit-elle.

En voyages officiels et en vacances

Ma mère se passionne toujours pour les voyages, même officiels, et apporte le plus grand soin à la préparation des déplacements en France comme à l'étranger. Elle influence peu les programmes sauf s'il est possible de combler un temps mort par la visite d'un site exceptionnel ou d'un musée, sur lequel elle se documente au préalable. Sa touche personnelle ? Pour les séjours à l'étranger, elle emporte dans ses bagages un pain de campagne, un saucisson sec et une bonne bouteille de vin afin d'occuper son entourage durant les moments d'attente. C'est sa manière à elle d'exister : ne pas être un poids mort et afficher sa singularité. Elle choisit également un livre qui l'intéresse ou un volume de la Pléiade.

Les voyages officiels – en Turquie (1963) ou au Japon (1964) – témoignent de sa capacité à séduire. Les tenues sont parfaites, l'allure distinguée. Elle sait en outre cultiver l'empathie, ce qui crée une proximité avec les hôtes et favorise le bon déroulement des entretiens. Dans les ruines d'Éphèse ou de Didyme, Georges se remémore les grandes périodes de l'Antiquité et impressionne ses interlocuteurs. À Tokyo, dans la sublime résidence de l'ambassade de France acquise par Paul Claudel, alors ambassadeur au Japon, l'épouse du Premier ministre suscite, de son côté, comme partout où elle passe, louanges et admiration.

Pour les vacances, en revanche, il leur faut désormais oublier Saint-Tropez. Le Général considère que les Français accepteraient mal cette vie facile d'un Premier ministre qui leur demande de consentir des efforts.

L'été se passera donc en Bretagne, à Fouesnant, dans le Finistère sud, et les petites vacances à Cajarc.

La propriété de Prajoux devient la résidence de prédilection de Claude. Elle fait construire une bergerie avec un immense auvent grâce à la technique du « lamellé-collé ». À Pâques, quatre-vingts brebis mettent bas. Le berger espagnol aime ses bêtes et les cajole. Ma mère, elle, organise des balades à cheval à travers le Causse, parfois sur plusieurs jours, avec des amis cavaliers. Comme dans sa jeunesse au bord de la Mayenne, elle retrouve le goût des équipées sur le Lot en canoë-kayak. Un parcours plus que sportif puisqu'il faut traverser des barrages à contre-courant et se tailler un chemin, parfois à la hachette.

Avec Rémy Boy, un ami négociant à Biars-sur-Cère, Georges envisage de planter des noyers et même des châtaigniers en vue de confectionner des marrons glacés !

Le personnel est efficace, la bonne humeur règne. Mon père marche et se dépense – sans négliger la lecture –, heureux de voir son épouse épanouie. Cette dernière se garde bien de « descendre » en ville, lieu de tous les potins sinon pour assister à la messe célébrée par le père Vigier. Où le Premier ministre et son épouse sont attendus, et salués avec d'autant plus de respect qu'ils refusent d'occuper les places attitrées et s'assoient parmi les fidèles. La messe de Cajarc devient vite l'attraction dominicale, d'autant que Georges, conseiller municipal, s'attarde volontiers à l'hôtel Moderne où chacun peut l'approcher. Pendant ce temps, Claude remonte à Prajoux pour veiller aux détails domestiques ainsi qu'à la préparation des chevaux en vue de la promenade de l'après-midi. Le soir, avant le dîner qui rassemble tout le monde dans l'ancien pigeonnier, on écoute de la musique sur une installation performante montée par un ami professionnel de l'acoustique, Jean Wetzel, ancien champion du monde d'harmonica et créateur de la bande originale du film *Touchez pas au grisbi* [1].

Cette période est d'autant plus heureuse que je réussis mes études, accompagné dans mes efforts par un « Patron » célibataire. Le professeur Berthold Schramm [2] s'est pris d'affection pour moi après que nous avons courtisé la même jeune femme à Saint-Tropez. Comptant désormais parmi les proches de la famille, « Bertie » acquiert une propriété à quelques minutes de la nôtre. Je lui dois ma carrière ; j'ai

1. *Touchez pas au grisbi.* Film de Jacques Becker (1954) avec Jean Gabin, Lino Ventura et Jeanne Moreau. Jean Wetzel est à l'harmonica pour en interpréter la mélodie. Elle fera le tour du monde.

2. Berthold Schramm (1919-1994). Venu de Roumanie, il est recueilli à Paris dès son adolescence par une tante. Homme à femmes, il évite les liaisons durables avec celles dont il se méfie. Une blessure d'enfant, jamais cicatrisée, explique sans doute ce comportement : alors qu'il était champion d'échecs à cinq ans, sa mère, considérant qu'il ne travaillait pas assez, avait jeté au feu l'instrument de sa gloire. Il ne s'en est jamais remis. Ceci ne l'empêchera pas de devenir professeur de médecine et de fonder son « école » dont je deviendrai l'un des plus proches disciples.

travaillé trente ans avec lui ; il me tutoyait, je le vouvoyais. Outre son intelligence et sa fidélité à mon égard, ma mère apprécie ce passionné de cartes, pour son entrain, sa prévenance et son humour à froid. Elle se laisse parfois entraîner par lui dans les restaurants avoisinants, savourant la cuisine traditionnelle mijotant sur le poêle à bois.

Ma mère a la sagesse de me laisser organiser mes loisirs avec mes amis étudiants et diverses relations féminines… sur lesquelles elle me livre de précieux conseils, à la fois affectueux et complices.

Ainsi, Claude et moi croisons-nous nos parcours. Venant de la bourgeoisie urbaine, elle découvre la vie des champs, tandis que moi, attiré par la campagne depuis mes visites dans les fermes avec mon grand-père médecin, je me hisse vers les élites de la sphère médicale.

Cette vie estivale idyllique se poursuit plusieurs années, indépendamment des difficultés de la vie politique. Qui ne manquent pas

Entre 1965 et 1967, le Général prend de la distance avec son Premier ministre qui gagne en maturité et en popularité. Éric Roussel en fait le constat. « Lors des élections législatives de 1967, la majorité sortante ne dispose plus que de quelques voix. Pour Georges Pompidou, les difficultés sont de deux ordres. Désormais à l'extérieur du gouvernement et soucieux de s'affirmer, Valéry Giscard d'Estaing apporte un soutien critique au gouvernement ; il dénoncera bientôt l'exercice solitaire du pouvoir. Surtout, à mesure qu'il fait figure d'éventuel successeur, le Premier ministre entretient des rapports complexes avec le chef de l'État. La participation, chère au général de Gaulle, apparaît, aux yeux de Georges Pompidou, un concept vague, susceptible, en outre, de remettre en cause le principe de l'autorité à l'intérieur de l'entreprise auquel il se montre très attaché (29). »

Les événements de Mai-68 vont marquer entre eux une rupture temporaire, dont ma mère et moi serons les plus proches témoins.

Mai-68 : à la croisée des chemins

Mes parents sont en Iran, lorsque le Premier ministre est informé d'un mouvement de contestation étudiant. Il n'est pas surpris car il a perçu, comme Claude, le mal-être de la jeunesse lors de la projection privée du film de Jean-Luc Godard [1], *La*

1. Jean-Luc Godard. *La Chinoise* (août 1967). Une « indigène » de l'Ouest parisien entame des études de philosophie dans l'explosive université de Nanterre où le savoir côtoie les grands ensembles d'habitations ouvrières. C'est ici que fermente ce qui deviendra Mai-68. La contestation est menée par les anarchistes dont Daniel Cohn-Bendit et les « marxistes-léninistes », dénomination des prochinois, maoïstes, rejetant le communisme soviétique et dénonçant son révisionnisme. À travers Anne Wiazemski, petite-fille de François Mauriac, qui devient sa compagne, Jean-Luc Godard fait dialoguer les différents protagonistes dans ce film qui présente l'actualité de la

Chinoise. Claude l'a également alerté sur l'instabilité qui s'installe au sein du campus de Nanterre. Elle tient cette information de l'épouse d'Olivier Guichard [1], dont la fille étudie dans cette faculté. D'un naturel optimiste, Georges pense que le rectorat et le ministère vont calmer les esprits et qu'il s'agit d'un feu de paille.

Mais, au fil du voyage, les nouvelles venant de Paris sont de plus en plus alarmantes. Le vendredi 10 mai, à la suite de la visite du grand Bouddha de Bamyan, en Afghanistan, mon père est prévenu, par Michel Jobert [2], que la situation est hors de contrôle : des barricades sont dressées, des voitures incendiées.

Préoccupé avant tout par le maintien de l'ordre, le Général ordonne la fermeture de la Sorbonne, point de ralliement des contestataires. À bord d'un petit avion militaire, mes parents rejoignent Kaboul, la capitale. Pendant le vol, ils sont pris dans un violent orage. Malgré l'excellence du pilote, Claude est effrayée. Elle est préoccupée également par la tournure des événements, car les informations deviennent de plus en plus inquiétantes. D'autant

---

jeunesse de l'époque. Mes parents sont impressionnés par le message de modernité délivré avec talent par le cinéaste.

1. Olivier Guichard est alors ministre de l'Industrie (1967-1968) avant de devenir ministre du Plan et de l'Aménagement du territoire (1968-1969).

2. Michel Jobert est directeur de cabinet de Georges Pompidou à Matignon, Édouard Balladur conseiller pour les affaires sociales.

qu'en dehors de l'Élysée, où la tendance est à la répression, personne ne prend de décision du fait de l'absence du Premier ministre. Embarqués sur la Caravelle du Glam, après un vol de nuit harassant, ils sont accueillis à la descente de l'avion par des ministres déboussolés, la mine défaite. Claude se demande avec anxiété si son mari va pouvoir redresser la situation. Ils échangent quelques mots, puis se séparent : ma mère rejoint le quai de Béthune et mon père Matignon, avec Michel Jobert, Édouard Balladur (55) et Alain Peyrefitte, ministre de l'Éducation nationale.

Frappée par le sérieux de la situation, Claude, cette fois, se mobilise. Elle ne dédaigne plus la télévision et suit, en direct, dans la journée, le déroulement des manifestations sur son transistor. Plus question de se retrancher derrière le filtre de la BBC. Georges est à la manœuvre, l'issue incertaine, ma mère veut se tenir informée heure par heure.

Le Premier ministre, contre l'avis du Général, décide de rouvrir la Sorbonne. Le soir de son retour, le 11 mai à 23 h 15, il intervient sur les radios. Sans résultat : les incidents tournent à l'émeute. Les étudiants, de plus en plus déterminés, sont rejoints par une partie des « intellectuels ».

L'agitation gagne les régions. Claude doit préparer leurs affaires, la crise étant suffisamment tendue pour que le Premier ministre et son épouse soient tenus de s'installer temporairement à Matignon : en fait, il s'agit pour mon père, de rester au centre du dispositif.

Remarquablement secondé par le préfet de Paris Maurice Grimaud [1], mon père sait qu'il peut s'appuyer sur les forces de l'ordre. Celles-ci sont bien encadrées mais mal équipées pour le combat de rue. Elles reçoivent néanmoins l'ordre de s'interposer, avec interdiction de tirer, même en l'air comme l'aurait souhaité le Général. Les troubles s'aggravent : dans la rue, une guérilla s'instaure. Informés régulièrement par Europe n° 1 des positions des compagnies de CRS et de gendarmes mobiles, les contestataires sont à même de prendre les policiers par surprise. Équipés de motos puissantes, ils surgissent là où personne ne les attend et attaquent par

1. Maurice Grimaud (1913-2009). Licencié *ès* lettres, comme Georges Pompidou, il apprécie Gide, Proust, Giraudoux et Valéry. Attaché à la résidence générale du Maroc, il devient conseiller diplomatique. Après une carrière aux Affaires étrangères, il sera préfet de Paris de 1966 à 1971. En Mai-68, il fera tout pour éviter un bain de sang. Si plusieurs centaines de blessés sont recensés au cours des affrontements entre les étudiants et les forces de l'ordre, aucun mort ne peut être relié directement aux événements. Il reconnaîtra que la détermination de la jeunesse à gauche comme celle de Georges Pompidou l'ont aidé à comprendre la nature des événements. C'est grâce à sa relation pragmatique avec le Premier ministre et à son engagement personnel que le gouvernement évitera de s'engager dans une spirale répressive. Il décrira ses expériences de haut fonctionnaire dans deux ouvrages notamment : *En mai, fais ce qu'il te plaît* (Stock, 1977) (9) et *Je ne suis pas né en mai 1968 : Souvenirs et carnets 1934-1992* (Taillandier 2007) (10).

l'arrière les forces de l'ordre disposées de manière à leur faire face.

Prête à toute éventualité pour soutenir son mari, ma mère estime que je dois également être disponible et me demande de venir la rejoindre. Je préviens le père de ma jeune fiancée, Sophie. Sachant que notre mariage est proche, il m'autorise à emmener cette dernière à Matignon, où nous nous installons. Pour autant, à ma connaissance, à aucun moment mon père n'a envisagé de nous faire rejoindre l'étranger contrairement à ce qu'a prétendu Michel Jobert dans son livre *Ni dieu, ni diable* (11). Une anecdote que ma mère nie fermement elle aussi : « Cela ne tient pas debout. Ces déclarations sont absolument fausses. Elles sont en contradiction totale avec l'attitude de mon mari pendant toute cette période que j'ai passée constamment auprès de lui (28). »

Le 28 mai, Madame de Gaulle est prise à partie, dans sa voiture, par des manifestants agressifs. Le lendemain matin, la situation est suffisamment grave pour que le Premier ministre fasse venir les chars à Satory. Objectif, se garder la possibilité d'entourer l'hôtel de ville de Paris au cas où une manifestation, prévue à partir de Denfert-Rochereau, dégénérerait. Le rassemblement attire du monde : opposants au régime et manifestants étudiants. Une tentative d'invasion de l'hôtel de ville, comme en février 1848, n'est pas exclue et justifie les dispositions prises.

À Matignon, nous suivons les événements tous les trois, ma mère, Sophie et moi, sans savoir comment le conflit va évoluer. Ma fiancée s'éclipse quelques heures. Le Premier ministre, lui, dans son bureau avec ses collaborateurs, n'a pratiquement pas dormi depuis trois nuits. « J'ai vu mon mari harassé, inquiet mais jamais découragé (53) », témoignera Claude.

Nous nous trouvons dans un salon contigu, devant un plateau-repas quand, soudain, la porte s'ouvre : mon père apparaît, blême. Seul signe familier, il a la cigarette aux lèvres. Claude, bouleversée, voit pour la première fois son mari décomposé.

— Que se passe-t-il ? Tu n'es pas bien ? Assieds-toi, prends un café, dit-elle.

— Ça ne va pas..., répond-il, sans pouvoir en dire plus.

Après quelques secondes qui nous paraissent un siècle, il articule clairement : « Le Général a disparu. »

Le président avait prévenu son Premier ministre qu'il quittait Paris en hélicoptère pour Colombey et que Madame de Gaulle l'accompagnait ainsi que le général Lalande[1]. Et avait ajouté : « Je vous embrasse. » Deux hélicoptères ont bien décollé en direction de La Boisserie, mais, d'après Pierre Messmer, le ministre des Armées, les radars en ont depuis perdu la trace.

1. Général André Lalande (1913-1995). Engagé dans les Forces françaises libres, ancien combattant d'Indochine et d'Algérie, en juillet 1966, il devient chef d'état-major particulier du président de la République.

Mon père se trouve donc seul pour gérer la crise et assumer, temporairement, la vacance de l'Élysée. La situation conduit nécessairement le président du Sénat à assurer l'intérim. Or, Gaston Monnerville [1] n'est pas sur la ligne suivie par le général de Gaulle, et encore moins sur celle de Georges Pompidou.

Georges Pompidou cherche un moment à se rasséréner dans le regard de son épouse, qui se montre forte et déterminée, prête à réagir devant cette situation à l'issue imprévisible. Pendant quelques heures, son mari effectue des allers-retours entre son bureau et ses appartements. À un moment, il revient : « On a retrouvé la trace des hélicoptères du Général. Ils se sont posés chez Massu [2], à Baden Baden. »

Le général Lalande, sur place, témoigne que l'entretien se prolonge avec Massu tandis que Madame de Gaulle converse avec l'épouse de son hôte (32). À plusieurs reprises, Jacques Massu sort

1. Gaston Monnerville (1897-1991). Résistant, président du Sénat (octobre 1958-octobre 1968), il s'oppose en 1962 à l'élection du président de la République au suffrage universel direct. Lâchant même le mot de « forfaiture » à l'encontre du Premier ministre. Il combattra aussi le projet de réforme du Sénat, projeté par le Général, qui sera rejeté lors du référendum du 27 avril 1969 : cet échec conduira de Gaulle à démissionner, ouvrant la voie à la candidature puis à l'élection de Georges Pompidou à la présidence de la République.

2. Général Jacques Massu (1908-2002). Compagnon de la Libération, il a répondu à l'appel du général de Gaulle et a rejoint la France libre en Afrique. Après un long parcours au Vietnam puis en Algérie, il est nommé, en 1966, commandant en chef des Forces françaises en Allemagne (17).

du bureau, manifestement épuisé. Après plus d'une heure, le fondateur de la Ve République a retrouvé sa pugnacité : il indique qu'il rentre à Paris pour s'adresser aux Français dans un message radiodiffusé (17-32).

Mes parents sont soulagés du dénouement de cette fugue magistralement orchestrée. Les manifestations auraient pu tourner à la révolution sans la détermination du Premier ministre et l'engagement des forces de l'ordre, contrôlées par le préfet de Paris.

Plus tard, le Général confiera à mon père avoir eu une « défaillance ». En réalité, à travers cette fugue inopinée, il tentait de reprendre les choses en main. De Gaulle avait fait halte à Colombey pour emporter quelques effets afin de se préparer à toute éventualité, puis avait décidé de rencontrer Massu à Baden Baden. C'est avec ce compagnon d'armes qu'après avoir pesé le pour et le contre, il décide finalement de rester en fonction et de regagner Paris. Ce départ surprise était une de ces manœuvres dont lui seul avait le secret…

Claude saisit instantanément, et intuitivement, la complémentarité instaurée entre son mari et le chef de l'État. Georges était parvenu, seul, à désamorcer la crise et à éviter, grâce au sang-froid des forces de l'ordre, qu'elle ne tourne à l'insurrection.

Après l'allocution radiodiffusée du Général le 29 mai, le succès de la manifestation pro-gouvernementale du 30 mai, sur les Champs-Élysées, résulte autant de la reprise en main par le chef de l'État que de la détermination de son Premier ministre à éviter tout débordement. La crise n'est pas devenue révolution.

L'Assemblée nationale est dissoute, le Premier ministre reconduit dans ses fonctions et les élections législatives se soldent par un « raz de marée » gaulliste.

Georges, cependant, reste dépité d'avoir, pour la première fois, été tenu en dehors d'une décision du Général, qui plus est celle, majeure, de quitter la France. Il ressent ce manquement comme un accroc à la confiance que lui prodigue l'homme qu'il sert depuis près de vingt-cinq ans.

Après les « événements » de Mai-68, mon père est épuisé. Il aspire à prendre du repos et fait part au Général de son souhait de ne pas être reconduit dans ses fonctions.

Claude comprend sa fatigue mais craint qu'un désistement ne soit perçu comme un désaveu à l'égard du Général. Et lui déconseille de persévérer dans cette voie, René Brouillet également (29), comme tout son entourage. Le Premier ministre prend conscience de sa bévue, mais trop tard : sa démission est acceptée. Et le Général a nommé Maurice Couve de Murville, alors ministre des Affaires étrangères.

Mes parents sont amers, mais ils vont s'attacher à transformer leur dépit en opportunité. Claude témoigne : « Ces événements de mai 1968, venant après des années de réflexion et de responsabilité, agissent, sans doute, sur mon mari comme un révélateur (28). »

En réserve de la République

Ma mère ne se laisse pas abattre par ces épreuves successives et prend contact avec des amis en Bretagne. Elle loue, à Carnac, une maison où la famille va se réunir. Grâce à son esprit d'organisation, tout est prêt en quelques jours. Georges peut profiter du climat breton pendant trois longues semaines de juillet. Peu d'amis sont invités. Malgré quelques journalistes avides de reportage, mes parents s'offrent de longues promenades sur la plage, puis partent en excursion autour des mégalithes et des églises avoisinantes. Georges élabore les menus, comme à l'ordinaire ; Claude s'invite aux parties de cartes endiablées. Pas de radio, peu de télévision.

Seul point noir, mon père s'aperçoit d'une fragilité anormale de ses gencives. Par réflexe médical, je propose un bilan sanguin, qui montre une chute des plaquettes. Ma mère m'autorise à contacter mon maître hématologue, le professeur Jean Bernard [1], qui

1. Professeur Jean Bernard (1907-2006). Hématologue renommé, élève du Pr Robert Debré et pionnier du traitement de la leucémie de l'enfant, ce passionné de Paul Valéry, catholique converti et convaincu, est apprécié pour sa disponibilité et ses qualités humaines. Il sera élu à l'Académie française en 1975.

prescrit un traitement à base de cortisone : tout rentre dans l'ordre.

Bien qu'il n'y ait eu aucune fuite dans la presse, il semble que le ministre de l'Intérieur Raymond Marcellin ait été informé des résultats des prises de sang... La source ? Le pharmacien local, responsable du laboratoire d'analyses !

Un court séjour à Paris permet à mon père de préparer la rentrée et d'installer ses bureaux boulevard de La-Tour-Maubourg, dans des locaux loués par une association présidée par Raymond Marcellin [1].

Les vacances se poursuivent à Cajarc. Mes parents reçoivent des intimes, ne se préoccupant de rien, sinon des chevaux, des moutons, de l'entretien du domaine et des visites dans la région, poussant jusqu'à Conques pour revoir l'abbaye et le trésor de Sainte-Foye.

Lors de la rentrée politique de septembre, le nouveau député du Cantal, élu le 11 juillet 1968, est ovationné par ses collègues gaullistes. C'est un moment marquant : « À mon banc de député, j'eus

1. Raymond Marcellin (1914-2004). Républicain indépendant, il est élu maire de Vannes de 1965 à 1977 et président du conseil général du Morbihan de 1964 à 1998. Georges Pompidou le nomme ministre de l'Industrie puis de l'Intérieur le 30 mai 1968. Il occupera cette fonction jusqu'en février 1974 avant de prendre l'Agriculture, puis de devenir sénateur du Morbihan et président du conseil régional de Bretagne de 1978 à 1986.

la joie d'être salué par les applaudissements prolongés de tous les députés de la majorité. [...] Inutile de nier que mon impassibilité apparente, à ce moment-là, dissimulait une grande émotion. Au total, j'étais soulagé et cette manifestation de mes amis politiques était ma récompense (25). »

Claude, n'ayant pas oublié les conditions de départ de son mari du gouvernement, considère qu'il doit désormais occuper toute sa place sur l'échiquier politique. Elle apprécie que le Général invite son ancien collaborateur à voyager et à prendre des contacts. Il lui conseille, notamment, de rencontrer le Saint-Père à Rome.

L'entrevue est organisée en janvier 1969 par René Brouillet, ambassadeur de France auprès du Saint-Siège. La tête couverte d'une mantille noire, ma mère est si impressionnée par la prestance de Paul VI qu'elle reste sans voix à l'issue de la bénédiction pontificale.

Le même phénomène se reproduira, en 1980, lors de sa visite à Jean-Paul II. Claude était-elle facilement bouleversée par les grands événements ? « Le quotidien glisse et passe, ce qui reste c'est la qualité de l'instant (28) », écrira-t-elle. En tout cas, Georges connaît son extrême sensibilité aux situations inhabituelles et ses convictions religieuses, ancrées depuis l'enfance.

C'est lors du même voyage que Gaston Palewski, ambassadeur de France en Italie, organise une rencontre au Quirinal avec le président italien Amintore

Fanfani, le 17 janvier. En sortant, mon père ne prête pas attention à la question d'un journaliste, Robert Mengin, correspondant de l'AFP, qui le pousse à s'exprimer sur son éventuelle candidature à l'Élysée. Réponse : « Si le général de Gaulle venait à se retirer, je me porterais candidat à sa succession. » Une dépêche envoyée à Paris est aussitôt reprise par Pierre Charpy, directeur de *Paris-Presse*. Le « si le général venait à se retirer » déclenche une tempête dans les milieux gaullistes. Un communiqué cinglant est même diffusé à l'issue du Conseil des ministres dans lequel le Général rappelle : « J'ai le devoir et l'intention de remplir mon mandat jusqu'à son terme. »

Plus tard, ma mère s'opposera à l'interprétation faite des propos de son mari (28). Est-elle naïve ou, au contraire, habile ? En réalité, ce n'est un secret pour personne, mon père sera candidat « le moment venu ». Il l'a dit, avant le voyage à Rome, à l'ambassadeur des États-Unis, et le confirmera ultérieurement à Genève, le 13 février.

Cette fois, elle est la première à ne pas vouloir qu'il dilapide le capital de popularité acquis durant la gestion de Mai-68. Même si elle songe à l'Élysée avec effroi, elle considère que Georges doit préparer la relève, comme le lui a déjà laissé entendre le Général. Claude, consciente de la stature acquise au cours de la crise de 1968, dispose d'une capacité rare : savoir se concentrer sur l'essentiel. Elle forcerait ainsi plutôt le destin alors que Georges, imprégné de tragédie antique, est plus enclin à subir la fatalité. Ma mère est donc prête à l'accompagner dans une « traversée du désert », mais les circonstances seront loin de ce qu'elle imagine être une campagne présidentielle. Et c'est à elle et à sa dignité que s'attaqueront ceux qui veulent abattre le successeur naturel du général de Gaulle.

La bombe Markovic

Voilà ce que livre mon père de l'affaire qui va survenir : « C'est, je crois, dans les derniers jours de septembre 1968 qu'on découvrit, dans une décharge des Yvelines, le cadavre d'un homme assassiné. On l'identifie comme étant celui d'un certain Stephan Markovic, ancien garde du corps et ami de l'acteur Alain Delon [...]. J'oublie vite ces histoires, dont personne ne me parlait, d'ailleurs, pour m'occuper de mes propres affaires [...]. Là-dessus, on me dit qu'un ancien collaborateur de mon cabinet, Jean-Luc Javal, souhaitait me saluer et me dire un mot. C'était un habitué des dîners parisiens, un de ces hommes qui savent tout ce qui se raconte [...]. Avec beaucoup de courage, il me tint ce langage : "Il faut que vous sachiez ce que personne n'ose vous dire, la 'femme d'un ancien ministre' dont tout le monde parle à propos de l'affaire Markovic, c'est la vôtre. Ce que je puis vous dire, c'est que, dans les dîners en ville, dans les salles de rédaction, il n'est question que de cela." – "C'est de la folie ! Enfin, je vais voir" (25). »

Renseignement pris, non seulement ces propos sont confirmés, mais les rebondissements de l'affaire conduisent le juge Patard, qui instruit l'affaire, à demander l'audition des Pompidou… « On imagine mes réactions, elles furent violentes, écrit Georges. De fait, je n'avais pas songé, une seconde, aux répercussions sur ma carrière politique. Je ne pensais qu'à ma femme, j'imaginais son drame et, je l'avoue, je craignais le pire. Rarement ai-je été aussi près du désespoir […]. Un ami crut bon, et sans doute avait-il raison, de mettre ma femme au courant. Nous prîmes alors la décision de tenir tête. Nous recommençâmes à sortir, à inviter. Nous n'hésitions pas à soulever nous-mêmes le sujet. Cela nous permettait de mesurer l'étendue des dégâts et aussi de faire le partage entre nos vrais amis et les autres. Je dois dire que, parmi ceux qui nous connaissaient vraiment, il y eut peu de défection et pas mal de courageux (25). »

Dans l'adversité, ma mère sait faire preuve de son attachement : « Face à ces "combines" mon mari était encore plus malheureux que moi (28) », écrit-elle.

Georges agit de son côté, déterminé et soutenu par les collaborateurs qui l'ont suivi boulevard de La-Tour-Maubourg : Michel Jobert, Édouard Balladur, Anne-Marie Dupuy et Simone Servais, son incontournable attachée de presse. Jacques Chirac [1]

1. Jacques Chirac (1932-). Ses deux grands-pères sont des instituteurs devenus directeurs d'école, son père est employé de banque puis administrateur d'une filiale de société aéronautique. D'origine corrézienne, après l'école communale à Sainte-

agit de l'extérieur. Secrétaire d'État à l'Économie et aux Finances, il passe régulièrement au bureau de La-Tour-Maubourg afin de suivre les développements de cette lamentable affaire. Et suit l'actualité afin de pouvoir intervenir, si nécessaire. Un jour, il entend à la radio, dans sa voiture, des commentaires ambigus diffusés lors des informations sur Europe n° 1. Il se précipite à la direction du journal de 13 heures afin de faire cesser ces « racontars » habilement distillés. Cette efficacité lui avait déjà valu, en 1967, d'être surnommé par Georges Pompidou : le « bulldozer ». Appellation qui lui restera, illustrant ses relations aussi bien filiales que zélées vis-à-vis de mon père.

Marie-France Garaud, magistrate, ancienne chargée de mission auprès des gardes des Sceaux Jean

---

Féréole, il poursuit sa scolarité en région parisienne. Il intègre en 1951 l'Institut d'études politiques où il rencontre Bernadette Chodron de Courcel, qu'il épouse en 1956. Il sortira de l'ENA, en 1959. Après une courte période d'engagement au Parti communiste puis dans l'armée française, il devient gaulliste en 1958. Peu après juin 1962, après un passage au secrétariat général du gouvernement, il entre au cabinet du Premier ministre. Il s'engage en politique en 1965, élu aux législatives de 1967, au moment où la majorité de l'Assemblée nationale tient à une seule voix. La même année, il devient secrétaire d'État à l'Emploi et joue un rôle capital dans les négociations de Grenelle. Il occupera divers postes ministériels durant la présidence de Georges Pompidou et sera particulièrement affecté par sa disparition. Il restera d'une fidélité exemplaire à la mémoire du président et soutiendra sa veuve dans ses difficultés successives. Ma mère et Bernadette Chirac deviendront des amies très proches, se respectant l'une et l'autre tout en manifestant une réelle complicité.

Foyer, puis Louis Joxe, s'emploie à démêler les aspects juridiques de l'affaire. Pierre Juillet, fin conseiller, s'occupe des conséquences de ce qui ressemble à une conjuration destinée à évincer Georges Pompidou.

Il est désormais devenu évident qu'un crime de droit commun s'est transformé en complot politique. Objectif : abattre l'ancien Premier ministre.

Scandalisé par la bassesse de la manœuvre, je suis prêt à sensibiliser quelques amis proches pour qu'ils réagissent. D'autres intimes se proposent de disculper Claude dans les colonnes des journaux. Toujours habile et intuitive, elle nous en dissuade : toute intervention ne ferait qu'aggraver le retentissement de cette affaire, à la fois ignoble et douloureuse. Néanmoins, Jacques Chazot, Guy Béart et bien d'autres s'emploient, chacun à leur manière, à redresser la situation avec le tact nécessaire. Et leur coalition amicale permet de retourner partiellement la situation.

En effet, poussé par un entourage hostile à Pompidou, le Général tergiverse. Loin de tout balayer d'un revers de main, il laisse entendre que la lumière doit être faite. Après avoir rencontré plusieurs fois son ancien Premier ministre, il l'invite à dîner à l'Élysée avec son épouse en compagnie des Debré. Mais il n'y eut pas, ce soir-là, de « mouvement du cœur ». Claude et Georges se retrouvent, seuls, sans le soutien qu'ils étaient en droit d'espérer de la part du président.

Les journalistes, toutefois, comprennent que le futur candidat et son épouse ne sont pas en cause et que l'opinion leur est favorable. Les Français devinent la calomnie. Ils n'acceptent pas qu'un complot puisse déstabiliser celui qui a su, par sa détermination, obtenir leur confiance en Mai-68.

Et Georges, épaulé par Claude, ne se laisse de son côté pas intimider. L'histoire va le servir.

Le Général, qui se sent fragilisé, décide d'organiser un référendum sur la régionalisation et la réforme du Sénat. Par loyauté plus que par conviction, Georges Pompidou fait campagne pour le « oui ».

Le scrutin donne le résultat que l'on sait : 53 % de « non ». Le soir même du 27 avril 1969, le Général se retire. À soixante-dix-huit ans, il organise son départ pour l'Irlande avec Yvonne de Gaulle et son aide de camp, l'amiral Flohic. Au président irlandais Eamon de Valera, il dira : « J'ai trouvé ici ce que je cherchais : être en face de moi-même (32). »

Le 29 avril, Georges Pompidou déclare sa candidature.

Après une campagne offensive contre Alain Poher, président du Sénat et chef de l'État par intérim, il est élu à la magistrature suprême le 15 juin 1969, avec plus de 58 % des suffrages exprimés.

L'affaire Markovic nous aura meurtris, mes parents et moi, mais elle a, sans doute, eu pour effet d'ajouter quelques dizaines de milliers de voix en faveur d'un candidat qui battait tous les records de popularité.

Les Pompidou ne chercheront pas à se venger, mais selon Claude : « Cette affaire empoisonna notre vie pendant des mois : elle me reste encore sur le cœur [...]. Je n'oublie pas ce que peuvent être l'injustice et la méchanceté (28). » Confortée dans sa mauvaise opinion de la classe politique, elle n'en est pas moins prête à affronter de nouvelles responsabilités. Une prison dorée va se refermer sur elle.

Chapitre IV

Tuer l'isolement : 1969-1971

Premiers pas à l'Élysée

L'élection gagnée, il n'est plus question de rester quai de Béthune. Georges Pompidou se fait un devoir d'habiter le palais présidentiel ; par respect de la fonction, son épouse se soumet. Claude écrira plus tard : « Vint l'Élysée : je le pressentais en le redoutant, quand je passais devant le porche, je détournais le regard ! C'était puéril mais instinctif (28). »

La première visite des appartements privés sidère mes parents en raison du confort auquel ils sont désormais habitués. Ils découvrent en effet que le Général et Madame de Gaulle occupaient seulement quelques pièces, qui plus est sommairement meublées : une salle à manger banale, un salon aux fauteuils désuets. Ces « détails » domestiques n'avaient pas grande importance pour le chef de l'État.

Médusés devant tant de simplicité, Claude et Georges se laissent aussi impressionner par la charge historique de la chambre du Général. « Le passé nous surplombait de sa puissance (28) », précisera ma mère dans ses souvenirs. Mais il faut tourner la page. La décision est prise de rénover les appartements privés.

Auparavant, plusieurs tâches attendent la nouvelle Première dame, dont l'instauration d'un service domestique adapté à la fonction : il est assuré par des militaires appartenant au corps de la marine. Claude prend rendez-vous avec l'intendant du palais. Ensemble, ils descendent aux cuisines, précisent les menus simples, légers et de qualité qui conviennent à Georges, et distribuent les tâches du personnel. Objectif : assumer à la fois la vie quotidienne et les représentations officielles. L'intendant, Guy Hennequin, premier maître de la marine, en grand professionnel, assimile rapidement les besoins du nouveau couple présidentiel.

Michel Jobert, secrétaire général de la présidence, et Édouard Balladur, secrétaire général adjoint, sont chargés de l'organisation du cabinet présidentiel ; Anne-Marie Dupuy en devient la directrice, tandis que Madeleine Négrel, secondée par Josette Hirigoyen, retrouve ses fonctions au secrétariat particulier, où toutes deux sont assistées par le service du courrier qui reçoit des centaines de lettres par jour.

Claude va en effet devoir traiter une abondante correspondance personnelle, envoyée aussi bien par des familles en grande difficulté que par des déséquilibrés de toute sorte, parfois agressifs, souvent émouvants. Elle doit également assumer un agenda chargé, tout en se réservant la possibilité de se rendre régulièrement quai de Béthune. Au même titre qu'Yvonne de Gaulle, elle ne dispose pas d'un cabinet proprement dit mais d'un secrétariat particulier géré par deux personnes efficaces qui deviendront, plus tard, des amis proches. Denise Esnous [1] et Gilbert Paris [2].

La première sera le « bras armé » de Claude pour toutes les démarches administratives. « Georges

---

1. Denise Esnous (1918-2011). Venant de l'administration de la préfecture de police de Paris, elle entre au cabinet de Georges Pompidou en 1962, en charge du secrétariat particulier. En 1969, elle devient chef adjointe du cabinet à la présidence de la République, puis rejoint celui de Jacques Chirac en 1974 à la mairie de Paris. Liée aux Pompidou et aux Chirac, elle siégera au conseil d'administration de la Fondation Claude Pompidou en tant que secrétaire générale adjointe.

2. Gilbert Paris (1925-2011). Venant de l'agence Havas, il est chargé des relations extérieures de Claude Pompidou. Dévoué et efficace, il participe étroitement à sa vie quotidienne et manifestera à ma mère, ultérieurement, une fidélité sans faille. Après l'adoption de son ami Serge Courte, ils deviendront, l'un et l'autre, très proches de ma mère. Serge Courte-Paris (1940-) est peintre et sculpteur. Il réalisera un dessin à la plume du Centre Pompidou qui inspirera la réalisation, par Alain Briottet, du timbre émis pour la commémoration du centième anniversaire de la naissance de mon père. Attirée par sa droiture et sa réserve naturelle, Claude entretiendra avec lui des relations privilégiées au cours desquelles elle livrera ses préoccupations personnelles et notamment son sentiment de solitude après la disparition de mon père. Elle lui confiera la réalisation d'une de ses cartes de vœux et ne se séparera jamais d'un dessin géométrique qui surplombe la maquette du Centre Pompidou, exposée quai de Béthune.

Pompidou, écrit-elle, partageait avec sa femme la même simplicité et la même décontraction dans sa manière de vivre. [...] Dès son arrivée à l'Élysée, il lui recommande de ne rien lire, rien raconter, rien entendre. Il veut la préserver de tous les racontars, des rumeurs de bureau. Pour lui, sa femme c'était son évasion (13). » Quant à Gilbert Paris, il sera chargé d'adapter le calendrier de la « présidente » aux obligations protocolaires et officielles, ainsi que de ses relations avec la presse.

Ma mère tient à assumer son rôle de représentation et doit répondre aux sollicitations des photographes et des journalistes.

Le premier reportage effectué à l'Élysée après la prise de fonction de son mari la met d'ailleurs à l'épreuve. Bien qu'habillée d'un confortable tailleur Chanel, elle ne se sent pas à l'aise dans le « salon argent » où un studio a été improvisé avec de violents projecteurs. Difficile d'avoir l'air naturel dans ce cadre imposé.

Si Georges en a pris l'habitude depuis Matignon, Claude n'est pas familière de l'évolution devant des caméras braquées sur elle. Aussi, elle s'assied dans le canapé et, pour se donner une contenance, prend une cigarette dans le paquet de Georges. Assis à ses côtés, il lui propose du feu, comme s'ils allaient engager la conversation. Mais, préoccupée par son maintien, ma mère est ailleurs. Alors Georges l'interpelle : « Dis, Biche », et allume son briquet pour attirer son attention. Elle se penche vers lui. Et, comme elle n'a pas non plus l'habitude de fumer, elle est empruntée. La scène est filmée, la prise de son n'est pas bonne, alors le « Dis, Biche » se transforme dans l'esprit de beaucoup en « Bibiche ». Le sobriquet fait le tour des rédactions, jusqu'au journal *Minute* qui rapportera que, dans l'intimité, le président surnomme sa femme « Bibiche ». Ainsi s'installe une légende qui perdure encore et en a réjoui plus d'un.

Georges, en réalité, appelait Claude « Biche », par allusion à *La Biche au bois*, conte de fées du XVIIe siècle, écrit par Marie-Catherine d'Aulnoy et illustré par Gustave Doré. Une histoire mettant en scène une biche blanche que, dans son inconscient, mon père, habité par la poésie, relie à la « biche aux abois » menacée par les chasseurs et la meute de chiens. Ainsi entrevoyait-il, peut-être, l'image de son épouse, belle et aimée comme la biche du conte, mais menacée par ceux qui auraient voulu en faire une victime. Loin de la dénomination familière et ordinaire, de « Bibiche », ma mère gardera toujours, dans nos habitudes familiales, le surnom de « Biche », qui lui convient si bien.

Pendant la prise de vues, elle se ressaisit. La glace est rompue. Elle se prête alors avec classe au reportage. Conservé aux Archives nationales, celui-ci est repris aujourd'hui dans de nombreuses émissions pour montrer les premiers pas du couple présidentiel à l'Élysée.

Le poids du protocole, le choc du naturel

Indépendamment de l'exercice de ses fonctions, Georges s'attache à tout faire pour épargner à sa femme des contraintes inutiles. De son côté, elle tente d'alléger le fardeau de son mari en privilégiant les « joies partagées (28) », notamment en famille où j'occupe, avec mon épouse Sophie, une place privilégiée. Ma mère ne cherche pas les honneurs mais assume avec tact et dignité ses obligations de Première dame, établissant des liens de confiance avec le personnel tout en maintenant une distance suffisante : ni familière, ni hautaine. Maîtresse de maison accomplie, c'est une présidente discrète.

L'intendance générale ne pose aucune difficulté. Rodé aux exigences du protocole, le personnel est disponible et dévoué. Personne ne peut se rendre compte, vu de l'extérieur, combien son rôle est capital. Femmes de chambre et maîtres d'hôtel doivent régler, au détail près, les changements de tenues vestimentaires du président et les activités de représentation de son épouse : cérémonies officielles, réceptions de chefs d'État, galas de bienfaisance, soirées à l'Opéra et manifestations de toutes sortes.

Les Noëls des enfants du personnel et les réceptions organisées pour les vœux au président sont des moments privilégiés, de même que la traditionnelle cérémonie du 1er mai, au cours de laquelle une corbeille de muguet est offerte au chef de l'État par les représentants des « forts des halles ».

Alain Briottet [1], chargé de mission au service du protocole, est d'un grand secours pour l'organisation des activités officielles de la Première dame en France et à l'étranger.

La vie de famille et les amis ne sont pas oubliés. Et il faut savoir gérer jusqu'aux sollicitations intempestives de ceux qui pensent que l'épouse du président est à même de résoudre leurs difficultés temporaires.

Un souvenir à ce propos me revient. Alors que je passe un samedi matin quai de Béthune, le téléphone sonne. Mstislav Rostropovitch [2] est bloqué à la frontière française parce que son passeport n'est pas en

1. Alain Briottet. Secrétaire d'ambassade à Ankara en mai 1970, il est nommé au Protocole de l'Élysée, auprès de Jacques Sénard, chef de service. En octobre, le président le charge plus spécialement du Protocole de Claude Pompidou. En mai 1973, Alain Briottet rejoint le cabinet de Michel Jobert, devenu ministre des Affaires étrangères. Par la suite, il occupera différents postes à l'administration centrale du Quai d'Orsay où il sera collaborateur de plusieurs ministres des Affaires étrangères. À l'étranger, il sera consul général à Boston, puis ambassadeur à Rangoun, Helsinki et Dacca… Entre 2006 et 2014, il deviendra secrétaire général de l'Association Georges Pompidou créée par Édouard Balladur. À ce titre, en 2011, il fera émettre le timbre commémoratif du centenaire de la naissance de Georges Pompidou, inspiré d'une gravure du Centre réalisée par Serge Courte-Paris. Alain Briottet a publié, entre autres, deux ouvrages *Boston, un hiver si court* aux Éditions du Rocher (2007) et *Sine die : Gross-Born en Poméranie* aux Éditions Illador (2016).

2. Mstislav Rostropovitch (1927-2007). Le violoncelliste le plus réputé du XXe siècle est également compositeur, pianiste et chef d'orchestre. Marié en 1955 à Galina Vichnevskaïa,

règle. Or, il doit donner, le soir même, un concert salle Pleyel. Claude passera donc la matinée auprès du responsable de permanence pour suivre le déroulé de l'intervention.

Plus tard, elle se réjouira de l'arrivée de leur ami Robert Pujol à l'Élysée. Celui-ci se trouvant un jour empêché pour raison de santé, elle organisera un concert au palais pour sa fille Françoise, pianiste de talent. De nombreux amis seront réunis. La prestation aura un tel succès que, quelques années plus tard, la jeune interprète sera invitée à jouer à l'Hôtel de Ville par Bernadette Chirac.

La famille est, également, régulièrement accueillie au palais présidentiel. On évoque des souvenirs, on élabore des projets avec Claude et Georges, en dépit de leurs agendas chargés.

Chaque fois que j'en ai la possibilité, je passe moi-même au palais pour savourer des moments d'intimité avec ma mère et parler de ma vie familiale et professionnelle.

---

soprano, cantatrice renommée. Dès l'âge de quatre ans il a appris le piano avec sa mère et à dix ans, avec son père, le violoncelle qui deviendra son instrument de prédilection. Il donne en 1942, à quinze ans, son premier concert, début d'une carrière fulgurante. Son amitié affichée avec le dissident Soljenitsyne l'éloignera de Russie dont on lui retirera la nationalité en 1974. Il s'installe alors aux États-Unis, où il dirige l'Orchestre symphonique national de Washington. Sa prestation à Berlin, aux toutes premières heures de la chute du mur, le révèle aux yeux du monde entier. Ayant repris sa nationalité d'origine en 1990, ce virtuose reconnu et apprécié dans le monde entier décède à Moscou en 2007.

Les essayages dans les maisons de couture se poursuivent, répondant à un rituel précis. Il faut coordonner les robes, les chapeaux, les chaussures, les gants et le sac. Les tenues de haute couture font, temporairement, partie d'une garde-robe entretenue par la femme de chambre, car elles seront rendues lors de la prochaine collection. Si futile puisse-t-elle paraître, cette activité revêt une réelle importance. La prestance de Claude, son aisance, sa distinction naturelle en font l'ambassadrice de la mode française. Georges émet des commentaires, apporte parfois des suggestions, adressant, à cette occasion, des paroles aimables aux grands couturiers qu'il reçoit à l'Élysée. Bien plus tard, devenue veuve, Claude Pompidou gardera quelques tenues coordonnées afin de les utiliser, si nécessaire. Cette collection personnelle sera donnée, après sa disparition, au musée des Arts décoratifs, qui conserve des milliers de costumes depuis le XVIIIe siècle. Pamela Golbin, diplômée d'histoire de la mode contemporaine, en fera un inventaire détaillé.

Première dame oblige

À l'occasion d'un voyage aux États-Unis, en mars 1970, Claude emporte trente-deux toilettes, signées Pierre Cardin, Guy Laroche, Christian Dior, Yves Saint Laurent et Chanel (19), ainsi que huit chapeaux confectionnés chez « Paulette », la plus grande modiste parisienne. Elle n'oublie pas le morceau de pain de campagne, le traditionnel saucisson, les petits fromages de Cajarc et la bouteille de vin de Cahors qui l'accompagnent lors des longs périples.

Dans une interview à *Look*, elle précise bien que ses tenues sont « empruntées » : « Que les Français ne croient pas que je dépense leur argent en toilettes (28). » Gilbert Paris tient à la disposition de la presse américaine des photos de la Première dame dans ces divers ensembles. Elles font la une des magazines qui analysent chaque détail vestimentaire.

De fait, Claude ne peut pas s'attarder devant un tableau de la National Gallery sans que les flashes crépitent, sans que les photographes se précipitent, demandent une pose. Qu'elle est loin l'époque des visites incognito des années cinquante-soixante, à Madrid ou Amsterdam, Londres ou New York !

Mais la popularité de la femme du président français dans les magazines de mode américains ne suffit pas à estomper un contexte politique tendu, lié à la vente d'avions Mirage à la Libye. Une décision qui heurte la communauté juive.

À Chicago, la police manque de vigilance, Georges et Claude sont pris à partie dans le hall de l'hôtel Palmer House par des étudiants juifs, hostiles à la politique de Paris. « Shame on you, Pompidou », crient les protestataires qui les bloquent jusqu'à l'ascenseur. Le service de sécurité peine à les tenir à distance. Certains crachent sur l'épouse du président français. Ma mère, bousculée, est souillée.

Au moment où elle regagne sa chambre, meurtrie et choquée, elle exige de quitter le pays. L'ambassadeur de France informe alors la Maison-Blanche. Une dépêche du président Richard Nixon [1] ne se fait pas attendre : il présente les excuses de son pays et, décision inédite dans l'histoire des États-Unis, propose de se déplacer en personne avec sa femme, Nancy, à New York pour organiser, en l'honneur de ses hôtes français, un dîner prestigieux au Waldorf Astoria.

Claude revient alors sur sa décision, considérant l'attitude du président Nixon comme conforme à son rang et aux égards dus à la France. La réception, exceptionnelle, restera gravée dans les mémoires.

L'épisode montre que Claude pouvait aller jusqu'à exercer une réelle influence politique. C'est en tout cas de ce voyage que sont nés les liens étroits entre les Pompidou et les Nixon. Beaucoup plus tard, Claude reverra avec plaisir l'ancien président à Paris, au cours d'une réception donnée par le commandant Paul-Louis Weiller, pionnier de la photographie aérienne à basse altitude durant la guerre de 1914 et ancien aide de camp du maréchal Foch.

La même année conduira Claude à manifester son influence, sous un jour bien différent. Et ce, lors du premier voyage d'un chef de l'État français à Moscou.

Les deux dirigeants soviétique et français s'estiment suffisamment pour pouvoir s'entretenir

1. Richard Nixon (1913-1994). Président des États-Unis de 1969 à 1974.

directement des relations internationales (seuls les interprètes sont présents), Leonid Brejnev [1] sachant en outre communiquer sa chaleur naturelle à ses hôtes de marque.

Claude a entendu dire qu'il apprécie la baguette française. Juste avant une rencontre officielle, elle apporte donc, sous son bras, ce trophée emblématique de notre tradition nationale enveloppé de papier d'aluminium. Brejnev est ravi. Ce geste contribue à renforcer la confiance entre les deux délégations. Un côté « nature » de ma mère qui séduit les interlocuteurs de son mari… même s'il les étonne !

Dans nombre de voyages officiels, en Afrique notamment, le couple présidentiel est accueilli avec chaleur et bonne humeur. Au Sénégal, le président Léopold Sédar Senghor [2] est particulièrement touché d'accueillir son ami de khâgne, d'évoquer leurs souvenirs de jeunesse et leur amour commun de la poésie : le poète-président prépare une « élégie » en hommage à Georges, complément de l'*Anthologie* publiée en 1961. Cela ne les empêche pas de s'entretenir de l'avenir des relations avec l'Afrique francophone.

Cela dit, les obligations présidentielles sont parfois déconcertantes. Au Niger, Claude est reçue séparément de son époux. Devant des éleveurs conviés, fiers

1. Leonid Brejnev (1906-1982). Secrétaire général du Parti communiste de l'Union soviétique de 1964 à 1982.

2. Léopold Sédar Senghor (1906-2001). Président de la République du Sénégal de 1960 à 1980. Camarade de Georges Pompidou en khâgne, il est poète et écrivain. Il sera élu à l'Académie française le 2 juin 1983.

de lui proposer un bol de lait de chamelle fraîchement tiré, elle doit l'avaler d'un trait, sans pouvoir déroger, tant l'intention était louable.

Au cours de ces déplacements officiels, mes parents s'attachent toujours à ménager quelques heures pour visiter un musée renommé ou un lieu exceptionnel. Malgré les nombreux accompagnateurs, ils partagent cette expérience unique dont ils reparlent le soir ensemble lorsqu'ils retrouvent un moment d'intimité.

La Fondation : le don du cœur

Tout en assumant ses fonctions, Claude entretient régulièrement son anglais avec une sympathique Britannique désargentée : Madame Stcherbinine. Celle-ci a participé, à New York, à une fondation caritative engagée dans l'aide bénévole aux handicapés. De cette rencontre naît l'idée – très avant-gardiste pour l'époque – d'une association dévolue au bénévolat pour les personnes âgées et les enfants handicapés.

« J'ai créé ma fondation parce qu'il fallait que je fasse quelque chose par moi-même. Quand mon mari a été élu, je me suis dit que je n'allais pas passer tout mon temps à faire de la représentation. Je voulais me rendre utile, je tiens beaucoup à la solidarité. Je me suis posé la question : quels sont les gens les plus malheureux ? Pour moi ce sont les vieillards et les personnes handicapées. C'est pour venir à leur aide que j'ai créé le volontariat à l'hôpital, comme je l'avais vu pratiqué à New York, car le plus important est d'apporter une présence. Être l'épouse du président de la République m'a permis de ramasser un capital. Ma fondation me donne beaucoup de satisfaction car j'en vois le résultat (28). »

Tout comme le Général avait pressenti Georges Pompidou pour la fondation qu'il avait créée avec Madame de Gaulle, le nouveau président demande à Jacques Chirac d'être le trésorier de la Fondation Claude Pompidou. Henri Écal, conseiller à la Cour des comptes, la présidera jusqu'en 1974. À titre d'opération pilote, le premier objectif est de soutenir des malades hospitalisés. Les objections des syndicats de personnels soignants doivent être surmontées. Aussi, s'engageant à ne pas intervenir dans les soins aux malades, les « blouses jaunes » de la Fondation viennent-elles en aide aux patients isolés ou peu mobiles. Ils assurent leurs démarches administratives et leur apportent le réconfort d'un contact personnel.

Forte du succès de cette initiative originale, efficace et valorisante, Claude engage alors sa fondation dans la construction d'un établissement pour enfants lourdement handicapés à Bréhan Loudéac, dans le Morbihan, à proximité de l'abbaye de Timadeuc : « Barr Héol », qui signifie « rayon de soleil ». L'inauguration est prévue le 1er octobre 1972. Le président Pompidou, frappé de l'état d'abandon dans lequel se

Collection personnelle Alain Pompidou

Collection personnelle Alain Pompidou

Collection personnelle Alain Pompidou

Collection personnelle Alain Pompidou

1. Premier séjour à Saint-Tropez: en attendant l'arrivée de Georges.
2. 1940. Georges en permission : un moment de répit pendant la guerre.
3. 1934. Une jeune épouse épanouie et déterminée.
4. 1942. Alain Pompidou, Claude comblée.

1954-1969

1. 1955. Partie de cartes à Saint-Tropez.
2. À l'Élysée, sous le regard du général : Madame de Gaulle réservée, Konrad Adenauer ne boude pas son plaisir.
3. L'épouse du Premier ministre dans son appartement du quai de Béthune.

3

Collection personnelle Alain Pompidou

Collection personnelle Alain Pompidou

Collection personnelle Alain Pompidou

1. 1960. Réflexion et détente à Saint-Tropez.
2. 1963. La Porsche 356 à Matignon : « Alain, tu viens ? »
3. 1964. Au Japon, sous la pluie à Kyoto.

© François Pages / Paris Match / Scoop

© RA / Gamma

© AFP

4. Réception à Stockholm.

5. Juin 1965. Dimanche à Orvilliers.

6. 1965. Réception de souverains étrangers.

1

1. Février 1970. Au *Waldorf Astoria*, Richard Nixon répare à New York l'« outrage » de Chicago.

2. 1970. À l'Élysée : Claude en robe Chanel. La mode et l'art.

3. 1970. Claude et Coco Chanel : une leçon d'élégance.

4. 1970. À Cajarc en famille.

Collection personnelle Alain Pompidou

2

3

© Jean Mounicq / Roger-Viollet

Collection personnelle Alain Pompidou

4

Collection personnelle Alain Pompidou

1. 1972. Devant le grand hôtel d'Auron. L'élégance au bord des pistes.
2. 1973. En famille à la neige. Des grands-parents attentifs.
3. 3 avril 1974. Madame de Gaulle apporte son réconfort moral.

3

le 3 avril 74

Chère Madame,

Comme tous les Français, j'ai appris ce matin par la radio la mort du Président.

Je le savais très malade, mais le voyant poursuivre sa tâche si courageusement, l'on ne s'attendait pas à le voir nous quitter déjà.

Laissez moi vous dire ma profonde sympathie. Je sais quelle peine est la vôtre. Et vous assurez de ma prière.

Y. de Gaulle

1975-1986

© Jean-Daniel Lorieux / Fondation Claude Pompidou

© Jean-Daniel Lorieux / Fondation Claude Pompidou

Collection personnelle Alain Pompidou

1. Septembre 1975. Claude : présidente de sa Fondation.

2. Avec la perle offerte par son mari : elle ne la quittera jamais.

3. Mai 1976. Claude, Jacques et Bernadette Chirac ainsi que Gilbert Paris avant l'achèvement du futur « Centre Pompidou ».

4. 25 novembre 1980. Au gala de la Fondation avec Jacques Chirac.

5. Mai 1982. Dîner quai de Béthune avec Pierre Boulez : l'épanouissement intellectuel.

6. 17 septembre 1986. Gala de la Fondation au théâtre Montparnasse avec Bernadette Chirac, François Léotard, Edwige Feuillère et Jean Marais.

4

5

Collection personnelle Alain Pompidou

6

© Nivière / Cherruault / Villard / Bar

Collection personnelle Alain Pompidou

1. 1987. Dîner à l'hôtel Lambert auprès de Guy de Rothschild.

2. Mai 1996. Visite de Lady Diana à Paris. Jacques et Bernadette Chirac, Bernard Arnault, Claude Pompidou, Philippe Douste-Blazy (ministre de la Culture).

3. Septembre 2001. Gala de la Fondation avec Hélène Rochas et Claude Roland.

4. Avec Jean-Paul II au Vatican.

© Foto Felici

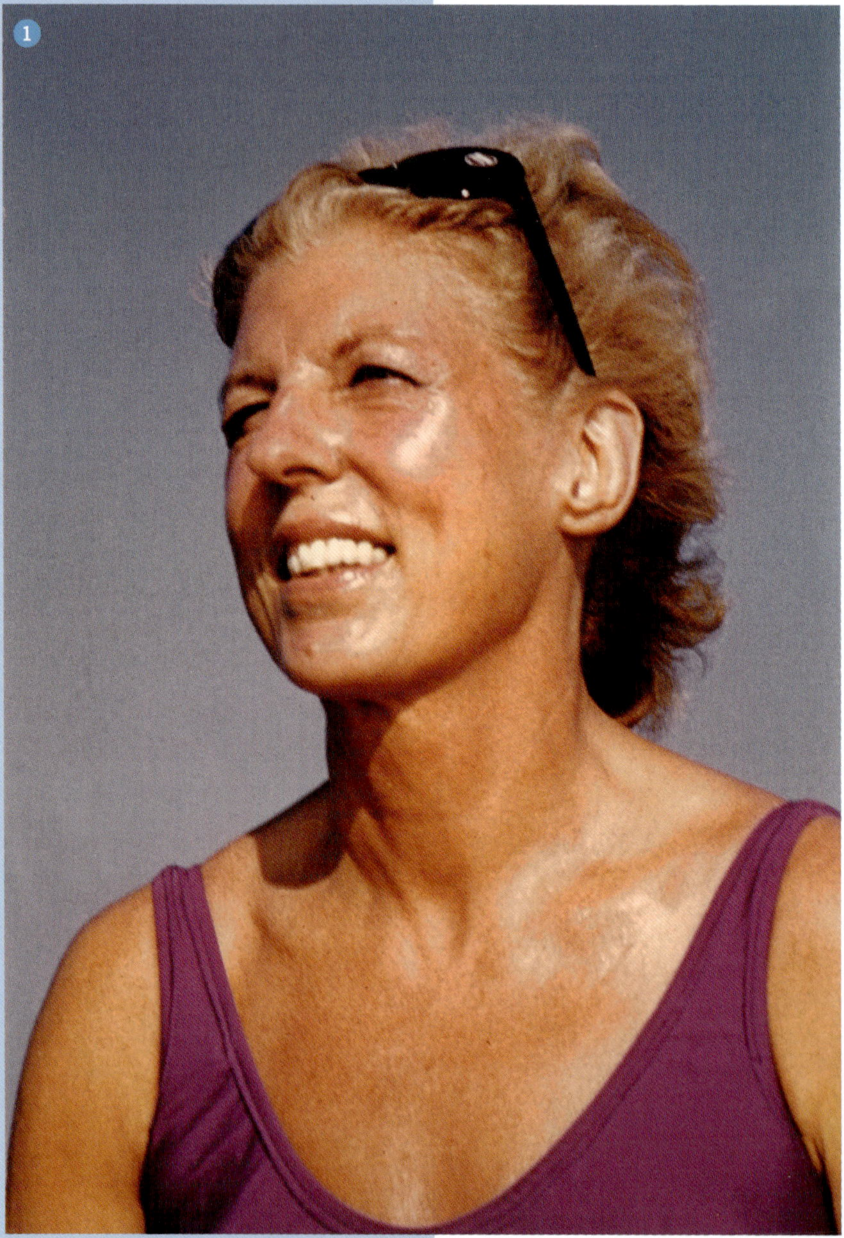

1. Une femme accomplie : le bonheur au naturel.

trouvent les futurs pensionnaires, considère l'événement suffisamment important pour être porté à la connaissance des médias. Il fait donc contacter la première chaîne de l'ORTF afin d'envoyer un reporter sur place. La réponse arrive par télex au service de presse de l'Élysée : « Première chaîne intéressée en cas d'incident. » Ma mère est scandalisée. Elle écrira plus tard, dans son carnet personnel : « Les médias ont pour déformation professionnelle de tout exagérer (27). » Beaucoup plus tard, lors d'une présentation de la correspondance de mon père sur Canal+, j'apprendrai par Michel Denisot que c'est lui, jeune stagiaire à l'époque, qui avait rédigé cette réponse, dépêche qu'il regrette encore !

Forte de cette expérience, Claude restera donc modeste quant aux succès des réalisations de sa fondation. Pourtant, Madame de Gaulle manifestera, elle-même, son soutien en faisant part de ses encouragements dans une lettre manuscrite.

La disparition du père

Le 9 novembre 1970, en fin de soirée, le général de Gaulle meurt soudainement.

En raison de circonstances mal élucidées, le président et son Premier ministre se présentent à Colombey-les-Deux-Églises alors que le cercueil est déjà fermé. Après avoir exprimé leurs condoléances à

Madame de Gaulle et à sa famille ils rentrent à Paris pour les funérailles nationales à Notre-Dame.

Claude se déplacera quelques jours plus tard à la Boisserie. « Quand je me rends à Colombey, après la mort du Général, j'étais si bouleversée que je me contrôlais difficilement [...], écrit-elle. Madame de Gaulle m'accueillit dans la cour avec cette dignité dont elle ne se départait jamais, quels que soient ses sentiments. Je restais en face d'elle sans voix [...] puis nous entrâmes, elle me fit le récit de la mort de son mari, dans tous les détails, me montrant l'endroit où il s'était effondré. J'étais sens dessus dessous et ne savais pas comment prendre congé. C'est elle qui m'y aida, avec sa simplicité coutumière, me remerciant d'être venue. J'eus l'impression qu'elle était touchée de ma visite. » Et d'ajouter : « Elle appréciait beaucoup mon mari, je crois qu'elle m'appréciait aussi. Je lui portais, pour ma part, une vive affection. J'ai toujours admiré qu'elle ait connu un destin aussi extraordinaire, tout en restant elle-même, à chaque instant, dans chaque circonstance (28). » Claude complète son témoignage en évoquant la mémoire du général de Gaulle. « De Saint-Cyr à Bordeaux, puis de Londres à Paris, il fut toujours celui qui mobilisait les énergies, rassemblait les convictions, entraînait les volontés [...], il avait du génie et l'audace que celui-ci procure [...]. Depuis septembre 1944, mon mari se consacre à le servir. Toute notre existence fut placée sous le signe du Général [...] (28). » Ailleurs, elle précise : « L'emprise de cet homme sur notre couple trouve son illustration dans une anecdote : lorsque Georges hésitait à se baigner en Bretagne, il nous entraînait d'un sonore “vive le Général” (28) ! », note d'humour qu'elle aime souvent ajouter dans le récit des événements historiques les plus émouvants. Toujours est-il qu'elle maintiendra des liens amicaux et intimes avec la fille des de Gaulle, Élisabeth, et son époux le général Alain de Boissieu [1].

1. Alain de Boissieu (1914-2006). Compagnon de la Libération et gendre du général de Gaulle, il commande en 1940 l'une des dernières charges de cavalerie sabre au clair contre les troupes allemandes. Fait prisonnier, il s'évade par la Pologne vers la Russie. Lorsque l'Union soviétique entre en guerre contre l'Allemagne, il rejoint la France libre et participe aux combats de la Libération. Fidèle du Général, il épouse sa fille Élisabeth le 12 janvier 1946. Lors de l'attentat du Petit-Clamart, il sauve probablement le Général en l'obligeant à se baisser pour échapper aux balles. Nommé grand chancelier de la Légion d'honneur le 15 février 1975, il démissionne le 11 mai 1981 au moment de l'élection de François Mitterrand à la présidence de la République afin de ne pas avoir à remettre le collier de grand maître de l'Ordre au nouveau chef de l'État. Il est très proche de Georges et Claude Pompidou, avec lesquels il échangera, dès 1945, une correspondance régulière. Exprimant sa sympathie à mon égard, la première fois qu'il me voit il me dit : « S'il vous plaît jeune homme, appelez-moi Alain, car nous appartenons au club des “Alain”. » (3) et archives personnelles de l'auteur.

L'art au quotidien : avatars domestiques

Je l'ai évoqué plus haut, un projet commun à mes parents est engagé dès le début de la présidence : la rénovation des appartements privés de l'Élysée. Tous deux souhaitent y apporter leur vision novatrice. Le périmètre est délimité, situé dans l'aile est du palais baptisée « Jules Grévy », au premier étage. Le directeur du Mobilier national, Jean Coural [1], devenu proche de ma mère dès 1963 à Matignon, est sollicité. Des plans sont élaborés avec un hall d'entrée en enfilade débouchant sur un salon bibliothèque et fumoir à la fois, puis une salle à manger jouxtant celle des tableaux contemporains.

En dépit de nombreuses critiques, le chantier est engagé. C'est une révolution beaucoup plus qu'un caprice d'homme d'État. Pas question de toucher aux murs mais de les habiller d'une sorte de coquille amovible et donc, ultérieurement, démontable.

Un architecte d'intérieur, Pierre Paulin, est pressenti. L'homme innove dans le mobilier contemporain en recourant à des formes modulables et des

1. Jean Coural (1925-2001). Diplômé de l'École des Chartes, il devient conservateur au château de Versailles (1954-1963) puis administrateur général du Mobilier national (1963-1991) et directeur de l'Institut français de restauration des œuvres d'art. Dès leur première rencontre à l'hôtel Matignon, en 1963, ma mère entretient avec lui des relations étroites et chaleureuses. Elles se poursuivent après 1974, notamment après une visite à la manufacture nationale des Gobelins. Il sera promu au grade de commandeur dans l'ordre de la Légion

matériaux d'avant-garde, notamment un « jersey élastique » qui se prête aux revêtements muraux comme aux meubles qu'il dessine lui-même. Ayant déjà réalisé le foyer des Artistes de la Maison de la Radio, puis le pavillon de la France à l'Exposition universelle d'Osaka, il aménagera, en 1984, le bureau du président François Mitterrand.

La décoration du couloir d'accès aux appartements privés est confiée au peintre cinétique Yaakov Agam. Artiste de talent, celui-ci a été présenté à Claude par son ami Raymond Cordier. En annexe du couloir, il réalise un salon cinétique à six faces, les quatre murs, le plafond et le sol. Exceptionnel par le jeu des couleurs, la rigueur des formes géométriques, le lieu impressionnera Sa Majesté la reine d'Angleterre lors de sa visite d'État en 1972. Le président, tout à sa passion pour l'art contemporain, la prendra par le bras et, contre toutes règles du protocole, la guidera dans sa visite. Avant le dîner officiel, le Premier ministre britannique Edward Heath improvisera, au piano laqué blanc, une sonate de Chopin. Claude et Georges étant des adeptes de « l'informel », leurs hôtes apprécient ces « distractions » inhabituelles dans une atmosphère à la fois courtoise et spontanée.

Le salon cinétique, particulièrement avant-gardiste, est aujourd'hui présenté en exposition permanente au Centre Pompidou, grâce à l'obstination

---

d'honneur. Son épouse, fidèle à la mémoire de son mari, poursuit des activités de restauration d'art.

de Claude et à la volonté du futur ministre de la Culture Jean-Jacques Aillagon [1].

Pendant cette période, je suis moi-même accaparé par une vie de couple tendue et une activité professionnelle intense. Nous ménageons, mon père et moi, le rite d'un petit déjeuner hebdomadaire et intime à l'Élysée. Je retrouve avec bonheur ma mère les jours où elle passe quai de Béthune. Nous pouvons alors, tous deux, parler un moment de nos vies privées de manière affectueuse et spontanée.

À l'une de ces occasions, elle me fait part d'une anecdote qui illustre la vie du « palais ». Revenant un soir d'un gala à l'Opéra, elle se trouve dans sa salle de bains, récemment achevée, lorsque s'abat sur Paris un violent orage. Une fuite d'eau surgit du plafond. Claude cherche un récipient. Rien n'a été prévu. Elle avise une sonnette, pensant appeler la femme de chambre. Quelques secondes plus tard, elle se trouve face à un peloton de gardes républicains, l'arme au

1. Jean-Jacques Aillagon (1946-). Professeur d'histoire et de géographie, après un parcours d'enseignant et différents postes à vocation culturelle, il devient, en 1993, directeur des Affaires culturelles de la mairie de Paris puis est nommé président du Centre Georges Pompidou (1996-2002). Il sera ministre de la Culture et de la Communication (7 mai 2002-31 mars 2004) dans les premier et deuxième gouvernements de Jean-Pierre Raffarin, succédant à Catherine Tasca et devançant Renaud Donnedieu de Vabres. En 2004, il préside TV5 Monde puis devient, entre 2007 et 2011, président de l'Établissement public du château, du musée et du domaine national de Versailles.

poing : elle a actionné le signal d'alarme ! Elle enfile un peignoir et, suivie par les gardes, en tenue, descend aux cuisines chercher les ustensiles nécessaires, transportés jusqu'à la salle de bains au moment précis où... l'orage se calme, de même que la fuite d'eau ! Elle remercie son escorte et regagne sa chambre. Le lendemain, la fuite est réparée. Un incident domestique sans conséquence, dont elle sourit mais qui lui donne la désagréable impression de ne pas être chez elle.

Autre épisode édifiant : le fait qu'il soit impossible d'improviser un repas d'amis à l'Élysée. « Dès le premier soir de notre installation, écrira-t-elle, j'avais invité à dîner des amis américains de passage à Paris : le couturier Oscar de la Renta et son épouse (née Françoise de Langlade), mais j'avais omis de prévenir l'intendance. Quand ils arrivèrent, rien n'avait été préparé et nous dûmes nous contenter d'une salade et d'une tranche de jambon. Ce fut l'occasion d'un fou rire mémorable et d'une bonne leçon de simplicité (28). » Chez ma mère, le sens de l'humour l'emporte toujours sur la mauvaise humeur.

Son indépendance souffre en fait d'avoir à recourir au préposé au bois lorsqu'il s'agit de ranimer le feu dans la cheminée, ou au maître-chien lorsqu'un des animaux familiers (Shahin, le lévrier, cadeau du roi d'Afghanistan) s'entête à détériorer la moquette. Ces entraves à sa liberté l'exaspèrent, mais elle n'envisage pas de quitter le « château », afin de ne pas abandonner son mari.

Au retour de journées difficiles, lui-même est parfois harassé. Alors Claude s'évertue à reconstituer les soirées amicales du passé. Elle s'ingénie à distraire Georges le plus possible en privilégiant les repas intimes à six ou huit. Elle aime ces petits dîners « comme à la maison » où règnent décontraction, simplicité, gaieté. Pas de carton d'invitation, juste un coup de téléphone informel qui prévient deux ou trois jours avant. On ne s'habille pas, « on faisait du feu dans la cheminée et on changeait souvent les fauteuils de place pour que l'ambiance soit le plus agréable possible (13). »

Déjà, en décembre 1969, mon père écrivait à son ami Robert Pujol : « En ce qui nous concerne, inutile de te dire qu'on est plutôt accablés. La vie de chef d'État est vraiment une vie de prisonnier et une contrainte permanente. Claude souffre moins que moi en principe, plus que moi en pratique, du fait que je suis occupé, trop occupé pour penser à tout ce dont je me prive. Je ne sors plus, ni au théâtre, ni au cinéma, je ne lis pratiquement pas, je ne vais jamais au restaurant, ne vois pratiquement plus mes amis, ou dans une ambiance glacée. Nous faisons de gros efforts pour améliorer la situation mais les résultats sont médiocres quoique jugés révolutionnaires par le protocole (29). » Il pense en particulier à l'utilisation de la Porsche, acquise début 1962. Pour rejoindre Orvilliers, le président prend toujours autant de plaisir à tenter de distancer la voiture de suite… Mais en vain : cette fois, les mesures ont été prises pour renforcer la puissance du véhicule de sécurité.

L'aventure artistique

Hormis quelques promenades à pied dans le parc que mon père a fait orner de massifs de rosiers, le couple présidentiel reste généralement à l'intérieur. Leurs plaisirs sont de nature culturelle, mais les lecture et relecture de ses ouvrages préférés ne suffisent pas à Claude, qui veut partager avec Georges des initiatives novatrices. Parallèlement à son infatigable capacité de travail, le président est animé d'une insatiable curiosité : il ressent avec acuité les mutations de l'époque et les partage avec son épouse. « Un culte de la modernité en marche… marqué par une intelligence visionnaire. […] Notre aventure artistique, au milieu des événements historiques que nous avons traversés, pour de multiples raisons, a été surtout une aventure personnelle (28) », écrira-t-elle.

Ils se souviendront comme d'un moment inoubliable d'une visite au peintre Balthus. Nommé en 1961 par André Malraux directeur de la Villa Médicis à Rome, Balthazar Klossowski y restera jusqu'en 1977. Son inspiration érotique scandalise certains à l'époque mais son art est aujourd'hui reconnu.

Revient également à leur mémoire le *Sacre du printemps* d'Igor Stravinski, mis en scène par Maurice

Béjart à Paris en 1965. « Béjart avait décidé de présenter le *Sacre du printemps* au palais des Sports afin de sensibiliser toutes les couches de la société à un spectacle en principe réservé aux élites. [...] Ce spectacle fut une véritable révolution de la musique, comme de la danse (28) », indiquera ma mère.

Claude décrit ainsi les émotions culturelles qu'ils ressentent durant leurs fonctions à l'Élysée : « Avec mon mari, nous partagions la même passion pour la musique et le théâtre. Nous allions entendre Racine, Beaumarchais et Shakespeare que j'aime écouter en anglais, tant sa langue est puissante. Le soir, nous écoutions fréquemment de la musique. Mon mari affectionnait Mozart, j'avais plutôt une prédilection pour Bach, mais nous écoutions tout, du grand répertoire, aux œuvres de l'époque. C'est moi qui étais chargée de mettre les disques et j'alternais les genres (28). »

C'est elle qui remarquera le compositeur et chef d'orchestre Rolf Liebermann, alors à la tête de l'Opéra de Hambourg, et convaincra le ministre de la Culture de l'époque, Jacques Duhamel, de lui confier la direction de l'Opéra de Paris. Où il attirera de nouveaux chorégraphes, Maurice Béjart et Carolyn Carlson en tête.

Le plaisir commun de mes parents sera aussi de choisir les œuvres destinées à décorer les antichambres et salons privés. Ils chargent Jean Coural d'identifier, dans les réserves du musée d'Art moderne, les œuvres des artistes qu'ils apprécient et qu'ils souhaitent honorer : François Kupka, François-Xavier et Claude Lalanne, Sonia Delaunay, Arman mais également Nicolas de Staël, Braque, Bissière, Soulages, Hartung, Christo et bien d'autres. Mais, une fois les pièces arrivées à destination, il faut encore décider des accrochages qui les mettront en valeur. Ce dont ils se chargent avec passion. Certains soirs, enfin libérés de leurs engagements, mes parents, appréciant de se retrouver seuls, déplacent les tableaux, prennent du recul et discutent sans fin jusqu'au moment où ils s'accordent sur un emplacement qui sera finalisé le lendemain par les menuisiers de l'Élysée. Ces moments leur donnent l'impression d'être chez eux et Claude savoure de tels instants volés aux activités officielles. Elle restera d'ailleurs à jamais habitée par cette phrase de Georges : « L'art est comme l'épée de l'archange, il faut qu'elle vous transperce (29). »

La Première dame ne se contente pas de doter les appartements privés du style le plus contemporain, elle engage également la restauration des salons XVIIIe en faisant appel aux plus belles pièces des réserves du Mobilier national.

Elle organise aussi des dîners, avec des artistes qui deviennent des amis, à l'exemple de Nina Kandinsky avec laquelle Georges échange une correspondance suivie entre 1971 et 1974. Et qu'il décorera de la Légion d'honneur. N'espère-t-il pas qu'elle exprimera sa reconnaissance en léguant à l'État les toiles de son mari restées en sa possession ?

Mes parents ne peuvent plus fréquenter les galeries, mais apprécient la compagnie des artistes et leur conversation. Parfois, ils sont remerciés de leurs dîners par des œuvres livrées à l'Élysée : ainsi une sculpture en or massif de Salvador Dalí repartira pour signature… et reviendra en bronze doré ! Une autre mésaventure surviendra avec une œuvre de l'artiste bulgare Christo, créateur qui partage avec son épouse Jeanne-Claude un don pour l'habillage de sites naturels ou architecturaux ainsi que des maquettes qu'ils entourent de tissu et de ficelles artistiquement disposés. L'une de leurs œuvres, constituée d'un emballage ficelé, fut, hélas, découpée dès son arrivée au secrétariat particulier !

L'incident – regrettable – permettra à Claude de convaincre ultérieurement Jacques Chirac d'autoriser l'emballage du Pont-Neuf à Paris par l'artiste, après celui du Bundestag à Berlin et de nombreux sites et monuments aux États-Unis.

Vers un grand centre culturel

Dès le début de la présidence se met en place la préfiguration de ce qui deviendra, plus tard, le Centre Pompidou. L'idée en était venue à mon père dès 1960. Un jour, revenant avec Claude de son bureau de la banque Rothschild, rue Laffitte, ils passent devant le plateau Beaubourg, qui n'est encore qu'un terrain vague désaffecté. Georges exprime devant elle, enthousiaste, son souhait d'y voir construire un grand centre culturel. Selon ma mère : « C'est pour nous l'occasion de tenter de conjuguer le rêve et la raison (28). » Pourtant, en 1962, ni le général de Gaulle ni André Malraux ne se laissèrent convaincre par ce Premier ministre trop avant-gardiste à leurs yeux.

Désormais président, il convoque, le 11 décembre 1969, un conseil restreint à l'Élysée, qui confie la réalisation d'un document programmatique à Sébastien Loste [1].

Il faut aussi un coordinateur. Dès 1970, Robert Bordaz [2] est nommé en Conseil des ministres « Délégué pour la réalisation du centre du Plateau Beaubourg ». Administrateur ouvert et influant, ce dernier

---

1. Sébastien Loste (1936-1985). Normalien, il entre en 1969 au cabinet d'Edmond Michelet, ministre d'État chargé des Affaires culturelles, qui lui fait part dès le 13 décembre d'une lettre où le président détaille le projet élaboré avec son épouse (29). Venant de la Direction des musées de France, il intègre le cabinet de Maurice Druon, ministre de la Culture, et est nommé chargé de mission auprès de Robert Bordaz de 1971 à 1976. Il assure, à ce titre, le secrétariat du concours international d'architecture destiné à définir les plans du futur établissement culturel dès 1971. Il deviendra maître des requêtes au Conseil d'État en 1972.

2. Robert Bordaz (1908-1996). Licencié *ès* lettres, docteur en droit, diplômé de l'École libre des sciences politiques, il a rejoint le général de Gaulle à Alger pendant la Seconde Guerre mondiale. De 1948 à 1951, il est directeur de cabinet d'Eugène Claudius-Petit, ministre de la Reconstruction et de l'Urbanisme, époque où il rencontre Le Corbusier. Nommé conseiller d'État en 1958, il devient en 1962 directeur général de la RTF

va jouer de sa capacité de persuasion et de sa diplomatie pour faire aboutir un projet pluridisciplinaire réunissant le musée d'Art moderne, la Bibliothèque publique d'information (BPI), le Centre de création industrielle (CCI) et l'Institut de recherche et de coordination acoustique musique (Ircam), ce dernier destiné à devenir le creuset de la création musicale qui manque cruellement en France (4-20-28-29).

En dépit des réticences de Marcel Landowski [1], lui-même compositeur et membre de l'Institut, la direction de l'Ircam est confiée au compositeur et chef d'orchestre Pierre Boulez, rentré spécialement des États-Unis à la demande du chef de l'État pour mener à bien ce projet. Comme pour Liebermann, encore une suggestion de ma mère…

Parallèlement, un concours international d'architectes aboutit à la désignation, en 1971, de Richard Rogers et Renzo Piano, secondé par son ami Gianfranco Franchini, pour réaliser les plans du lieu réunissant tous ces talents (20). La maquette est perçue

(Radiodiffusion-télévision française). Il est nommé en 1970 « délégué pour la réalisation du Centre du plateau Beaubourg », puis président de l'Établissement public du centre Beaubourg chargé de la construction du futur Centre Georges Pompidou en 1974. Il en sera le premier président de 1976 à 1977.

1. Marcel Landowski (1915-1999). Compositeur, nommé par André Malraux directeur de la Musique, de l'Art lyrique et de la Danse (1966-1975). Inspecteur général de la Musique (1975), directeur des Affaires culturelles de la Ville de Paris (1977-1979), membre de l'Institut, secrétaire perpétuel de

comme provocante, tandis que les deux concepteurs d'avant-garde Pontus Hultén [1] et Pierre Boulez, apportent leur contribution respective : l'un pour le musée et l'autre pour l'Ircam.

Une jeune équipe de talent est constituée en vue de la préfiguration du Centre et avant d'accompagner son développement ultérieur. Où l'on retrouve de très jeunes administrateurs tels Alfred Pacquement [2] ou Jean-François de Canchy [3], qui se présente aujourd'hui avec humour comme un « bébé Pompidou »: Henri Domerg [4], beau-frère du président, chargé des Affaires culturelles, suit régulièrement l'évolution du dossier. J'assiste personnellement à de nombreuses discussions familiales, à Paris comme à Orvilliers, au cours desquelles il informe mes parents

l'Académie des beaux-Arts (1975) puis chancelier de l'Institut de France.

1. Karl Gunnar Pontus Hultén (1924-2006). C'est Marcel Duchamp qui avait influencé son adolescence. Après l'avoir rencontré en 1954, il se lie d'amitié avec Jean Tinguely, un artiste suisse dans l'esprit « dada » et son épouse Niki de Saint Phalle, artiste franco-américaine. Nommé en 1959 directeur du Moderna Museet de Stockholm, après son premier voyage à New York, il réalise les premières expositions de pop-art en Europe : en 1962 avec Robert Rauschenberg et Jasper Johns, puis en 1964 avec Andy Warhol. Son travail étant remarqué par Georges et Claude Pompidou lors d'un voyage officiel à Stockholm, il est appelé en 1970 à prendre la direction artistique du futur Centre Pompidou dont il deviendra ultérieurement directeur entre 1977 et 1981.

2. Voir p. 313.

3. Voir p. 265.

4. Voir p. 59.

de l'avancement du projet. Claude s'implique personnellement, ce qui donne lieu à des échanges nourris avec son mari sur le plan du bâtiment et pour le choix des intervenants.

Ma mère joue en coulisse un rôle déterminant pour calmer les esprits, mobiliser les énergies, maintenir la cohésion de l'ensemble. Il faudra attendre le conseil interministériel du 20 mars 1973 pour voir la désignation de Robert Bordaz en charge de la préfiguration de l'établissement public. Il est assisté de Claude Mollard [1] pour « l'ingénierie culturelle », qui participe à la conception, la construction et l'ouverture au public du futur Centre Pompidou.

Malgré ce tandem déterminé, des réticences s'expriment tant au sein du monde de l'art « académique » que chez les élus : la polémique enfle ! Elle s'amplifie lorsque Ponthus Hultén devient directeur du musée national d'Art moderne avec Germain Viatte [2] pour adjoint – imaginez, un Suédois dadaïste !

---

1. Claude Mollard (1941-). Ancien élève de l'ENA. De 1971 à 1978, secrétaire général du Centre, il participe avec Robert Bordaz à la conception, la construction puis l'ouverture au public de l'établissement. Il rejoindra l'INA puis deviendra délégué aux Arts plastiques de 1981 à 1986, et conseiller-maître à la Cour des comptes en 2006. Il publie, en 1976, *l'Enjeu du centre Pompidou* dans la collection 10/18.

2. Germain Viatte (1939-). Après une carrière orientée vers l'art moderne, il devient conservateur général du Patrimoine puis inspecteur général des Beaux-Arts (1966-1969). Il rejoint l'équipe du Centre Georges Pompidou comme directeur de la documentation contemporaine (1973-1974), puis devient adjoint de Pontus Hultén en tant que conservateur du musée

Maurice Druon, ministre des Affaires culturelles, doit même affronter une initiative parlementaire destinée à créer une commission d'enquête sur Beaubourg. Il s'y oppose et évite l'interruption du projet, mais la fronde continue. Et ce sera seulement en 1975, après la disparition de mon père, que le Centre national d'art et de culture Georges Pompidou acquerra son statut définitif. L'établissement sera inauguré et ouvert au public le 31 janvier 1977.

Il aura donc fallu la détermination de Georges, l'habileté et la capacité de persuasion de Claude, puis le soutien déterminant de Jacques Chirac et de nombreuses années pour mener à bien cette entreprise, enviée aujourd'hui partout dans le monde.

Intimité familiale

À Orvilliers, les fins de semaine sont distrayantes et animées, comme par le passé, grâce notamment aux jeux de société. Georges retrouve avec plaisir son père qui apprécie le jardin et l'ambiance familiale chaleureuse. Celui-ci mène une vie sédentaire malgré un goût prononcé pour la « bonne cuisine ». Ancien

---

national d'Art moderne entre 1975 et 1984. Après avoir dirigé le musée national d'Art moderne (1992-1997), il rejoindra l'équipe du musée du quai Branly, responsable du musée national des Arts d'Afrique et d'Océanie qui sera intégré au nouveau musée des Arts premiers initié par Jacques Chirac.

professeur d'espagnol, il occupe sa retraite à la rédaction du premier dictionnaire français-espagnol. Mais, contre toute attente, à quatre-vingt-deux ans, il est victime d'une crise cardiaque qui l'emporte en quelques jours. Mon père écrit à Pujol, le 8 février 1969 : « Voilà la vie ou plutôt voilà la mort. Mon père, le dimanche à Orvilliers, était plus vivant, plus gai, plus heureux que jamais. Le mardi matin, un infarctus. Il n'a pas souffert. Je l'ai quitté le soir en lui disant : "Dors bien." Il m'a répondu : "Dors bien, toi aussi". Il est mort le lendemain à deux heures du matin (29). » Moi-même profondément affecté, je tente de soutenir mon père resté un temps désemparé par la disparition brutale de celui auquel il était intensément attaché.

François Mauriac écrit au président à cette occasion : « Je comprends le premier la douleur d'un fils perdant un père comme devait être le vôtre. Il n'y a rien de si beau qu'une lignée comme celle dont vous êtes issu (29). »

Quelques mois plus tard, le 11 novembre 1969, la naissance de notre fils, Thomas, bousculera la vie de mes parents : Georges est touché, Claude s'émerveille de découvrir le visage de ce nouveau-né qui l'émeut profondément.

L'événement les comble, nous, les parents, sommes traités avec chaleur, affection et reconnaissance. L'arrivée de Thomas fait accéder ses grands-parents à une réalité nouvelle, bien éloignée des préoccupations officielles et des mondanités. Un rayon de lumière illumine soudainement leur vie.

Pour la presse, il s'agit d'un événement. Un photographe est convié à l'hôpital. Comme je poursuis alors mon service militaire, on suggère de me mettre en tenue, avec ma casquette de sous-lieutenant de marine afin d'être moins facilement reconnu. La protection de ma vie privée est devenue pour mes parents quasi obsessionnelle, ayant trop souffert de l'indélicatesse de ceux qui ont pu chercher à dévoiler une adoption devant, selon eux, rester du ressort du privé. Je me prête à ce jeu qui ne trompe personne, d'autant que la mère de l'enfant apparaît à découvert !

Georges écrit à Robert Pujol, le 3 février 1971 : « Notre seul refuge est dans la famille [...]. La lumière c'est Thomas. C'est un enfant adorable et très avancé du fait que sa mère s'est occupée de lui totalement. À moins de quinze mois, il parle presque [...]. Nous sommes gâteux et ses photos ne nous quittent pas. Claude, qui ne se fait qu'à moitié à la situation et qui a des moments de cafard, le voit plus souvent que moi et c'est pour elle une immense joie (29). »

La vie reprend son cours, faite de lourdes responsabilités pour Georges, d'une vie sociale intense pour Claude. Quant à moi, je prépare l'agrégation de médecine. Nous nous retrouvons tous ensemble avec plaisir, grâce à la chaleur de nos rencontres et à l'affection du cœur qui nous lie.

Vacances présidentielles

À cette époque, les activités politiques sont prenantes et parfois tendues, les réceptions officielles nombreuses mais les déplacements à l'étranger moins fréquents qu'aujourd'hui.

Le président de la République dispose donc de plus de périodes de détente, calées sur les vacances parlementaires. Lesquelles se partagent selon une trilogie rituelle : Brégançon, Cajarc et Orvilliers, à laquelle s'ajoute la Bretagne.

Le fort de Brégançon, dans le Var, est en quasi-déshérence, le Général séjournant essentiellement entre Paris et Colombey.

Claude, toujours attirée par les nouvelles demeures, entreprend donc la rénovation du fort, fait remanier les appartements et les décore de meubles de Pierre Paulin. Fauteuils modernes en cuir blanc et tables en Plexiglas voisinent avec sculptures abstraites, bois africains et aciers scandinaves. Un style contemporain, sobre mais confortable, est adopté par le couple présidentiel qui va profiter, dès 1970, de cette résidence d'été dont les dépendances sont aménagées pour recevoir famille et amis.

Claude et Georges se rendent à Saint-Paul-de-Vence pour rencontrer Aimé Maeght [1] et sa femme

1. Aimé Maeght (1906-1981). Collectionneur d'art contemporain, marchand et éditeur d'art, il est aussi graveur et lithographe. Pupille de la nation, il s'installe à Cannes en 1927 comme ouvrier imprimeur et y rencontre Marguerite Devaye, dite « Guiguitte », pétillante Cannoise de dix-sept ans qu'il

« Guiguitte », couple de talent qui y a créé une fondation dédiée à l'art moderne. Leur visite de l'exposition Giacometti en 1972 sera souvent reprise dans les rétrospectives les concernant, tant elle illustre la passion de mes parents pour l'art contemporain.

Georges convoque les journalistes dès le premier jour de vacances, de manière à préserver son intimité par la suite. Ainsi, sur le piton rocheux de Brégançon, n'est-il pas importuné. Il peut lire, déclamer dans le jardin ses auteurs préférés, travailler ses discours et préparer ses conférences de presse. Il peut également prendre le temps de réfléchir sur le passé et anticiper l'évolution de la société. C'est à cette époque qu'il entame la rédaction de ses Mémoires. Il travaille vite tout en ménageant du temps pour les distractions qu'imagine Claude.

La marine a mis à leur disposition une vedette qui permet d'effectuer des excursions en mer, souvent à Porquerolles. Claude se baigne au large des côtes. La

---

épouse en 1928. Pragmatique et mesurée, elle accompagnera son parcours exceptionnel, permettant la réalisation de ses rêves artistiques. En 1932, Aimé ouvre l'imprimerie Arte. Il rencontre Bonnard et Matisse. Pendant la Seconde Guerre mondiale, le couple accueille chez lui des artistes et poètes venus se réfugier en zone libre. La galerie Maeght, inaugurée le 6 décembre 1945, crée l'événement grâce à l'exposition Matisse et préfigure la galerie parisienne qui exposera les meilleurs et les plus grands artistes de l'époque. Aimé édite également *Derrière le miroir* et des revues de poésie. Il crée en 1964 la Fondation Maeght à Saint-Paul-de-Vence, près de Nice, dédiée à l'art moderne et contemporain.

famille et les amis se pressent, l'ambiance est détendue, la table excellente.

Là-bas, ma mère retrouve une forme de liberté. Bien que privée de Saint-Tropez, elle en reçoit des comptes rendus détaillés par les invités qui reviennent avec les dernières collections de chez Choses, la boutique tropézienne à la mode. Ils colportent également les « potins » qui alimentent cette société parisienne à laquelle elle n'a plus directement accès.

Des liens se sont tissés avec le grand-duc de Luxembourg Jean et son épouse Joséphine-Charlotte qui occupent, en famille, la « Reine Jeanne », propriété voisine du fort entourée de vignes et donnant sur la plage de Cabasson.

Le dimanche, la messe à l'église Saint-Trophyme de Bormes-les-Mimosas est une tradition. Le couple présidentiel est ovationné par les habitants mêlés aux touristes. Ce bain de foule, bon enfant, réjouit Claude et Georges. Ils retrouvent à Bormes l'ambiance de la Provence et, en voiture, lors de déplacements dans le voisinage, les alentours de Marseille qu'ils ont tant aimé. Malgré tout, le fort de Brégançon reste un poids pour Claude : « On ne peut pas passer des vacances dans ce décor : c'est comme si on avait mis l'Élysée au bord de la mer (13) ! » témoignera-t-elle.

À Cajarc, en revanche, Claude se sent plus libre. Elle monte à cheval, surveille l'agnelage des moutons de Pâques. La famille est présente mais l'installation lui permet aussi de recevoir des invités de marque, qui apprécient l'existence sur le Causse, grandement facilitée par un personnel fourni. Auteurs, artistes, poètes, et hommes d'affaires se succèdent. Le violoncelliste Mstislav Rostropovitch « Slava » pour les intimes et son épouse Galina y séjournent à plusieurs reprises, ainsi que les peintres Martial Raysse, Guy de Rougemont. Également les frères Gall, accompagnés de Philomène Toulouse qui deviendra princesse d'Arenberg par son mariage rompu, hélas, au bout de quelques années. Christian Bourgois, l'éditeur et sa compagne, amie de Claude, Jacqueline de Guitaut dont la famille possède le château d'Époisses, viennent aussi y passer des week-ends.

Les dîners – animés – dans le pigeonnier se déroulent autour d'une table dressée avec des étains anciens et des assiettes au décor régional du siècle précédent. Devant le feu de cheminée – parfois il fait frais –, on parle sans fin du Quercy, des prochaines excursions, des grottes préhistoriques. On évoque André Breton à Saint-Cirq-Lapopie proche de quelques kilomètres. On est sur une autre planète.

Le lendemain, avant onze heures, chacun se retrouve autour de la piscine pour nager, prendre le soleil et discuter de l'actualité, après avoir lu la presse. Le déjeuner est servi dehors, à même de grandes roues de moulin couchées sur un pilier et faisant office de tables.

Les paysans du voisinage viennent pour le café.

Claude, ici, est épanouie, Georges détendu. Photographes et journalistes sont, là encore, convoqués le premier jour. Ils réalisent d'excellents reportages, notamment autour des mines de phosphate où l'on voit Claude retenir Georges par la manche parce qu'il s'approche trop du bord escarpé qui lui donne le vertige, mais également en compagnie des agneaux autour de la bergerie.

Comme j'occupe la maison voisine, nous venons souvent voir mes parents, auxquels nous laissons les enfants : Thomas, Romain et Yannick les ravissent. Claude est prête à modifier son emploi du temps pour mieux profiter d'eux. Nous savons, ma femme et moi, que les garçons seront gâtés. Le soir, une bonne soupe et un peu de fromage blanc suffiront largement à les nourrir.

Bertie Schramm se fait prier pour venir, même en voisin, mais ne résiste pas longtemps à la perspective des parties de cartes avec mon oncle Castex qui se prolongent tard dans la nuit alors que Claude et Georges se sont déjà retirés.

Le dimanche, la messe est à nouveau l'occasion d'un bain de foule parmi les habitants et les curieux de passage.

Troisième pilier estival, Orvilliers est le cadre de vacances plus tranquilles. Mes grands-parents ont disparu, leurs contemporains aussi. La maison est rénovée, redécorée, des toiles modernes ornent le salon parmi quelques objets en bois anciens, dont une statue de saint Georges terrassant le dragon offerte par Claude. Mon père a pu agrandir le jardin. Comme sa femme, il a la passion des roses et fait venir du Val de Loire des pieds solides qui, près de cinquante ans plus tard, fleurissent encore. Ma mère s'ennuie un peu mais, aux beaux jours, elle profite du jardin et des rosiers. Contrairement à Cajarc ou à Brégançon, pas de bain de foule au sortir de la messe dominicale à laquelle ils assistent régulièrement. C'est sans doute à Orvilliers que Georges approfondit ses convictions religieuses et Claude conforte les siennes.

La Bretagne, quant à elle, est une thérapie. Claude estime, à juste titre, le climat breton vivifiant pour son mari. Pendant l'été 1971, ce dernier est déjà soumis à de faibles doses de cortisone. L'air de la mer, les menus à base de crustacés et de poisson frais auront sur lui un effet bénéfique. Ils décident donc de retourner dans ce manoir fouesnantais du XIXe siècle (Ker Naeret : le nœud de vipère) que Claude avait loué lorsque Georges était Premier ministre. Sa tour élevée donne un aperçu sur la mer et l'archipel des Glénans. Le domaine est suffisamment isolé pour que la sécurité soit assurée sans encombre.

Néanmoins, un incident survient. La propriété est entourée d'un cordon de gendarmerie mais tenu à distance : Georges a demandé à le voir le moins possible afin de laisser à Claude une impression de liberté. Les gendarmes ne doivent pas pénétrer sur l'immense pelouse qui s'étend devant le manoir. Un jour, nous déjeunons dehors lorsque surgit un individu curieusement habillé. L'homme a franchi la ligne de sécurité mais, pour respecter les consignes, les gendarmes l'ont laissé passer, pensant qu'il serait intercepté par les inspecteurs ! C'est ce qui allait se produire lorsque Claude reconnaît l'intrus. Il s'agit en fait du célèbre clown Achille Zavatta, qu'elle invite à prendre le dessert en famille…

En vérité, nous séjournons avec plaisir dans cette résidence bretonne où nos enfants font le bonheur de leurs grands-parents. S'il pleut, on joue aux cartes, on lit ou on écoute de la musique. Par beau temps, Claude et Georges apprécient la plage et les bains de mer, la pêche aux crevettes ainsi que la marche le long des dunes. Mon père est en tout cas transformé par ce séjour simple et reposant, agrémenté de plusieurs sorties en mer sur l'*Arnil*, le bateau de Michel Bolloré, qui réside l'été avec son épouse Monique à Beg-Meil dans la propriété de famille située à quelques minutes. Les pêches aux Glénans sont fructueuses, les soirées en compagnie du couple Bolloré animées. Michel, Breton enragé et gaulliste de la première heure, ami des Lazareff, ne tarit pas d'histoires bretonnes et parisiennes. Claude et Monique – lectrice chez Gallimard – parlent littérature.

Avant de rentrer à Paris, mes parents font un détour à la pointe de l'Arcouest, dans les « Côtes-du-Nord ». Ils sont invités chez les Bettencourt, dans leur propriété de famille qui surplombe la mer. André, ministre du Plan, forme avec son épouse l'un des couples parisiens les plus en vue de l'époque. Claude et Liliane rivalisent d'élégance et d'humour dans les soirées officielles.

Françoise, leur fille, est passionnée de musique baroque qu'elle aime interpréter au piano. Dans ses souvenirs, mes parents occupent une jolie place : « Encore adolescente, je suis impressionnée par les préparatifs destinés à recevoir le président : une ligne téléphonique spéciale est difficile à mettre en place entre l'Élysée et l'Arcouest. À l'arrivée de nos hôtes, tel que mes parents me l'avaient recommandé, je salue Georges Pompidou avec respect : "Bonjour Monsieur le président." – "Chère Françoise, appelez-moi Georges, c'est beaucoup plus simple." Je suis confuse et ravie à la fois. Mes parents font découvrir avec fierté les meubles de Ruhlmann, acquis dans les années trente par mon grand-père, Eugène Schueller. Ce sont des pièces rares et exceptionnelles. La chambre des invités est décorée d'un lit en forme de bateau. Claude commente : "C'est rigolo [1] !" » Sans doute ma mère s'amusait-elle de cette découverte dans une résidence située sur la côte bretonne ?

Le lendemain est occupé par une excursion en bateau autour de l'île de Bréhat : « Les journalistes sont avides de reportages, poursuit Françoise, le président en tenue décontractée, avec un de ses ministres, une aubaine ! Georges, l'œil toujours aux

1. Témoignage personnel de Françoise Bettencourt Meyers à l'auteur.

aguets, ordonne : “Tout le monde à plat ventre !” Quelle aventure ! Aucun cliché n'a pu être diffusé. Mes parents sont rassurés. Cette invitation privée était purement amicale. »

D'autres photos prises par un journaliste de *Paris Match* sont évocatrices de ce moment de détente dans un lieu privilégié.

C'est donc un séjour exceptionnel qui clôt ces vacances bretonnes. Claude est radieuse, Georges remis sur pied. De quoi reprendre leurs fonctions respectives à l'Élysée avec encore plus d'énergie et de maîtrise.

Ces week-ends ou ces vacances sont, pour ma mère, l'occasion d'alléger le fardeau qui pèse sur son mari. Douée de l'art d'animer les journées et de les rendre agréables, elle est d'autant plus heureuse qu'elle se retrouve maîtresse de son temps.

Les choix de Georges, quant aux amis, aux excursions, au déroulement des journées ou aux livres à lire et aux disques à écouter, ne sont pas vécus comme une contrainte, mais un plaisir retrouvé. Jamais elle ne va se montrer aussi épanouie et rayonnante que durant ces périodes de congés au cours desquelles la vie publique se voit momentanément mise entre parenthèses.

En fait, Claude tient à donner d'elle-même, mais sans s'effacer et en usant de son influence. Son indépendance trouve à s'exprimer dans des choix naturellement complémentaires de ceux de mon père. Leur relation est complice et non contrainte, les vacances sont propices à cette forme de bonheur qui caractérise en grande partie la vie à deux comme un facteur d'attachement mutuel, vécu de façon intense.

Chapitre V

Épreuve et détermination : 1972-1974

Face à la maladie

Passé l'hiver, à Pâques, à Cajarc, mon père est victime d'un coup de froid lors d'une visite du troupeau dans la bergerie. Le temps est beau mais un vent frais s'engouffre entre les ouvertures. Georges veut tout voir, discute avec le berger, se concerte avec Claude et, au retour, un grand feu réchauffe la salle à manger. Mais sans doute est-ce trop tard…

Le lendemain, il est alité avec une forte fièvre. Le médecin local est appelé. Rasé de frais, le chapeau sur la tête, le Dr Arjac observe mon père d'un regard circonspect, puis ausculte. « Madame, c'est un début de congestion pulmonaire. Votre mari doit rester au chaud. Quelques antibiotiques feront l'affaire, mais il vaut mieux associer des cataplasmes et prendre de la “piloselle” pour améliorer la respiration. Surtout ne pas sortir et annuler tous les rendez-vous pendant quatre jours. »

La prescription est efficace, mais le bruit court que le président est retenu à Cajarc par « un refroidissement ».

À Paris, son médecin personnel, le Dr Jean Vignalou [1], averti, demande un examen de sang. Il cherche, comme à l'ordinaire, une anomalie des protéines et, cette fois, détecte cette « macroglobuline », responsable de la maladie décrite, dès 1944, par le médecin suédois Jan Waldenström [2]. Aussitôt, il est fait appel au Pr Jean Bernard pour obtenir confirmation et définir la marche à suivre : le traitement par faibles doses de cortisone est complété par un anti-métabolite léger, le chloraminophène.

Le médecin généraliste se concerte avec son confrère hématologue. Et il ressort de leur analyse que l'origine de la maladie est inconnue, qu'il n'existe aucun traitement spécifique et que l'évolution s'avère, à l'époque, incertaine [3]. Si le chef de l'État,

1. Jean Vignalou. Médecin interniste, chef de service à l'hôpital d'Ivry et professeur au collège de médecine des hôpitaux.

2. Jan Gösta Waldenström (1906-1996). Médecin suédois qui fut le premier, en 1944, à identifier le stigmate de la maladie qui porte son nom. La maladie de Waldenström se traduit par un envahissement progressif de la moelle osseuse par des cellules qui favorisent la sécrétion de la protéine anormale destructrices des éléments nobles.

3. À l'époque, personne ne sait qu'il existe deux formes de la maladie. L'une, d'évolution lente, peut durer plusieurs dizaines d'années (elle nécessite de très faibles doses de cortisone dépourvues d'effets secondaires). L'autre, d'évolution rapide, est rebelle au traitement. Elle emporte le malade en quelques années. C'est de cette seconde forme que Georges Pompidou

doté d'une intelligence rare, est à la fois rationnel et émotionnel, comment lui expliquer une telle ignorance sans risquer de se déjuger et de perdre sa confiance ? Les médecins décident alors d'évoquer seulement une « insuffisance de la moelle osseuse » contrôlée par un traitement peu agressif. « Il n'y a aucune raison de l'alarmer », confirme le Dr Vignalou. Les praticiens me conseillent de ne rien dévoiler à ma mère, sinon que la maladie est sous contrôle. Et me demandent d'assurer le soutien psychologique. Soit, mais encore ? Il s'agit de leur faciliter la tâche dans leurs relations avec le président : je dois être le premier à connaître les résultats des examens de sang, puis les présenter à mon père comme le reflet d'une évolution naturelle et tenir ma mère informée succinctement. Mes confrères se réservent l'adaptation du traitement à partir des éléments au sujet desquels j'ai fourni les explications préliminaires.

Non seulement ce scénario fonctionne, mais mon père va garder jusqu'au bout une confiance absolue dans ses médecins. Fort d'un optimisme naturel et d'une solide constitution, il accepte mes explications

---

est atteint, mais il était impossible, alors, d'en avoir la certitude en raison de l'absence d'éléments prédictifs. D'autre part, dans les années soixante-dix, les médecins français n'informent pas le patient d'une maladie incurable puisqu'il n'existe pas encore de traitement efficace. C'est seulement vingt ans plus tard que, grâce à l'efficacité de traitements agressifs, il deviendra nécessaire d'obtenir la collaboration du malade et le soutien de la famille. Cette percée médicale imposera d'expliquer la nature du mal, le traitement suivi et la surveillance de son évolution.

et se plie aux prescriptions faites. En dehors des périodes d'infections qui réveillent son inquiétude latente, ma mère s'efforce, elle, d'occulter l'existence de cette maladie au nom bizarre dont elle ne parvient pas à cerner les contours.

Le mal progresse, l'augmentation des doses de cortisone favorise l'appétit et donc l'embonpoint : la « bouffissure » du visage apparaît, chacun le perçoit mais personne ne pense que l'évolution va être aussi rapide. Les grippes, bronchites et autres infections pulmonaires se succèdent. Les communiqués médicaux officiels sont donc tous exacts, mais incomplets.

Un jour, le taux des plaquettes sanguines est si bas, après une période tendue et éprouvante, que mon père manifeste son inquiétude et s'assied devant moi, effondré : « Je suis foutu ! », s'écrit-il. Je réponds que le traitement va le remettre sur pied rapidement. C'est ce qu'il voulait entendre.

Il reprend alors ses activités avec détermination, tandis que Claude s'applique à ne rien laisser paraître. Elle joue son rôle officiel et cherche ce qui peut soutenir le moral de son mari – livres de collection, nouveaux disques de musique contemporaine –, sans doute pour mieux dissimuler son inquiétude. Un soir, elle me prend à part : « Il ne faut rien me cacher, j'ai besoin de savoir. » Mentant délibérément, je lui réponds : « Tu peux compter sur moi. » C'est à ce prix que j'obtiens sa confiance. Ma mère fait face, une fois de plus.

Georges assure pleinement ses fonctions, ne se plaint de rien sinon de la lassitude que lui occasionne la fougue de son Premier ministre, Jacques Chaban-Delmas, toujours enclin à annoncer des mesures qui n'ont pas fait l'objet d'une concertation préalable suffisante avec lui.

« Chaban voulait aller trop loin et trop vite, déclarera de son côté ma mère. C'était le contraire du tempérament de mon mari, mais il l'aimait bien (28). » Néanmoins, ce Premier ministre vif argent perturbe le fonctionnement des institutions de la Ve République. Georges décide donc de le remplacer, en juillet 1972 par Pierre Messmer. « Il sera étonné, mais j'ai besoin, auprès de moi, d'un homme totalement loyal », me dit-il. De fait, mon père est soulagé.

Claude tente de mettre à profit les courts séjours à Cajarc et même, pendant l'hiver 1972, à la montagne, à Auron, derrière Nice, pour permettre à son mari de bénéficier du « grand air ». C'est dans cette station qu'en 1950 nous avions eu notre premier contact avec les sports d'hiver. Elle insiste auprès de mon épouse pour pouvoir emmener notre petit Thomas avec eux. Nous considérons que sa présence peut faire diversion dans ce contexte d'inquiétude latente. Il a trois ans, sa gaieté et son insouciance leur procureront une parenthèse heureuse dans une période contraignante.

Le 12 juillet 1973, Georges écrit à Robert Pujol : « Rien n'est simple pour moi, qui suis tantôt un paquet qu'on promène, bon gré mal gré, tantôt, et le plus souvent un homme débordé. Dire que je regrette mon destin serait absurde mais j'aimerais des entractes et je n'en ai jamais. Claude, à vrai dire, le supporte encore plus mal que moi-même. Elle souffre des attaques des journalistes à mon sujet alors qu'elles me laissent tout à fait indifférent (29). » Mon père s'inquiète plus pour son épouse que pour lui-même, marquant son profond attachement à celle qu'il a toujours voulu protéger et qui le lui rend bien.

Les voyages présidentiels sont devenus, pour ma mère, une source de tension permanente, d'autant qu'elle y est réduite à l'inaction en raison des contraintes protocolaires. Elle fait donc en sorte de ne pas accompagner son mari, se sentant plus un fardeau qu'un réconfort.

Elle ne le suit ainsi ni à Reykjavik en Islande, pour la rencontre avec Richard Nixon du 30 mai au 1er juin 1973 – le président dissimule derrière une large écharpe le bas de son visage, épaissi par la cortisone –, ni à Pékin, en septembre 1973 où, après trois entretiens denses avec Chou En-laï, il rencontre Mao, lui-même en mauvaise santé. « Nous avons évoqué nos difficultés personnelles », me confiera mon père au retour.

Elle n'ira pas davantage à Pitsounda, en Géorgie, pour les entretiens avec Leonid Brejnev, le 13 mars 1974, séjour durant lequel mon père doit faire face à une douloureuse crise hémorroïdaire. Mais, quelles que soient les circonstances, le verbatim des entretiens fait apparaître combien le président défend avec fermeté la position de son pays sans faire de concessions. La deuxième édition de la biographie d'Éric Roussel qui lui est consacrée est édifiante à cet égard (33).

En vérité, Claude considère que les collaborateurs du président devraient alléger ses agendas et lui ménager des périodes de repos, mais elle évite de rendre leur rôle encore plus difficile. Édouard Balladur, secrétaire général de l'Élysée, est en relation quotidienne avec le chef de l'État. Sa position n'est pas simple puisqu'il n'est informé par les médecins ni du diagnostic ni de l'évolution médicale. Au cours des derniers mois passés auprès du président, c'est lui qui doit faire face à ce qu'il qualifiera de *Tragédie du pouvoir* dans un ouvrage édité en 2014 (2).

Bien que fille de médecin, Claude a par ailleurs le tact de considérer qu'elle ne fera pas mieux que l'infirmière de l'Élysée, Mademoiselle Azeglio, femme intelligente et dévouée. Attentive au moindre détail, ma mère fait confiance au médecin du président qui sait se rendre disponible aussi souvent que nécessaire. Sa compétence, son calme, son dévouement sont rassurants. Devant prendre régulièrement de la cortisone, Georges devient facilement irritable. Claude se fait alors un devoir de s'adapter et s'emploie à rassurer chacun autour d'elle, minimisant les commentaires des amis et des entourages. Cette période est éprouvante pour moi et exténuante pour elle. Dans un contexte où nous n'abordons pas l'évolution de la maladie, il nous est impossible de nous apporter le moindre soutien mutuel.

Ma mère s'évertue d'autant à ne rien laisser paraître que Georges manifeste une confiance absolue en ses médecins et en son fils. Et, surmontant la douleur, il travaillera avec ardeur jusqu'à la veille de sa mort, comme l'attestent les nombreuses annotations manuscrites des documents qui lui sont transmis pendant les derniers mois.

Le 8 février 1974, mon père me fait porter, sous enveloppe cachetée, un petit mot, écrit à la hâte entre deux rendez-vous.

« Mon Alain,

« Il vaut mieux que tu ne passes pas me voir en allant à la faculté. Il y a des "observateurs". S'ils te voient trop souvent, ils en concluront que c'est toi qui me suis sur le plan médical et, dès lors, tu seras surveillé, embêté et même, à l'occasion, suivi (29)... »

Son principal souci est de protéger les siens. Le nôtre, de lui donner l'impression que nous ne remarquons pas l'aggravation de son état. Claude n'évoque pas son inquiétude grandissante et, moi, je m'en tiens rigoureusement aux instructions des médecins, sans m'évertuer à présenter à ma mère une version dont elle ne serait pas dupe. Le scénario du « non-dit » fonctionne parfaitement.

De constitution solide, le président fait face. Il domine la douleur, refuse de se laisser envahir par l'inquiétude et considère qu'il va pouvoir passer le cap et reprendre ses activités, même si elles sont de plus en plus restreintes.

Un communiqué officiel du 21 mars 1974 fait état d'une « lésion bénigne d'origine vasculaire, située dans la région ano-rectale et hyper-algique par intermittence ».

Quelques jours plus tard, le Conseil des ministres du 27 mars 1974 est retranscrit mot pour mot par Édouard Balladur [1]. Le président confie aux ministres, pour la première fois : « À l'heure actuelle, ma vie n'est pas agréable, ni physiquement ni moralement. Bien que je ne lise pas trop la presse et, d'ailleurs, je m'en trouve fort bien, je sais beaucoup de choses. Situation absurde où si on ne dit rien on dit "quel silence", si on dit quelque chose, "que de commentaires" [...]. Je voudrais que les ministres comprennent que je ne suis pas tous les jours heureux : cela n'a rien de dramatique. Ça finira. S'ils sont interrogés, ne pas répondre : "le président est en pleine forme." Dire que toute question est indiscrète [...]. Il faut comprendre les réalités, qui ne sont pas ce qu'on donne à entendre. Cela étant, je ne gambade pas... Alors, on verra bien. J'ai le ferme espoir d'embêter tout le monde (2-29). »

Le chef de l'État se refuse à désigner un successeur comme certains ont le mauvais goût de l'en presser. Son seul objectif est de maintenir la présence du

1. Après une analyse détaillée de la situation internationale et des instructions précises données aux ministres, notamment sur la position à adopter vis-à-vis des États-Unis (33), le discours devient pathétique.

gaullisme, donc de rester en place le plus longtemps possible ; non pour lui-même, mais pour se poser en rempart vis-à-vis d'ennemis politiques prêts à s'engager dans la course à l'Élysée.

L'amour perdu

C'est dans ce contexte politique tendu, aggravé par les ennuis médicaux, que Claude et Georges décident de partir pour Orvilliers, en fin de semaine, le vendredi 29 mars 1974. Ma mère écrit : « Le samedi, on faisait des projets pour Pâques à Cajarc (28). » Hélas, dans la soirée du dimanche, les douleurs s'accentuent au point que je reste incapable de les soulager. Pour la première fois, Claude doit aller dormir dans une autre chambre. Le lendemain matin, à dix heures, alors que nous devons nous retrouver pour le petit déjeuner, mon père n'apparaît pas. Incapable de se lever, il est atteint d'une forte fièvre.

Le médecin arrive de Paris toutes affaires cessantes. Il évoque une septicémie déclarée pendant la nuit. Il doit organiser un transport rapide vers le quai de Béthune car mon père est suffisamment lucide pour refuser l'hospitalisation. Il fait appel à l'équipe d'infectiologues du Pr Raymond Bastin [1], lequel avait

1. Raymond Bastin (1914-2013). Professeur de clinique des maladies infectieuses, membre puis secrétaire perpétuel de l'Académie de médecine.

déjà, à plusieurs reprises, jugulé des infections successives.

Une surveillance étroite est organisée au domicile parisien. L'après-midi, le diagnostic est clair : il s'agit d'une septicémie foudroyante, résistante aux antibiotiques. Une molécule récemment mise au point est utilisée en perfusion. Elle reste sans effet. La fièvre, élevée, persiste.

Édouard Balladur passe une grande partie de la nuit du lundi quai de Béthune et repart au petit matin. De mon côté, je n'ai pas quitté l'appartement. Laissant les médecins s'affairer autour de son mari affaibli, Claude n'a pas dormi. Elle passe un moment avec lui. Lui-même est conscient mais en proie à des douleurs de plus en plus vives. « Que vas-tu devenir ? », interroge Georges, avant d'ajouter : « Alain est là. » Ma mère ne répond rien mais va se réfugier dans le petit bureau du fond de l'appartement. Bien qu'isolée et dépourvue de tout moyen, elle tient à obtenir des précisions. Comme des mois auparavant, elle réitère auprès de moi son souhait de connaître l'issue.

« Je dois savoir, car je veux me préparer », me dit-elle. Je réponds : « Je pense qu'il y a peu d'espoir, les médecins se trouvent devant une infection rebelle à tout traitement. » Obstinée, elle refuse, encore, de voir la réalité en face.

En fin de matinée du mardi 2 avril, Édouard Balladur est revenu. Il a un court entretien avec le président pour organiser les jours à venir. Pierre

Juillet [1] lui succède, la canne à la main, une serviette usée en cuir marron sous le bras. Il évoque un document qu'il doit, de toute urgence, porter à la connaissance du président. Je résiste, il insiste. J'accède, malgré moi, à la chambre de mon père. Bien que cloué sur un lit de douleur, celui-ci est conscient.

« Pierre Juillet est là, il souhaite te parler, c'est urgent. »

Le président retrouve un moment de fermeté :

« Dis-lui que je suis dans les mains des médecins, dans deux jours ça ira mieux. Je vais partir à Cajarc, je le verrai dès mon retour. »

Je communique la réponse à Pierre Juillet, qui quitte le quai de Béthune sa serviette contenant le document dans une main, sa canne dans l'autre.

Malgré la fièvre et la douleur quasi insupportable, Georges s'en remet aux infectiologues affairés autour de lui et au Dr Vignalou qui tente de le réconforter, refusant de laisser paraître son émotion.

La souffrance devenant de plus en plus aiguë, les médecins conseillent à ma mère de venir auprès de son mari. Lorsque je lui annonce son arrivée, je vois son visage se détendre : il sourit. S'appliquant à masquer son désespoir, elle lui prend la main. Georges vit alors un moment d'apaisement, heureux de ce court instant auprès de l'être aimé.

---

1. Pierre Juillet (1921-1999). Proche conseiller de Georges Pompidou.

Puis Claude se retire, bouleversée.

Mon père exténué finit alors par s'assoupir. Il perdra définitivement conscience quelques heures plus tard.

*

Les médecins se concertent. Ils ont rédigé un communiqué, que voici : « Le président était atteint de la maladie de Waldenström (macroglobulinémie). Après qu'il l'eut longtemps bien supportée, elle s'est récemment compliquée d'accidents infectieux. Le 31 mars s'est déclarée une infection générale grave, hautement fébrile, qui a causé sa mort [1]. »

J'informe Claude du contenu de ce texte. Elle fait irruption dans le salon. Bien qu'elle se soit, jusqu'à présent, gardée de toute relation avec les spécialistes, elle fait valoir que « personne ne comprendra ce nom imprononçable » (ce sont ses termes) et exige le respect absolu du secret médical. Les médecins ne peuvent que s'incliner.

Édouard Balladur, secrétaire général de l'Élysée, rédige un communiqué officiel annonçant le décès du président de la République sans rien mentionner de plus.

Le rituel sinistre qui entoure la mort se met en place.

---

1. Archives personnelles de l'auteur.

Chacun a pu observer les changements de visage et de contenance du président, mais la presse française, par respect, est restée discrète. L'annonce de la mort du chef de l'État va dès lors prendre tout le monde de court.

À vingt-deux heures quinze, le 2 avril 1974, l'émission télévisée « Les Dossiers de l'écran » est interrompue : Philippe Harrouard annonce : « Le président de la République est mort. » Les Français sont saisis d'émotion.

Quarante ans plus tard, en 2014, la plupart des personnes que j'ai rencontrées à l'occasion de la publication de la correspondance de mon père m'ont rappelé, quel qu'ait été leur âge à l'époque, que cette disparition avait été pour eux et leur famille un choc brutal.

Claude souhaite pouvoir trouver en elle-même la force nécessaire pour affronter les obsèques. Elle me demande donc d'accueillir les personnalités qui viennent se recueillir quai de Béthune. Elle tient néanmoins à exprimer personnellement à Édouard Balladur et à son épouse sa reconnaissance pour leur fidélité sans faille à son mari. Il en est de même pour Jacques et Bernadette Chirac auxquels elle marque son attachement et son affection.

Le jeudi 4 avril, la cérémonie religieuse a lieu à Saint-Louis-en-l'Île. Elle sera, selon les vœux de mon père, célébrée en grégorien : les moines de l'abbaye de Solesmes sont autorisés à se déplacer exceptionnellement pour l'occasion. Ma mère est en grande tenue de deuil. Je suis assis à côté d'elle, notre famille nous entoure. Le gouvernement, les collaborateurs et mes amis sont présents auprès de nous. Et nous partons à Orvilliers en petit comité pour l'enterrement qui se déroule dans le recueillement en toute simplicité.

Aussitôt après la mort de son mari, ma mère reçoit de nombreux témoignages de soutien, de tristesse et de fidélité. Madame de Gaulle, dans sa lettre de condoléances du 3 avril 1974, résume en une phrase l'état d'esprit général : « Je savais votre mari très malade mais, le voyant poursuivre sa tâche courageusement, l'on ne s'attendait pas à le voir nous quitter déjà [1]. » Elle sera particulièrement sensible à cette lettre de l'épouse du Général, à celle de son fils, l'amiral, et de sa fille, Élisabeth, avec laquelle des relations amicales seront maintenues, de même qu'avec son mari, le général de Boissieu, qu'elle fréquente depuis 1945.

Le 6 avril, ni ma mère ni moi n'assistons à la messe solennelle à Notre-Dame qui rassemble, outre les chefs d'État et de gouvernement, les Parisiens et de nombreux fidèles venus de toute la France. En effet, dès le lendemain de l'inhumation à Orvilliers, elle décide de quitter Paris pour Cajarc où nous la rejoignons en famille. Plusieurs jours elle reste muette, terrassée par la douleur. « J'étais comme si une

1. Archives personnelles de l'auteur.

bombe m'était tombée sur la tête (13) », dira-t-elle plus tard.

Quelques jours après, le dimanche de Pâques précisément, en nous promenant sur le Causse, nous découvrons qu'un champ de jeunes noyers plantés par mon père est recouvert de fleurs bleues, blanches et rouges… Ce souvenir, précis dans ma mémoire, est-il un rêve, une réalité, la réminiscence d'un songe plus ou moins éveillé, je l'ignore mais l'image ne cesse d'être en moi.

Ma mère ne retournera jamais à l'Élysée, à ses yeux et pour toujours « la maison du malheur (13) ».

Une autre vie l'attend désormais. Une autre vie dans laquelle elle restera à jamais fidèle à la mémoire de celui auquel elle s'était attachée, par amour, dès leur première rencontre.

CHAPITRE VI

Besoin d'avenir : 1974-1986

Chagrin et premiers combats

Président, mon père avait ressenti la fameuse « solitude du pouvoir » tandis que ma mère, toujours très entourée pendant cette période, n'avait jamais eu à en souffrir.

Après la disparition de son mari, tout est bouleversé.

Sur ma proposition, Jacques Chirac fait baptiser du nom du président défunt la voie sur berges dont il avait décidé le tracé. Mais cet hommage est loin de pallier l'absence du compagnon qui rythmait son quotidien. Claude se retrouve seule.

« Après la mort de mon mari, ma vie fut un naufrage (13-19)… » confiera-t-elle.

Un séjour en famille, en Vendée, lui permet de découvrir le Marais poitevin, la « Venise verte » ainsi que les buis taillés de Fontenay-le-Comte. À Paris, plutôt que de s'étourdir en compagnie de ses amis, eux-mêmes frappés par cette disparition brutale, elle décide de rentrer en elle-même. Elle puise son énergie dans la lecture de ses auteurs préférés (Proust, Diderot, Tolstoï et Claudel) plus que dans l'évocation du passé.

La prière va l'aider à surmonter son désarroi. « C'est au collège des Ursulines que, dans mon enfance, j'ai acquis l'esprit religieux qui ne m'a jamais quittée. [...] Je suis l'éducation religieuse et j'en garde la marque, profondément. Je prie beaucoup. [...] La prière apporte libération et réconfort : c'est une aspiration et une élévation de l'âme (27-28-35). »

Pendant ces mois de solitude intérieure, elle se remémore sa grand-mère, digne et isolée. Elle lui répétait cette leçon qu'elle n'a jamais oubliée : « S'attacher à ne pas être autre chose que ce que l'on est mais l'être pleinement, honnête vis-à-vis de soi et des autres (35). » Ce conseil sera repris par Madame de Gaulle dont l'éducation était, somme toute, comparable à celle de sa grand-mère.

Ces modèles l'aident à recourir aux forces intérieures qu'elle avait mises en sommeil au cours d'une vie publique bien remplie avant cette lourde épreuve morale.

Claude n'est pas d'un naturel à se laisser aller. Après la période de deuil, sans retrouver encore tout son dynamisme, elle reprend des forces : « D'où l'importance, pour tout être humain, de se donner des buts très tôt, de les poursuivre avec acharnement sans jamais rien renier de sa morale, sans se laisser détourner par les facilités du temps, ni décourager par les inévitables contrecoups du sort (28). »

Elle se souvient du complot ourdi contre son mari à travers elle. Avec le recul, elle parvient à en surmonter les conséquences sans les effacer. « Je connus l'expérience de la mauvaise foi, de la méchanceté et même de la calomnie avec une double impression d'injustice et d'impuissance… Je ne crois pas avoir jamais nourri de sentiment de rancune ou de haine, mais il m'est parfois arrivé d'être révoltée (28). »

Elle n'aura pas à attendre longtemps pour devoir réagir. Michel Guy [1], secrétaire d'État à la Culture, prend pour directeur de cabinet un jeune diplomate dont elle savait qu'il s'était mal comporté pendant l'affaire Markovic : l'homme avait été de ceux qui colportaient dans Paris des propos désobligeants à son égard. Elle n'aura de cesse de demander sa démission auprès du ministre qui ne voudra rien entendre. Devant l'insistance de ma mère, il finit par lui lâcher un jour : « Ma chère Claude, il va falloir vous y habituer : quand on n'y est plus, on n'y est plus. » Le

1. Michel Guy (1927-1990). Féru de chorégraphie, le président Pompidou lui confie la direction du « Festival d'automne », manifestation réputée pour la promotion de la danse. Il marque son attachement aux Pompidou au point d'acheter en 1964 une bastide à Prajoux sur le Causse de Cajarc. Propriétaire d'une importante entreprise familiale d'horticulture, il fournit l'Élysée. Après le décès de mon père, il s'engage en faveur de l'élection de Valéry Giscard d'Estaing avec lequel il entretient des relations personnelles qui aboutissent à sa nomination comme secrétaire d'État à la Culture de 1974 à 1976.

ministre tentera néanmoins de se faire pardonner en doublant le budget du futur Centre Pompidou : ainsi va la vie…

Pour Claude, il faut désormais exister par elle-même.

D'un point de vue matériel, elle n'est pas dans le besoin. Son statut de « veuve de président » lui permet de disposer d'un appartement de fonction et de deux personnes à son service, à Paris comme à Orvilliers. Elle se voit aussi attribuer un véhicule, deux chauffeurs et deux inspecteurs de police affectés à sa sécurité : Claude Pompidou ne passe pas inaperçue, même en voiture, et les manifestations de sympathie n'excluent pas des réflexions désobligeantes parfois même agressives.

Ma mère s'implique personnellement dans l'édition d'un ouvrage que son mari avait rédigé dès la fin des événements de Mai-68 : *Le Nœud gordien* (23). Il sera publié le 31 mai 1974. Analyse visionnaire des conséquences de la crise, ce livre est, encore aujourd'hui, d'une grande actualité.

Un an plus tard, en 1975, un autre ouvrage lui apporte une nouvelle source de réconfort : *Entretiens et discours* de Georges Pompidou (24). Publiée à l'initiative d'Édouard Balladur, cette mise en cohérence des prises de position de mon père permet de revivre la présidence sous une forme attrayante et facile à consulter.

Ce sont là deux satisfactions posthumes. À cette occasion, elle reçoit un important courrier : « Je réalise, à travers ces lettres, que les gens ont gardé un bon souvenir de mon mari : il les rassurait. Le général de Gaulle, c'était la France, Georges Pompidou, c'était les Français (27-28). »

Encouragée par ces témoignages de sympathie, elle s'inquiète de l'avenir du centre culturel décidé par son mari : depuis son décès, la polémique s'est installée et l'avenir du centre est, à nouveau, incertain.

Heureusement, elle peut compter sur la détermination du Premier ministre, Jacques Chirac. Par fidélité à la mémoire du président, il ira même en août 1974 jusqu'à mettre en balance sa démission, obtenant ainsi la tenue d'un conseil restreint à l'Élysée présidé par Valéry Giscard d'Estaing afin de décider de la poursuite des travaux menacés d'un coup d'arrêt. Ayant obtenu satisfaction, il veille à l'inscription des crédits nécessaires et à l'achèvement du bâtiment. Accompagné de Claude et de son épouse Bernadette, il visite le chantier à plusieurs reprises.

La construction est sauvée. Mais quel en sera le contenu ? Il faut éviter que le projet initial ne soit dénaturé. Claude s'y applique avec ardeur. Jacques Chirac est encore son garant. Respectueux de la vision de mon père et attentif aux recommandations des personnalités désignées dès 1970, il défend, devant les élus, l'adoption des termes du projet de loi fixant l'organisation du centre. Malgré de fortes réticences des sénateurs, il s'assure également que le nom de Georges Pompidou lui soit attribué.

Dans le quartier Beaubourg, l'édification du monument suscite quelque incompréhension. Revenant d'une visite privée, peu avant l'inauguration, ma mère envoie son chauffeur à la pharmacie d'en face, rue du Renard. Celui-ci lui rapporte les propos de la préparatrice : « C'est formidable cette construction, mais quand va-t-on enlever les échafaudages ! » Il s'agissait des canalisations métalliques dessinées par les architectes à l'arrière du bâtiment afin de ménager les perspectives intérieures et mieux mettre en valeur les œuvres d'art !

Le 25 août 1976, pour des raisons politiques, Jacques Chirac démissionnaire est remplacé par Raymond Barre.

Le 31 janvier 1977, le Centre Georges Pompidou est inauguré par le président Valéry Giscard d'Estaing et le Premier ministre Raymond Barre accompagnés de leurs épouses, en présence de Claude Pompidou et de sa famille (notamment Henri Domerg, acteur de la première heure, à l'Élysée), de Jacques et Bernadette Chirac, ainsi que du président de l'établissement Robert Bordaz et ses collaborateurs. De nombreux souverains étrangers et de hautes personnalités politiques françaises participent à l'événement.

Claude a réussi à obtenir l'aboutissement du projet tel qu'il avait été conçu. J'y vois, de mon côté, une opportunité d'hommage pérenne à la mémoire de mon père.

Le soutien indéfectible de Jacques Chirac les a rapprochés et renforce l'amitié de ma mère pour sa femme. Elles ont reçu la même éducation, elles partagent un même sens du devoir : épouse de Premier ministre de mai 1974 à août 1976, puis du maire de Paris à partir de mars 1977, Madame Chirac distingue, en son aînée, un modèle à suivre. Elle admire autant ses qualités de cœur que son élégance. « J'ai la plus grande admiration pour Madame Pompidou : j'aime sa simplicité et sa générosité (35) », confirme-t-elle.

Elle ne tarde pas à appeler ma mère « Claude ». Toutes deux sont appréciées aux spectacles et aux dîners en ville, où elles sont souvent invitées ensemble. « Bernadette est mon amie la plus proche », m'indique ma mère qui a découvert une femme avec qui entretenir des relations étroites, chaleureuses et surtout authentiques.

Renaissance

Pour ma part, j'accède à trente-deux ans au rang de professeur de médecine. Ma mère est heureuse de ce parcours. En dépit de ce succès professionnel, ma vie familiale n'est pas simple. Je suis confronté à une séparation douloureuse et divorce en 1977. Pendant cette période tendue, je rencontre Nicole. Nos fils aînés fréquentent la même école dans l'île Saint-Louis : ils sont inséparables. Deux ans plus tard, nous décidons de mener une vie commune qui nous conduira au mariage en 1983.

Restée proche de sa sœur Jackie, ma mère séjourne, de temps à autre, dans la région de Toulon, à Méounes, au bord du Gapeau où celle-ci et son mari François Castex résident six mois par an. Claude y retrouve la beauté des paysages de Provence. Mais, en raison du décès prématuré de mes oncle et tante, la propriété sera vendue.

En mal de soleil, Claude louera plusieurs années de suite une maison à proximité de Bormes-les-Mimosas. Pour la première fois depuis le début de ma nouvelle vie commune, nous y sommes invités Nicole et moi avec Gilbert Paris et son compagnon, Serge. Pour respecter les convenances, ma mère a prévu pour moi un couchage sur le canapé du salon, mais elle marquera sa surprise de nous voir arriver avec une valise pour deux. Décidément, ma mère est à la fois têtue et attentionnée : à cheval sur les principes, elle craint également des conséquences éventuelles sur mon divorce. L'incident est toutefois clos rapidement.

Claude a besoin de tisser des relations amicales avec ceux qui ont acquis sa confiance. Serge Courte-Paris en fait partie : sa réserve, dissimulant respect et affection, a conduit ma mère à lui confier son sentiment de solitude. Tout en parlant, elle semblait s'évader, son regard se perdait au loin, comme si une force extérieure l'attirait [1]. Cette « absence » durait

1. Témoignage personnel de Serge Courte-Paris à l'auteur.

quelques instants au bout desquels elle reprenait le fil de la conversation.

À l'Élysée, elle avait également apprécié l'efficacité, mêlée de retenue, d'un jeune diplomate, Alain Briottet [1], venu renforcer le service du Protocole. Elle lui propose de passer quelques jours dans le Midi. Respectueux, lui aussi, de principes inculqués dès son enfance, il l'appelle « madame ». Elle le reprend : « Désormais, appelez-moi Claude. » Honoré et ravi, il fera preuve d'une grande fidélité à la mémoire de mon père et d'un profond attachement à sa veuve. Il organisera avec tact et intelligence les aspects protocolaires de ses nombreux voyages à l'étranger.

*

À partir de 1977, ma mère s'épanouit à nouveau. L'inauguration du Centre Pompidou a mobilisé l'opinion et recueille un succès inattendu. Ma situation familiale se stabilise et des perspectives heureuses s'offrent à notre nouveau couple. Claude s'en réjouit d'autant plus qu'elle profite de ses petits-enfants pendant les vacances.

J'ai vendu ma maison de Cajarc et acquis, en Bretagne, dans le Finistère sud, une maison de pêcheur construite dans les années trente par l'un des marins de Michel Bolloré, Jules Le Cain. C'est une bouffée

---

1. Voir p. 169.

d'oxygène pour toute la famille. Après une rénovation sommaire, j'y accueille mes enfants et ceux de Nicole pour les vacances.

Ma mère nous y rejoint. Nous sommes à quelques kilomètres de Fouesnant qu'elle connaît bien pour y avoir loué un manoir, plusieurs années de suite. Elle apprécie les bains de mer et les promenades sur la longue plage de sable fin, accompagnée de son fidèle officier de sécurité, Alain Turban.

« J'aime les plages bretonnes : nager loin, la marche, l'espace : je suis quelqu'un de très actif (27). » Paradoxalement personne ne vient la solliciter : le tempérament bigouden est fier et réservé à la fois. Le voisinage s'enorgueillit d'accueillir une haute personnalité mais respecte sa tranquillité. Sainte-Marine, face à Bénodet, est encore un petit port de pêche authentique, progressivement désenclavé par le pont de Cornouaille qu'a décidé le général de Gaulle et fait construire mon père : il remplace le bac à chaîne.

J'acquiers un bateau de pêche traditionnel dont les prises au filet permettent de nourrir la famille. Nicole confectionne une excellente cuisine faite de crustacés, de poissons et de desserts toujours renouvelés qui complètent les galettes bretonnes et le « kouign amann ». Moi, je prépare les homards, coupés vivants et cuits sur le gril avec une sauce au beurre salé dont je garde le secret. Claude lit *Le Cheval d'orgueil* de Pierre-Jakez Hélias et les ouvrages d'Henri Queffélec qu'elle a connu avec Georges dans « le cercle » des normaliens. Elle assiste régulièrement aux fêtes de Cornouaille à Quimper, photographie les dernières Bigoudènes en coiffe à la messe du dimanche à Pont-l'Abbé, mais elle se rend plutôt à l'office du samedi soir à la cathédrale de Quimper où, mêlée aux fidèles, elle peut prier en toute quiétude. Elle admire le littoral et notamment la plage de Penhors qui déploie ses vastes étendues sur la baie d'Audierne. Les jours de tempête, elle aime se rendre aux rochers de Saint-Guénolé où des vagues spectaculaires viennent se briser. Elle retrouve avec plaisir l'authenticité bretonne.

*

À Paris, elle renforce ses relations auprès de ses amis parmi lesquels de nombreux artistes dont elle apprécie le caractère informel et l'ouverture d'esprit : avec eux, elle s'attache à « anticiper la modernité ».

Claude Pompidou affirme plus que jamais sa personnalité. Sa vie s'équilibre entre deux pôles : son domicile du quai de Béthune et sa fondation. « Mon lever est difficile, écrit-elle. À la première sonnerie du réveil, je sors du lit et prends immédiatement mon café, afin de me stimuler l'esprit. Je m'efforce de faire quotidiennement au moins dix minutes de culture physique. C'est ensuite le courrier très abondant et très varié [...]. Puis le téléphone commence à sonner de façon quasiment ininterrompue : ce sont les amis, mais aussi des personnes qui souhaitent un rendez-vous, un conseil, une aide. Je n'ai pas de secrétaire à la maison et j'assume tout moi-même (28). » Claude préfère laisser aux autres l'initiative de la joindre parce qu'elle tient à faire preuve de disponibilité : sa retenue lui interdit d'interférer directement avec la vie de ses amis. « J'hésite avant de téléphoner : peur de déranger ou de surprendre (27) !... »

Habitant dans l'île-Saint-Louis à deux pas de chez elle, j'ai l'occasion de passer quai de Béthune avant dix heures : c'est un appartement fantôme. Les stores sont encore baissés, la cuisinière sortie faire les courses, la femme de chambre occupée à ranger les robes et accessoires. L'atmosphère est feutrée. Seuls quelques tableaux veillent, entourant la maquette du Centre Pompidou et le grand Martial Raysse qui sera donné au Centre Georges Pompidou après le décès de ma mère.

Après dix heures, ma mère arrive dans la salle à manger, nous nous embrassons, elle est heureuse de me voir bien qu'elle émerge d'un sommeil profond. Les échanges sont affectueux. Puis elle ne quitte plus le téléphone. Attentive à ses interlocuteurs, elle est coupée de l'extérieur.

La surprendre lorsqu'elle est seule à déjeuner est un bonheur pour nous. Pendant ce moment privilégié, nous partageons l'analyse de l'actualité et nous nous informons de nos préoccupations respectives. Une complicité chaleureuse s'instaure. Nous réglons quelques questions relatives à la famille, aux vacances, avant qu'elles ne soient tranchées définitivement le dimanche à Orvilliers, où nous nous retrouvons régulièrement.

À cette période, je prends l'habitude de l'appeler tous les jours vers dix heures. Cette affectueuse pause matinale nous est à tous deux indispensable.

Nous habitons tout près l'un de l'autre mais, dans la semaine, nous n'avons pas les mêmes horaires. Nicole occupe un bureau à l'angle du pont Sully et du quai de Béthune. Elle est en première ligne pour me donner des nouvelles de ma mère qui, après le déjeuner, passe sous ses fenêtres en voiture avec son chauffeur. Elle rejoint à cette heure-là son bureau à la fondation qu'elle préside désormais. Sa vie n'intéresse plus beaucoup les journalistes. Il règne, pourtant, une sorte de mystère derrière ce rite immuable.

Les bribes d'information qu'elle fournit elle-même sur son caractère apportent peut-être quelques clefs : « Je n'aime pas parler de moi, je n'aime pas que l'on parle de moi [...], je n'aime pas penser à moi : en général, moins je pense, mieux je me porte : cela faisait rire mon mari. » Et d'ajouter : « Je vis dans le présent, je n'arrive pas à me retourner sur le passé. Pourquoi (27) ? »

Ailleurs, elle indique : « J'ai été formée dans la culture de la discrétion et de la simplicité, ma nature profonde est la pudeur. J'ai reçu de mon éducation deux vertus que je n'ai cessé de cultiver : la sincérité et le sens de la dignité humaine [...]. Ma franchise peut sembler parfois excessive, mais je suis très à cheval sur la dignité, à commencer par la mienne [...]. Je n'apprécie guère le penchant contemporain à tout dire et à tout montrer [...] : la discrétion est une vertu majeure (28). » Elle sait servir ses convictions sans « tapage » intempestif.

Il y a sans doute une haute idée d'elle-même à travers cette discrétion revendiquée, ce culte de la dignité. La timidité apparente de Claude cache, comme souvent, une part d'orgueil mais elle n'en demeure pas moins directe et spontanée. Avant tout, « rester soi-même » pourrait résumer son caractère. Comme elle le souligne elle-même : « Le contact est affaire d'authenticité [...]. Plus que par le discours et le débat, la confiance se gagne par une sorte d'alchimie entre sincérité et dialogue (28). » Bernard Esambert évoque à son propos une « élégance sans étiquette (6) ». Collaborateur de mon père à l'Élysée, il deviendra président de l'Institut Georges Pompidou en 2014, succédant à Édouard Balladur.

*

Claude Pompidou continue à bénéficier de relations privilégiées avec les couturiers. Leur fréquentation lui est familière. Elle brille dans les dîners, au théâtre, à l'opéra ou aux concerts ainsi que dans les événements parisiens. Les défilés de mode sont l'occasion d'échanger quelques mots aimables entre célébrités ; elle y tient son rang, pas question de déchoir. C'est donc plus par discipline que par coquetterie qu'elle maintient des liens avec les créateurs de mode.

« J'aime l'élégance, mais je ne suis pas coquette, je ne passe pas beaucoup de temps à me regarder dans ma glace. » Claude reflète ainsi les propos de son mari dans l'introduction de l'ouvrage d'Alain Peyrefitte : *Rue d'Ulm* : « Normale est sans doute l'endroit où l'on se regarde le moins dans la glace… » Elle poursuit : « L'élégance extérieure […] me paraît un reflet de celle de l'esprit, une marque d'attention envers autrui, une façon de se présenter sous son meilleur jour […]. Il ne faut pas confondre le luxe et l'élégance, qui est un état d'esprit (28) », assure-t-elle.

Elle reste néanmoins fascinée par l'aspect « avant-gardiste » de la haute couture française : « Chaque fois, c'est toute une façon de vivre qui est remise en cause, toute une époque où la condition de la femme bascule vers le passé : la liberté dans tous les domaines, sans aucun souci de retenue (28). »

Elle fréquente Cardin, Dior, Chanel, Guy Laroche, Yves Saint Laurent, Courrèges. Certains couturiers deviennent des amis, notamment Marc Bohan [1] chez Dior, André Oliver chez Cardin. Volubile et volontiers acerbe, ce dernier lui prodigue une

1. Marc Bohan (1926-). Modéliste distingué, il exerce ses talents pendant plus de trente ans dans la maison de Christian Dior. Il en conçoit toutes les collections et recevra deux « dés d'or » dont le dernier en 1988. Poursuivant alors ses activités chez Norman Hartnell à Londres, il habillera plusieurs membres de la famille royale.

amitié réconfortante et distrayante : elle apprécie son caractère enjoué et sa générosité.

En revanche, elle va moins chez le coiffeur, sauf pour des occasions exceptionnelles. D'autant que Norbert passe le lundi matin lui donner un « coup de peigne » avant un déjeuner rapide au cours duquel tous les sujets sont abordés, depuis la famille jusqu'aux manifestations parisiennes et leurs protagonistes !

Ses liens d'amitié sont étroits et chaleureux avec les Rothschild, les Balladur, les Bettencourt et plus particulièrement avec Jacques et Bernadette Chirac. Cette dernière s'applique à calquer ses goûts, *a priori* plus classiques, sur ceux de l'ancienne Première dame. Le seul sujet qui les sépare reste la politique : il n'est et ne sera jamais abordé.

Ma mère a aussi des amis dans des sphères moins prestigieuses et de toutes les générations. Elle apprécie la compagnie de mes anciens camarades de fac tels le professeur Jean-Paul Giroud ou Gilbert Alès, brillant vétérinaire et doué d'un talent de photographe, comme l'était l'ami Pujol. Mais sa vraie passion reste la fréquentation des artistes, musiciens, peintres, sculpteurs ou architectes. Elle reconnaît en eux des qualités qui lui sont chères : le naturel et l'ouverture d'esprit. « Je suis fidèle à mes amis, je les défends toujours envers et contre tout [...]. Je suis très indulgente, trop paraît-il, mais c'est satisfaisant. Je n'arrive pas à dire du mal des gens même si j'en pense (27). »

Les déjeuners amicaux, quai de Béthune, sont animés et chaleureux mais l'attachement ne fait pas franchir les limites de la pudeur. Claude ne se montre jamais indiscrète : elle ne fait pas subir à ses proches ce qu'elle n'accepterait pas pour elle-même.

Au cours des dîners se rencontrent des personnalités diverses sans aucun souci des étiquettes. Valéry Giscard d'Estaing, François Mitterrand mais également Raymond Barre, Michel Rocard, Pierre Mauroy ou Laurent Fabius acceptent volontiers ses invitations. À Valéry Giscard d'Estaing elle indique que, comme le souhaitait le général de Gaulle, les dames sont servies d'abord, contre la règle protocolaire que celui-ci a établie et qui consiste à privilégier le chef de l'État avant les autres convives. Avec François Mitterrand, elle parle culture et droits de l'homme (elle a adhéré spontanément à Amnesty International), tandis que le président, détendu, raconte sa famille et son enfance à Jarnac. Les sujets politiques ne sont pas évoqués, les convives repartent enchantés.

Cependant, Claude ne se satisfait pas de ces activités plutôt mondaines, il lui faut également assouvir son besoin de spiritualité. En 1980, elle engage des démarches afin de rencontrer le Saint-Père au Vatican : « Jean-Paul II me mit à l'aise en me parlant longuement de mon mari dont il connaissait parfaitement l'action, avant de me remettre des médailles bénites pour chacun de mes petits-enfants. Il n'empêche ! Après cet entretien j'étais épuisée d'émotion : j'ai peut-être trop le sens du sacré (28). » Il lui faudra plusieurs minutes avant de se ressaisir et balbutier quelques mots de reconnaissance pour cette visite privée, chargée de symbole.

La présidente de sa Fondation

À côté d'une vie sociale bien remplie, Claude se rend quotidiennement à sa fondation, un porte-documents en cuir sous le bras, comme un chef d'entreprise : « Cette activité m'a carrément sauvée de la mort de mon mari : j'ai besoin d'être utile et active (28). »

Elle en prend officiellement la présidence le 10 juin 1974. Le hasard – ou le destin – fait que les fenêtres de son bureau donnent sur le Centre Pompidou à travers le forum des Halles. « Dès les années cinquante, je m'occupais de personnes démunies ou alcooliques dans le quartier Mouffetard à Paris : c'était l'époque des "dames d'œuvres" cela me paraissait naturel [...]. En passant d'activités caritatives personnelles à la présidence d'une fondation, j'avais changé d'échelle dans les responsabilités : mon pragmatisme me fut d'un grand secours [...]. Je n'hésitais pas devant les décisions à prendre : jamais je ne connus la tentation de l'abandon (28). »

Son assistante, Nicole Le Picard, témoigne : « Le chagrin l'a portée vers les autres [...] au lieu de se replier sur elle-même, elle a ressenti le besoin de donner et d'aller vers les plus nécessiteux (13). »

Le projet initial est resté structuré autour du bénévolat et de l'aide aux enfants handicapés. Adressée à l'Élysée, la lettre d'une femme confrontée au maintien à domicile de deux enfants lourdement atteints l'avait émue. « Le sens et la richesse du bénévolat, c'est d'apporter un autre regard (28) », écrit-elle. Cette optique ne sera pas toujours facile à faire admettre par le monde structuré (mais pas nécessairement structurant) de la protection sociale.

Claude a une devise : « être disponible ». Celle de la Fondation reprend la citation de Descartes : « N'être utile à personne c'est n'être bon à rien. » Claude écrit dans son carnet personnel : « J'adore rendre service aux autres : trop zélée, m'a-t-on dit. Dur… Dur… (27) ! »

Sous son impulsion, le bénévolat se développe tant à l'hôpital qu'à domicile. Les bénévoles sont alors plus de huit cents. Aujourd'hui, en dépit du fait que certains officient depuis plus de trente ans, les effectifs diminuent. La Fondation maintient un effort permanent afin de susciter des vocations. La Fondation se répartit en treize établissements dans toute la France, qui accueillent plus de mille personnes. Elle négocie le terrain auprès des collectivités locales, finance la construction et nomme le directeur. Le nombre de places est défini par la DDASS, après de longues et houleuses discussions ! Le soutien des ministres de la Santé, tant Simone Veil que Bernard Kouchner, a permis de surmonter bien des blocages. J'ai été témoin de périodes de découragement puis de satisfactions lorsque ma mère arrivait à ses fins à force d'obstination et d'esprit de conviction. Les directeurs successifs, notamment le préfet Jean-Paul Bolufer [1] secondé par Richard Hutin [2], parviennent

1. Jean-Paul Bolufer (1946-). Diplômé de Sciences-Po et de l'ENA (promotion Simone Veil 1974). Ancien auditeur à l'IHEDN, il rejoint Jacques Chirac à la mairie de Paris comme chef adjoint du cabinet (1977-1979), puis directeur adjoint, chargé de mission enfin auprès du maire (1984-1986). Parallèlement, il devient, à titre bénévole, secrétaire général de la Fondation Claude Pompidou (de 1980 à 1989 puis de 1997 à 2007). De 1986 à 1988, il dirige le cabinet de Lucette Michaux-Chevry, secrétaire d'État auprès du Premier ministre chargée de la Francophonie. En 1989, il devient directeur général des services du conseil général Midi-Pyrénées et simultanément directeur de cabinet de Marc Censi, président du conseil général. Nommé préfet en 1996 grâce à l'intervention de Claude Pompidou auprès de Jacques Chirac, il est directeur de cabinet du préfet de l'Île-de-France, préfet de Paris de 1996 à 1997 puis est nommé directeur des Journaux officiels. Après un épisode malheureux au cabinet du ministre du Logement, il doit démissionner. Il rejoint le ministère des Finances et prend sa retraite de la fonction publique en 2012. Il est maire adjoint de la ville de Colombes où il réside.

2. Richard Hutin (1956-). Licencié en droit, diplômé de l'École nationale de santé publique. Directeur de l'hôpital de Charleville-Mézières puis à l'Assistance publique-Hôpitaux de Paris (AP-HP). Il sera chargé de mission auprès de Michèle Barzach, adjointe au maire de Paris chargée des Affaires sanitaires et sociales, puis conseiller technique chargé de l'urbanisme au cabinet de Jacques Chirac, maire de Paris. En 1984, il est nommé directeur général de la Fondation Claude

à des accords dont dépend la pérennité des établissements.

Parallèlement, quatorze clubs de rencontres et de loisirs accueillent mille quatre cents personnes âgées. Trop coûteux, ils seront fermés au bout de quelques années à la grande déception de Claude. Prévenus officiellement par la Fondation, certains des pensionnaires écriront personnellement au domicile de Claude pour exprimer leur déception. À la fois ulcérée et submergée de lettres, la présidente convoquera Richard Hutin et lui assénera sèchement : « Monsieur, vous n'avez pas l'art et la manière. » Elle ajoutera : « Vous êtes, d'ailleurs, le porteur de mauvaises nouvelles. » Cité également dans l'ouvrage d'Aude Terray (35), je tiens ce témoignage de Richard Hutin lui-même qui a eu l'élégance de commenter : « J'ai pensé en moi-même : voilà une présidente qui a du caractère [1] ! »

Claude s'ingénie à gérer « sa » fondation en restant au plus près des directeurs qui se succèdent : Jacques Toubon, Michel Boutinard-Rouelle et Raymond-Max Aubert. Sollicités par Jacques Chirac, ils sont dévoués à la cause.

La Fondation exige non seulement présence et gestion interne, mais également des déplacements fréquents ainsi qu'un effort de mobilisation auprès des donateurs. Claude s'y investit énergiquement.

Pompidou. Il exerce cette fonction auprès de Madame Pompidou durant treize ans puis de Madame Chirac à partir de 2007.

1. Témoignage de Richard Hutin à l'auteur.

Les visites dans les établissements se déroulent sur deux jours. Sur place, chacun apprend à mieux se connaître. La présidente en profite pour préciser ses objectifs, avec naturel, simplicité et force de conviction.

Elle ne parvient pas, en revanche, à s'habituer à la rencontre des enfants lourdement handicapés et de leurs familles. Aucun espoir pour ces patients mobilisant chacun deux personnes et avec lesquels la communication est quasi impossible. Claude revient de ces visites physiquement et moralement éprouvée mais elle fait face. Mon soutien et celui de Nicole lui sont nécessaires.

Elle honore chaque année de sa présence le Noël des enfants handicapés : c'est une nouvelle épreuve. Le directeur général de l'Unesco met à disposition la grande salle du Conseil. Simone Veil se rend disponible. Des cars amènent, de toute la France, ceux qui peuvent être déplacés et leurs familles proches. Certains ont une forte capacité de contact, notamment les enfants trisomiques, toujours en mal d'affection. Dans cette atmosphère de fête, ils saisissent les mains et tentent d'obtenir des baisers. Les parents se pressent pour exprimer leur reconnaissance. Chaque année, Claude obtient la participation bénévole d'un acteur ou d'un chanteur connu. Ainsi s'opère l'alchimie propre à la fondation et à sa présidente. De Guy Béart à Achille Zavatta en passant par Hugues Aufray, Chantal Goya, Sheila et bien d'autres, ils donnent d'eux-mêmes pour captiver l'auditoire qui reprend en chœur des refrains connus de tous. Ce sont les moments privilégiés de cette manifestation, hétéroclite par nature et sans protocole par nécessité. « Je suis impressionnée par l'enthousiasme de ces enfants infirmes, parfois en chaise roulante, entourés de leurs parents ou de leurs accompagnateurs. Leur bonheur me bouleverse ainsi que la joie des parents de sentir que l'on pense à eux (28) », écrit Claude. À l'issue de cette manifestation prédominicale, elle vient se ressourcer directement auprès de nous à Orvilliers, physiquement exténuée et moralement éprouvée. L'épreuve est lourde, mais gratifiante, et la conforte dans sa détermination à trouver les fonds nécessaires.

La recherche de financements ne se borne pas à attendre les dons et les legs. Même si la Chambre des notaires offre un stand à son congrès annuel, Claude s'astreint à mobiliser les grands donateurs : Bernard Arnault, Karl Lagerfeld, en particulier, font preuve d'une générosité soutenue. L'organisation du gala annuel nécessite de l'énergie. Roland Pozzo di Borgo [1], président du Comité Champs-Élysées, puis

1. Roland Pozzo di Borgo (1928-2001). Issu d'une dynastie corse d'hommes de loi et d'officiers de marine depuis le XIVe siècle, il entre dans le monde des affaires. Après avoir ouvert Le Bistrot de Paris en 1970 où il lance le jeune Michel Oliver, il se fait connaître par la création de la chaîne Bistro romain fondée en 1982. Président du directoire d'Havas Conseil, il devient administrateur de la Fondation Claude Pompidou dont le gala annuel porte son nom depuis 2002. Parallèlement il préside le Comité Champs-Élysées regroupant l'ensemble des commerçants de l'avenue. C'est à ce titre qu'il

son épouse Monique [1] s'impliquent personnellement. Ils obtiennent gratuitement la grande salle de projection de l'UGC Normandie. Le propriétaire du Four Seasons Georges V met à disposition la salle de réception, son cuisinier étoilé et son personnel pour le souper qui clôture la soirée agrémentée d'excellents magnums de vin de Bordeaux fournis gracieusement par Philippine de Rothschild, présidente de « Mouton Rothschild ».

Claude Roland [2], conseiller de Paris et proche ami de ma mère, aide à obtenir un film en avant-première. Françoise Dumas [3], la grande organisatrice

---

peut mettre à disposition de la Fondation Claude Pompidou la salle UGC Normandie pour la projection, en avant-première, du film du gala annuel.

1. Monique Pozzo di Borgo, son épouse, est dirigeante de société. Elle se mobilise en faveur de la Fondation : participe financièrement et sollicite de nombreux donateurs. En 2002, elle devient membre du conseil d'administration de la Fondation et honore ainsi l'engagement de soutien de son mari trop tôt disparu.

2. Claude Roland (1946-2007). Conseiller de Paris, ancien secrétaire national du RPR chargé des relations internationales (1993-1995), adjoint au maire du 9e arrondissement.

3. Françoise Dumas. Collaboratrice de Georges Cravenne, elle fonde son propre bureau en 1980. Ses premiers succès sont dus à Marie-Hélène de Rothschild et à Jacqueline de Ribes, qui lui confient l'agencement de soirées exceptionnelles. Associée à Anne Roustang, c'est l'organisatrice de grandes manifestations parisiennes, de galas et réceptions ainsi que de mariages princiers et de visites de chefs d'État, elle se lie d'amitié avec Claude Pompidou et Bernadette Chirac qui la surnomment « leur fée bienfaitrice ».

des soirées parisiennes, apporte son soutien logistique et déploie son énergie afin de satisfaire tous les participants en respectant le protocole. Sa fidélité est incomparable.

Le gala de la Fondation, qui a lieu à la rentrée de septembre, mobilise les politiques au premier rang desquels Jacques et Bernadette Chirac, de nombreux ministres et des amis du Tout-Paris. La présidente remercie chacun dans son allocution d'introduction, puis lors du dîner de gala. Son image et sa vitalité frappent les esprits : jusqu'à sa disparition, elle présidera cette manifestation, indispensable à la survie et à la renommée de la Fondation.

En mouvement permanent : art, artistes, famille et voyages

Pour autant, Claude ne renonce pas à son intérêt pour l'art et la culture.

Elle entretient d'étroites relations avec le premier président du Centre Pompidou, Robert Bordaz, dont elle apprécie la programmation et la conviction. Le Centre est pour elle un lieu de découvertes et de rencontres. Elle n'hésite pas à y inviter des amis pour des visites privées. Il lui arrive même d'y convier des hôtes étrangers qui en favoriseront le rayonnement. Aussi bien l'impératrice d'Iran Farah Diba, que la reine de Danemark ou Madame Indira Gandhi, y apprécient l'itinéraire des grands artistes contemporains. Elle évite cependant de se trouver mêlée aux difficultés quotidiennes et refuse à plusieurs reprises d'entrer au conseil d'administration. Elle en reste ainsi d'autant plus libre et indépendante.

Dès 1982, elle profite de l'élection récente de François Mitterrand pour lui rappeler les difficultés financières auxquelles l'établissement se trouve confronté. Elle lui fait porter une lettre à l'Élysée, rédigée avec Alain Briottet et préparée grâce au soutien de Georgette Elgey [1], conseillère culturelle du président. Claude obtient le doublement de la subvention annuelle : de neuf à dix-huit millions de francs. Voilà une marque de confiance !

Indépendamment des divergences politiques et des différences liées à leurs personnalités, mon père et François Mitterrand reconnaissaient leurs goûts respectifs pour la littérature ainsi que leurs perceptions de l'art et de la politique culturelle. Ceci transparaît

1. Georgette Elgey (1929-). D'abord journaliste puis écrivaine, historienne spécialiste de l'histoire de la IVe République. D'origine juive, elle est poursuivie pendant la guerre mais échappe avec sa mère à la Gestapo. Admiratrice de Pierre Mendès France, elle se dit « gaulliste de cœur », reconnaissant le caractère visionnaire du général de Gaulle. Son parcours durant l'Occupation lui inspire l'un de ses premiers ouvrages *La Fenêtre ouverte* (Fayard, 1973). Elle devient alors directrice littéraire des éditions Fayard (1974-1982), puis conseillère technique pour la Culture à la présidence de la République (1982-1995). En 2007 elle est nommée à la présidence du Conseil supérieur des archives. Commandeur des Arts et Lettres, elle sera promue commandeur de la Légion d'honneur.

dans le « portrait » de François Mitterrand rédigé par Georges Pompidou en 1972 (29).

Durant les premières années de son fonctionnement, Claude se tient informée de la fréquentation du Centre et ne reste pas à l'écart des nominations successives à sa tête. Avant de solliciter les ministres de la Culture, elle s'adresse directement au Premier ministre Raymond Barre, homme volontaire et déférent par nature. En effet, les relations avec le successeur de Robert Bordaz sont quasi inexistantes : Jean Millier est un ingénieur des Ponts et Chaussées, qui sera plus tard chargé de l'aménagement du quartier de la Défense. Certains ont vu en lui « un hussard de l'architecture » mais ma mère privilégie les liens tissés avec les architectes Renzo Piano et Richard Rogers pendant la construction du Centre.

Le recteur Jean-Claude Groshens [1], nommé en 1980, a su en revanche la convaincre par son dévouement au Centre et son sens de la négociation. À ce

1. Jean-Claude Groshens (1926-2010). Originaire de Strasbourg, après un passage à Grenoble il soutiendra sa thèse de droit et obtiendra l'agrégation de droit public tout en suivant les cours de l'Institut d'études politiques de Strasbourg dont il deviendra directeur en 1968. De 1962 à 1968 il poursuit une carrière universitaire à la faculté de droit de Strasbourg. Il sera le recteur de l'académie de Nancy puis de celle de Lille (1972-1975). Nommé directeur du Livre en janvier 1976, il devient également président du Centre national des lettres (1976-1980). Après un court passage au ministère de la Culture comme directeur de cabinet de Michel Guy, il est président du Centre Georges Pompidou le 31 janvier 1980 jusqu'à ce que Jean Maheu lui succède (nommé par Jack Lang, sous Pierre

dernier ma mère ne reproche qu'une chose, dont elle s'ouvre à moi : « Il a l'art de mettre la balle dans le camp des autres et de ne jamais la rattraper. » Il ne sera pas renouvelé par Pierre Mauroy, Premier ministre, qui fera nommer Jean Maheu [1].

Cette nomination marque le début d'une période bénéfique pour le Centre. Claude apprécie l'écoute et le savoir-faire de Maheu. Depuis mars 1981, elle a aussi découvert les personnalités du nouveau ministre de la Culture, Jack Lang, et son épouse Monique. Elle apprécie leur perception de l'art contemporain et leur intelligence créative. Des liens étroits se tissent. Les années 1980-1986 sont gratifiantes pour ma mère : elle est consultée sans avoir à le demander. Quoi de mieux pour elle que de se sentir en harmonie et en confiance ?

Le succès de l'établissement qui porte le nom de son mari ne se dément pas : entre dix mille et quinze mille visiteurs par jour en 2007. Trente ans après son

---

Mauroy) en 1983. Nommé conseiller d'État en 1987, il occupe de nombreuses fonctions dans le domaine culturel. Il sera promu commandeur de la Légion d'honneur.

1. Jean Maheu (1931-). Diplômé de l'Institut d'études politiques, il intègre l'ENA. À sa sortie, il devient auditeur à la Cour des comptes. De 1962 à 1967, il est chargé de mission au secrétariat général de la présidence de la République. Directeur de la Musique, de l'Art lyrique et de la Danse au ministère de la Culture, il est nommé en 1983 président du Centre Georges Pompidou et reconduit en 1986. Promu parallèlement conseiller maître à la Cour des comptes, il occupe de 1989 à 1995 le poste de président de Radio France. Il publie plusieurs recueils de poésie et reste très actif dans le domaine culturel.

ouverture, on dénombre cent quatre-vingts millions de visiteurs. L'institution rivalise avec le MoMA de New York et se situe largement devant le Tate Modern de Londres. La Bibliothèque publique d'information (BPI) occupe la première place en Europe. Parallèlement, l'Institut de recherche acoustique/musique (Ircam) prend son essor. Les expositions temporaires de la décennie quatre-vingt laissent des souvenirs marquants : *Paris-New York*, *Paris-Berlin*, *Paris-Moscou*, *Paris-Vienne : L'Apocalypse heureuse*, de même que Pollok, Kandinsky, Klee…

Ma mère tient par-dessus tout à ce que l'établissement soit appelé par son nom. Elle répugne à intervenir indirectement mais ne se prive pas de reprendre, parfois publiquement, celles ou ceux qui mentionnent devant elle le « Centre Beaubourg ». « Vous voulez dire le "Centre Pompidou" », martèle-t-elle. Les plus entêtés lui répondent : « Oui, je sais », ou bien : « Oui, madame, sur le plateau Beaubourg. » Ainsi défend-elle farouchement la mémoire de son mari.

Elle voue une véritable passion à la création artistique. « Ce que j'aime dans l'art, c'est précisément sa richesse et sa diversité ; la faculté de changer d'univers et d'époque. Il y a le passé et son legs. Il y a le présent et ses découvertes (27). » Claude entretient des relations étroites avec les créateurs contemporains, au premier rang desquels Pierre Boulez [1].

---

1. Pierre Boulez (1925-2016). Compositeur et chef d'orchestre français. Il prend ses premiers cours de piano à l'âge de sept ans. Interrompant sa classe préparatoire à l'École polytechnique, il entre en 1943 au Conservatoire de Paris. En

Compositeur et chef d'orchestre, ce dernier occupe auprès d'elle une place privilégiée. Sa programmation d'avant-garde avait donné naissance à un cercle d'initiés composé de tous les meilleurs talents de l'époque : le « Domaine musical » soutenu par Suzanne Tézenas [1] dont l'expression directe, parfois crue, est légendaire.

1945, pour gagner sa vie, il jouera dans la fosse des Folies-Bergère. En 1946, à vingt et un ans, il compose sa première sonate pour piano puis la deuxième en 1948 qui est un chef-d'œuvre. Très vite exaspéré par ce qu'il entend ailleurs, il organise avec Jean-Louis Barrault les concerts du Petit-Marigny et crée le Domaine musical grâce au soutien de Suzanne Tézenas.

Sa carrière internationale commence à Cologne et le conduit à s'installer à Baden-Baden pour seconder le chef d'orchestre autrichien Hans Rosbaud. Il est engagé par le Festival Wagner de Bayreuth en 1966 pour la production de *Parsifal.* Après l'Orchestre de Cleveland en 1967, il va diriger en alternance (1971-1975) l'Orchestre symphonique de la BBC et l'Orchestre philharmonique de New York. Sa création du *Marteau sans maître* en 1956 avait marqué Claude Pompidou, qui suggère au président de faire appel à lui pour participer en 1970 à la préfiguration du Centre Pompidou et prendre en charge la programmation musicale et acoustique. Professeur au Collège de France de 1978 à 1995, il acquiert la réputation d'« enfant terrible » en raison de ses vues polémiques sur l'évolution musicale. En 1988, dans le cadre du Festival d'Avignon, il crée *Répons.* Il cessera de diriger à partir de 2010. Boulez était connu pour son charme mais aussi pour son exigence : il voulait être le premier compositeur à mourir sans biographie mais à pouvoir perdurer par son œuvre.

1. Suzanne Tézenas (1898-1991). Fille, épouse et sœur de grands industriels protestants, elle fonde le « Domaine musical » en 1954, à l'instigation de Pierre Boulez, directeur de la Musique au Théâtre Marigny, et grâce à Jean-Louis Barrault et

Ma mère écrira à propos du Cercle musical : « Cénacle entièrement voué à la découverte des œuvres musicales de l'époque. C'est là que j'entends en janvier 1956 le *Marteau sans maître* que Boulez avait composé et qu'il dirigeait… Quel souvenir ! Sa musique me fascine d'emblée, et je n'ai jamais renié cet enthousiasme (28). » Homme sans concession, Pierre Boulez quitte la France en 1967 à la suite d'une violente querelle avec André Malraux concernant la

---

à Madeleine Renaud qui aménagent pour lui, dans les combles du théâtre, une salle rudimentaire aux banquettes de bois. On y joue non seulement Boulez, mais, entre autres, Bartók, Messiaen, Stockenhausen, Berg et Webern ainsi que Stravinsky. L'aventure du « Domaine musical », dirigé par Pierre Boulez, dure vingt ans grâce au soutien de Suzanne Tézenas. Pendant quarante ans, elle reçoit dans son appartement de la rue Octave-Feuillet des écrivains, des poètes, des artistes et des journalistes influents : on y retrouve notamment Ionesco, Nimier, Caillois, de Staël, confrontés à leurs aînés Vieira da Silva, Masson, Paulhan, Jouve, Supervielle, Michaux, Char, Ponge. Raymond Aron et Saint John Perse y échangent leurs idées sur le gaullisme et l'Europe. C'est encore elle qui va aider Jean Vilar à monter la première pièce d'Adamov. Après la guerre se retrouvent chez elle Moravia, Graham Green et Nabokov, qui y rencontrent Igor Stravinsky. C'est sous son impulsion que John Cage donne son premier concert pour piano en 1949. Elle reçoit aussi des chercheurs venus du monde entier. Sentant venir l'âge, elle confie tous ses documents à la Bibliothèque nationale et les plus intimes à la bibliothèque Jacques-Doucet. Pour ses obsèques, Pierre Boulez tient à réchauffer la froideur calviniste du temple protestant avec deux pièces pour clarinette, l'une de Messiaen, l'autre de lui-même (informations reprises d'un article de Guy Dumur dans *Le Nouvel Observateur* du 13 juin 1991).

nomination de Marcel Landowski à la tête de la toute nouvelle « direction de la musique ». Il s'engage alors dans un parcours international. C'est au moment où il dirige l'Orchestre philharmonique de New York, en 1969, que, alerté par Claude, Georges Pompidou lui demande son avis sur la place que pourrait prendre la création musicale dans le projet du Centre. Boulez propose l'Ircam. Ainsi sera-t-il impliqué dès 1970 dans l'aventure. Son Institut de recherche et coordination acoustique/musique ouvre ses portes, comme le Centre, en 1977 et plusieurs manifestations publiques ont lieu quelques mois plus tard : Pierre Boulez avait déjà mis en place l'Ensemble intercontemporain. Claude voit en lui « l'homme d'une alchimie constante entre intuition et réflexion, sa pudeur cache une grande sensibilité ». Un passionné qui « se retire dans la solitude de l'écriture ou de la lecture ou se lance dans des batailles administratives et politiques pour que ses projets aboutissent ». Elle précise encore : « Il représente pour moi l'image de l'homme moderne : rapide, toujours en avance sur son temps, épris de liberté et citoyen du monde : Boulez mature l'actualité tout en étudiant l'avenir (28). » Ainsi débute une longue amitié faite de passions musicales partagées.

Ce grand solitaire découvre en Claude une ouverture sur l'art qu'il n'avait pas connue depuis le « Domaine musical ». Ma mère assiste en 1976 au

Festival du centenaire de Bayreuth [1] où Pierre Boulez dirige une nouvelle version du *Ring*, mise en scène par Patrice Chéreau. En 1979, il crée *Lulu* d'Alban Berg à l'Opéra de Paris : un triomphe pour les initiés. Une relation de plus en plus étroite s'instaure entre eux. Il l'invite à Baden-Baden, puis, en 1979, dans les Alpes de Haute-Provence, près de Saint-Michel-l'Observatoire, dans une maison construite sur une ancienne carrière, véritable œuvre d'art. Un lieu où il s'isole généralement pour composer en toute quiétude, dans une grande salle meublée d'un unique piano, d'où l'on découvre la montagne de Lure, panorama qui n'est pas sans rappeler celui de Cajarc ! Ils se rencontrent aussi régulièrement quai de Béthune, ou au domicile parisien de Boulez, sur le Front de Seine.

Claude est transfigurée par cette rencontre d'un personnage à sa dimension ! Sans dépasser la limite de la pudeur, elle se rend indispensable. Et gagne la

---

1. Bayreuth accueille l'un des plus prestigieux festivals de musique, dédié à Wagner, attirant sur la « colline verte » des mélomanes du monde entier dont beaucoup attendent parfois dix ans pour obtenir des places ! Le niveau exceptionnel des partitions et des interprètes, la complexité et la richesse des livrets suscitent la créativité des mises en scène. L'auditoire passionné est assis, en grande tenue de soirée, pendant plusieurs heures sur des bancs en bois… *L'Anneau du Nibelung*, plus simplement appelé *Le Ring*, est l'œuvre la plus imposante de Wagner. Elle est constituée d'un prologue, *L'Or du Rhin* et de trois journées : *La Walkyrie, Siegfried* et *Le Caprice des Dieux*. La totalité de l'œuvre dure plus de quinze heures.

confiance de l'assistante du maître, Astrid Schirmer, elle-même musicienne de formation, sur laquelle Pierre se repose pour gérer son agenda chargé, ainsi que de l'intendant, Hans, qui assure le bon fonctionnement du quotidien et accompagne Boulez dans ses nombreux déplacements.

Elle tente d'améliorer la vie austère du compositeur. Elle l'incite à se faire tailler sur mesure, par les meilleurs couturiers, des costumes élégants mais confortables pour diriger les exécutants. Elle le conseille sur sa santé, négligée du fait de déplacements permanents à l'étranger. Claude est à son affaire ; ce monde artistique est celui de son cœur.

L'industriel suisse, Paul Sacher [1], mélomane et musicien, est devenu un ami. Son parcours vaut le récit. Sa femme étant atteinte d'une maladie neurodégénérative, il rencontre une toute jeune femme médecin, Irma, dont il aura un fils, Georg. Paul Sacher l'accompagne à l'école, mais il doit rester en

1. Paul Sacher (1906-1999). Chef d'orchestre et industriel suisse, grand mécène de la musique classique contemporaine. À vingt ans, il forme son propre orchestre de chambre amateur. Huit ans plus tard (1934), il épouse Maja Stehlin, héritière de la majorité des actions du groupe Roche. En 1941, il fonde le Collegium Musicum à Zurich. Il dirigera ensuite plusieurs centaines de concerts et sera commanditaire de près de trois cents œuvres de musique contemporaine de Béla Bartók, Arthur Honegger et Frank Martin. Il rencontre également Jean Tinguely, grâce à son épouse. En 1986, il crée la Fondation Paul Sacher. Remarquable homme d'affaires, il détient à sa mort la plus grande fortune de Suisse et d'Europe.

retrait car les petits camarades de l'enfant, souvent cruels à cet âge, demandent pourquoi le garçon est toujours accompagné par son grand-père ! Cette liaison n'empêche pas Paul Sacher de s'ingénier à couvrir ma mère de bijoux, qu'elle refuse obstinément. Il lui demandera même d'adopter son fils, doté d'une partie importante de la fortune familiale Hoffman-Laroche. Claude ne voulant plus assumer une telle charge, lui dira : « Mais Paul, ce garçon n'a besoin de rien. »

Ma mère est également intime avec le pianiste russe Sviatovslav Richter [1], et avec le fameux violoncelliste

1. Sviatovslav Richter (1915-1997). Né en Ukraine, pianiste russe, célèbre pour sa virtuosité et la maîtrise d'un large répertoire. Fils d'un pianiste allemand expatrié et d'une descendante de nobles propriétaires fonciers russes, il fait ses études à Vienne. En 1920, il a cinq ans et commence à étudier seul le piano. Exceptionnellement doué, il donne son premier récital à l'âge de dix-neuf ans à la Maison des ingénieurs d'Odessa. Il décide de rejoindre Heinrich Neuhaus à Moscou qui chuchote à un étudiant : « C'est un génie ! » Refusant de se soumettre aux contraintes de l'enseignement du piano, il est exclu du Conservatoire à deux reprises. Pendant la guerre, sa mère se prend de passion pour un autre Russe et son père est fusillé. À Moscou, Prokofiev lui demande de jouer un concerto qui ne lui a apporté aucun succès : c'est un triomphe. Il va sillonner l'Union soviétique, refusant d'adhérer au Parti communiste : son répertoire s'étend à plus de huit cents œuvres. En 1945, il accompagne au piano Nina Dorliak, qu'il ne quittera jamais sans pour autant l'épouser et qui décédera peu après lui. Il n'est pas exclu qu'il ait été homosexuel et que Nina ait représenté un alibi dans un pays où ce comportement était illégal. Ses prestations ont une puissance sans pareille. Après une tournée triomphale aux États-Unis, au Carnegie Hall notamment, il

Mstislav Rostropovitch, qu'elle reçoit aussi bien à Paris qu'à Cajarc avec son épouse Galina.

Subjuguée par la puissance de leur interprétation, elle me confie : « Richter se jette sur son piano, comme Rostro sur son violoncelle : c'est impressionnant ! » Elle assiste à tous les récitals de Richter en France et notamment à ceux des « Fêtes musicales en Touraine » qui se déroulent chaque année dans le lieu prestigieux de la « grange de Meslay ».

Claude est très liée à l'Ircam et à l'Ensemble intercontemporain auquel elle passera plusieurs commandes afin d'aider les jeunes compositeurs. Elle apprécie la disponibilité, l'entregent et le talent de gestionnaire de Laurent Bayle [1], ainsi que son engagement auprès de Pierre Boulez pour la musique contemporaine. Il fera partie également du cercle des

---

sillonne l'Europe et prolonge jusqu'au Japon. Il découvre en 1963, à proximité de Tours, la grange fortifiée de Meslay, où il crée en 1964 les « Fêtes musicales en Touraine » qui attirent le monde entier. À Moscou, il lance les « Soirées de décembre » au musée Pouchkine. Il va y retrouver ses partenaires réguliers : Rostropovitch, Oïstrakh et le Quatuor Borodine. Dans les années quatre-vingt, Richter se produit dans le noir, seule la partition étant éclairée sur le pupitre. Il apparaît pour la dernière fois en concert à Lübeck en mars 1995.

1. Laurent Bayle (1951-). Diplomé de l'Institut d'études politiques de Lyon, il s'implique très tôt dans la vie théâtrale de la ville. Puis le succès du « Festival musical » de Strasbourg en 1982, le conduit à la direction artistique de l'Ircam en 1986. Il en prendra la direction en 1992 au départ de Pierre Boulez. En 2001, il est à la tête de la Cité de la musique qui fusionnera en 2015 avec la Philarmonie de Paris dont il assume la direction générale à partir de mars 2016.

intimes, reçus régulièrement quai de Béthune, souvent en tête à tête pour des échanges nourris sur la musique, bien sûr, mais aussi sur la vie culturelle. Elle sera, avec lui, l'une des instigatrices de la Cité de la musique dont elle le pousse à prendre la direction générale en 2001. Ma mère est présente à tous les concerts : ils emportent un succès considérable. Le pari réussi de l'implantation d'une salle de concert dans le Nord-Est parisien conduira en 2015 à l'inauguration de la Philarmonie de Paris présidée par Laurent Bayle. Il y rendra un hommage vibrant à Pierre Boulez lors de ses obsèques.

Indépendamment des premières à l'opéra Garnier et à l'Opéra-Bastille, Claude fréquente les théâtres d'art et d'essai : aux Amandiers où elle retrouve Catherine Tasca, aux Bouffes du Nord où la distribution est souvent exceptionnelle. Elle retrouve enfin ce sentiment de liberté qui lui a cruellement manqué pendant plusieurs décennies. « Être libre pour se promener dans les rues lorsque j'en ai envie, faire des courses […], entrer, au hasard dans un cinéma (28). » La seule différence est qu'elle a pris l'habitude d'être accompagnée par son chauffeur ou un inspecteur en raison de quelques expériences malheureuses avec des importuns, peu nombreux certes, mais suffisamment motivés pour heurter celle qui s'applique à ne pas répondre, fuyant les polémiques sans fin.

Finalement, sortant d'un contexte contraint, Claude renaît.

Elle fréquente les peintres, comme Pierre et Colette Soulages, Hartung et son épouse Anna-Eva Bergman, Sonia Delaunay et Zao Wou-Ki (qui épousera Françoise Marquet en 1977). Elle reçoit d'eux des œuvres à titre personnel et se lie d'amitié avec la veuve de Vassily Kandinsky, Nina [1].

D'origine russe, elle aussi, Nina Kandinsky vit entre Gstaad et Paris. Elle ne se déplace jamais sans un lourd sac en cuir dont beaucoup savent qu'il est rempli de bijoux exceptionnels acquis grâce à la vente de toiles de son mari. Claude en est devenue l'amie intime. Avec la complicité du directeur du musée du Centre, Pontus Hultén, elle obtient en 1980 que la veuve du grand peintre cède au musée national d'Art moderne l'ensemble de la collection Kandinsky lui appartenant. Le testament est rédigé à la main sur la table de la salle à manger du quai de Béthune. « C'est embarrassant et impressionnant à la fois (28) », confie Claude, qui sait saisir les occasions permettant d'enrichir les collections des musées français et devient, la même année, présidente de la Société

1. Nina Kandinsky (1893-1980). Elle épouse le peintre Kandinsky à Moscou en 1917. Ils quittent tous deux la Russie en 1921 pour s'établir en Allemagne où ils participent à l'aventure du Bauhaus, mouvement artistique, créé à Weimar. En 1933, les Kandinsky s'exilent à nouveau en France, dont ils acquièrent la nationalité en 1939. Kandinsky meurt à Neuilly en 1944. En avril 1980, Nina lègue au musée d'Art moderne, avec réserve d'usufruit, toutes les œuvres de son mari en sa possession ainsi que ses dessins, ses carnets de croquis et de notes, sa correspondance et sa collection personnelle.

Kandinsky. Nina meurt en 1980, assassinée dans son chalet de Gstaad. Les circonstances exactes de ce crime resteront inexpliquées.

Outre Chagall et son épouse Béla, Vasarely et sa famille, Bernard et Annabel Buffet, Claude maintient ses relations avec Aimé Maeght et son épouse « Guiguitte », par l'intermédiaire de Jean-Louis Prat, directeur de la Fondation Maeght (elle et Georges avaient découvert leur galerie parisienne dès 1936), ainsi qu'avec Karl Flinker, qui l'accompagnera dans différents voyages. Il lui permet d'acquérir des Kupka, un superbe Fontana, un Uecker. Il lui offrira même un Klee.

Mais les amis artistes les plus proches et les plus généreux pour sa fondation sont Niki de Saint Phalle et son mari Jean Tinguely. Pour le critique d'art contemporain Pierre Restany, ils représentent « les noces de Vénus et de Vulcain ». Sculpteur, peintre et dessinateur, Tinguely envoie régulièrement à ma mère des compositions illustrées, bariolées, chatoyantes et pleines d'humour. Le texte qui entoure généralement l'œuvre se termine par « Tout de bon !... » comme c'est l'usage en Suisse où il réside le plus souvent. Quant à Niki, elle lui offre plusieurs de ses sculptures, les fameuses *Nanas*. « Sa générosité est immense, elle trouve toujours des occasions très délicates de la manifester (28). » Certaines seront vendues, comme l'artiste le souhaitait, au bénéfice de la Fondation Claude Pompidou.

En 1982, ma mère intervient personnellement pour soutenir le projet de fontaine en hommage à Igor Stravinsky. Dénommée « Fontaine Stravinsky », elle est conçue par Jean Tinguely et Niki de Saint Phalle. Durant plusieurs mois, elle en expose la maquette, quai de Béthune, afin de convaincre ses visiteurs d'aider ou soutenir sa réalisation. Paul Sacher, généreux et pragmatique, apporte une dotation destinée à permettre l'entretien de la fontaine pendant cent ans. Celle-ci sera inaugurée en mars 1983 : situé entre le Centre Pompidou et l'Ircam, jouxtant l'église Saint-Merri, c'est un lieu prédestiné comme le rappelle le poème de Robert Desnos, *La Prophétie* [1], daté du 25 avril 1982 et illustré par Tinguely.

Claude est séduite par une telle anticipation. Elle conservera l'original de cette illustration, dont une copie encadrée figure en bonne place dans son

1. *La Prophétie* :

D'une place de Paris jaillira une si claire fontaine
Que le sang des vierges et les ruisseaux des glaciers
Près d'elles paraîtront opaques.
Les étoiles sortiront en essaim de leurs ruches lointaines
Et s'agglomèreront pour se mirer dans ses eaux près de la tour Saint-Jacques
[…]
Or le chant est si doux de la claire fontaine
Qu'il baigne déjà mes yeux et mon cœur.
Ce sera le plus bel affluent de la Seine
Le gage le plus sûr des printemps à venir, de leurs oiseaux et de leurs fleurs.
(Robert Desnos)

bureau à la Fondation. Une sorte de talisman… Et le cercle des amis artistes et intellectuels s'élargit encore. Elle rencontre Hundertwasser et Martial Raysse ainsi qu'Adami et César. Les liens se resserrent avec les Soulages. La relation personnelle avec Pierre Boulez s'approfondit : leur esprit est « tiré vers le haut ». Claude a une grande faculté à atteindre une certaine spiritualité, force et don qui lui permettent de « s'extraire d'elle-même ».

Sa relation privilégiée avec Pierre Boulez, faite d'affection et de pudeur à la fois, comble son attrait pour la création. Elle écrira dans ses notes personnelles : « Je suis passionnée par les arts et leur évolution : musique, peinture… […] Une de mes convictions c'est celle de la nécessité des artistes dans une société […]. Le dépassement de soi est à la pointe de la création artistique […]. L'art est une nécessité permanente (27). »

Sa relation avec les artistes, interprètes de leur temps, est d'autant plus enrichissante que Claude s'est familiarisée, au contact d'André Malraux, à une approche inter-générationnelle de l'art, sous toutes ses formes. Profondément croyante, elle a découvert le sens du sacré dans l'art grâce au révérend père Alain Couturier, dominicain habitué à confronter ses convictions religieuses avec le culte de la création artistique depuis les « arts premiers » jusqu'à nos jours. Et Pierre Boulez a beau être athée, il émane de son œuvre cette transcendance qui a séduit Suzanne Tézenas puis Paul Sacher et enfin Claude Pompidou.

Elle sera également impressionnée par sa rencontre avec la collectionneuse Dominique de Ménil [1].

En janvier 1960, à New York, cette dernière avait été présentée à mes parents par Guy et Marie-Hélène de Rothschild. Elle a ensuite revu Claude à Paris, en raison de leur intérêt commun pour l'art et la création. Leurs rencontres respectives avec le père Couturier les ont encore rapprochées, au point que, dès

---

1. Dominique de Ménil (1908-1997). Protestante, l'une des héritières de la société pétrolière multinationale Schlumberger fondée par son père, le scientifique alsacien Conrad Schlumberger. Elle se convertit au catholicisme après son mariage en 1930 avec Jean Menu, baron de Ménil. Comme Malraux, elle est proche du révérend père Couturier qui, séjournant à New York, l'a confortée très tôt dans son intérêt pour la création contemporaine et l'a initiée aux arts premiers. Sa collection débute par l'achat d'une petite aquarelle de Cézanne, en 1945. Sa collection se complétera des œuvres de Jackson Pollock, Willem de Kooning, Cy Twombly et Mark Rothko. Les Ménil font construire la chapelle Rothko en 1977, un sanctuaire dédié à toutes les confessions. Trente ans plus tard, ils font revivre l'esprit qui animait le « Domaine musical » de Suzanne Tézenas. Cette collectionneuse créera la « Ménil Foundation » et la « Ménil Collection » de Houston, dont les plans sont signés d'un des architectes du Centre Pompidou, Renzo Piano. Dans les années quatre-vingt, à l'instar de Claude Pompidou, elle reçoit de nombreuses cartes décorées par Jean Tinguely et Niki. En 1984, Paris accueille dans les salles du Grand Palais six cents œuvres d'art issues de la prestigieuse collection de Ménil. Le Centre Pompidou en recevra, par testament, plus de trente. Dix ans plus tard, Dominique de Ménil se retire du monde. Sa maison est ornée de toiles de maîtres mais sa chambre est une cellule monacale dénudée de toute œuvre. « Je sais bien que je disparaîtrai [...], il faudra que je

l'inauguration du Centre sur le plateau Beaubourg, Madame de Ménil envisage de créer à New York une Beaubourg Foundation. Excellente sur le fond, l'initiative déclenche entre elles une bataille sémantique. Claude veut s'en tenir à la dénomination de Pompidou Foundation. Dominique de Ménil n'accepte aucune concession. Elles apportent l'une comme l'autre la notoriété : ma mère s'applique, sans argent, à servir la mémoire de son mari et Dominique à soutenir l'art contemporain avec des moyens financiers considérables et une collection exceptionnelle. Bloquée pendant plusieurs mois, la situation se réglera grâce au talent de diplomate de Jean-François de Canchy [1], membre dès 1970 de l'équipe de préfiguration du Centre, chargé des relations internationales et institutionnelles.

---

sois prête à me mettre en route, comme l'enseigne l'écriture, avec rien d'autre que mon bâton et ma ceinture », écrira-t-elle.

1. Jean-François de Canchy (1948-). Historien de formation et inspecteur au Centre national d'art contemporain. Dès 1970, il rejoint avec son ami Alfred Pacquement l'équipe de préfiguration du Centre Georges Pompidou pour suivre les relations internationales et régionales. De 1975 à 1976, il est chargé de mission au musée national d'Art moderne, puis intègre officiellement le Centre Pompidou, à la tête des relations internationales (1976-1983) et des affaires financières. Après un passage par le cabinet du ministre de la Francophonie, il revient en 1988 à l'établissement public en tant que conseiller du président, chargé du réaménagement du Centre Pompidou. En 1996, il sera délégué aux Arts plastiques avant d'intégrer en 1998 l'Inspection générale de l'administration des Affaires culturelles. De 2003 à 2010, il est directeur régional des Affaires culturelles. C'est à ce titre que Claude lui demandera en 2005 de prendre la présidence du

Il parvient à convaincre Dominique de Ménil de céder et de mettre en valeur le nom de Georges Pompidou, concepteur du Centre. Et lui explique que la volonté d'une dénomination topographique – le musée est bel et bien situé sur le plateau Beaubourg – provenait surtout, à l'époque, des opposants au président Pompidou. Grâce à sa médiation et à l'intelligence des deux protagonistes, la Georges Pompidou Art and Culture Foundation est lancée à New York au cours d'un déjeuner au consulat général de France en présence d'artistes et d'invités du monde de l'art et de la culture. Ensuite, à chacun de ses séjours à Paris, Claude reçoit Dominique de Ménil quai de Béthune : c'est l'occasion d'échanges approfondis sur l'œuvre artistique et la santé de l'âme. Lors de sa visite à Houston, peu avant la disparition de cette amie proche, Claude sera impressionnée par l'ascèse qui l'inspire.

Plus tard, dans l'Aveyron, à l'abbaye de Sylvanès, elle renforce son dialogue spirituel avec le père André Gouzes [1]. Depuis Cajarc, ma mère lui rend souvent

conseil d'administration de la Maison des arts Georges Pompidou créée à Cajarc, en 1989.

1. André Gouzes (1943-). Religieux dominicain, né dans l'Aveyron, non loin de Sylvanès. Il est l'artisan du renouveau du chant liturgique grâce à la *Liturgie chorale du peuple de Dieu*. Cet ouvrage s'inspire des traditions musicales du christianisme (chant grégorien, polyphonie ancienne, choral protestant et modalité byzantine). Il restaure dès 1975 l'abbaye de Sylvanès, située à proximité de Cajarc et joyau de l'art cistercien en Aveyron. Il fait venir de Russie une église orthodoxe construite en bois au XVIIe siècle. Elle est transportée en pièces détachées.

visite afin d'échanger leurs points de vue sur la musique et le chant sacré. Ils se recueillent chaque fois dans la chapelle dont elle apprécie le mystère.

Jusqu'en 1986, cette vie amicale et spirituelle intense épanouit Claude : le bonheur diffuse autour d'elle, lors des week-ends à Orvilliers, des vacances à Cajarc et en Bretagne. Charme et émotion à fleur de peau, elle revit et transmet aux autres optimisme et vitalité.

À Orvilliers, elle est déchargée des soucis domestiques grâce à un couple de retraités. Charles Fanjet, ancien marin, a été maître d'hôtel à l'Élysée. Son épouse, Marinette, concocte une sympathique cuisine familiale. Ils sont remplacés quelques années plus tard par leurs amis Fernand et Geneviève Desnouveaux, qui gardent les mêmes habitudes. Les maîtres d'hôtel servent en veste blanche et la cuisinière porte une blouse parfaitement repassée... Deux CRS sont en faction jour et nuit devant la maison. L'un d'eux va épouser une de leurs filles : on reste en famille ! Le chauffeur et l'inspecteur assurent à ma mère la tranquillité nécessaire et rentrent chez eux le dimanche soir avec des œufs frais provenant d'une ferme voisine.

Le billard inutilisé est transporté à Bity dans la propriété des Chirac, très émus de recevoir ce souvenir du président.

Parvenue en gare de Millau en juillet 1993, elle sera remontée sur place par des charpentiers russes.

Les Desnouveaux seront remplacés par Jean et Anne-Marie Rodriguès accompagnés de leurs deux enfants. Pendant dix ans, ces derniers assurent une parfaite gestion de la propriété. Après un intermède de deux ans au Portugal, Jean nous rejoindra, Nicole et moi, à Munich en 2004, où j'ai été élu président de l'Office européen des brevets. Il ne nous a jamais quittés depuis, tout en restant fidèle à sa famille qu'il retrouve régulièrement dans le nord du Portugal.

Nous débarquons, Nicole et moi, avec nos six enfants pour les week-ends. Jeunes adolescents, ils animent par leur gaieté et leur insouciance ces réunions familiales.

Les parties de cartes sont acharnées, entrecoupées de loto et de « petits chevaux ». Excellente grand-mère, celle que chacun, dans la famille, appelle « Biche » revient les bras chargés de jouets et jeux des meilleures boutiques, Le nain jaune notamment qui avait distrait son enfance puis la mienne. Elle se plonge dans les livres pour enfants et adolescents, ce qui lui rappelle l'époque où sa mère lui lisait *Le Livre de la jungle* de Rudyard Kipling.

Nicole et moi recueillons un tout jeune teckel à poils durs, Jéricho. Dès son arrivée, après avoir marqué son territoire sous la table de la salle à manger, il va se jeter sur les lacets des chaussures de sport de ma mère, des Puma 40. Il faudra désormais les lui remplacer régulièrement, car le chiot sensibilisé au jeu dès le premier jour, n'aura de cesse, dans la liesse générale, que de « grignoter » ses chaussures sous la table. Je suis le seul à lui en fournir car c'est devenu, entre nous, une connivence affectueuse. Claude sait pertinemment qu'elle ne doit pas répondre aux sollicitations de l'animal pendant les repas mais lui jette néanmoins « en catimini » des morceaux de pain ou de viande par-dessus son épaule pour tenter d'échapper à nos regards réprobateurs...

Les discussions sont animées, chacun raconte sa semaine et ma mère nous étonne en faisant le plus simplement du monde le récit de ses moments passés avec des personnages d'exception. Ainsi les grands de ce monde s'invitent-ils à notre table !

Au printemps 1983, Nicole et moi décidons de nous marier au cours d'une cérémonie intime, début juillet à Orvilliers. L'épouse du maire nous précise qu'il est préférable que la célébration ait lieu discrètement dans l'après-midi pour éviter la sortie de l'école. Elle est très informée : les élèves sont en vacances depuis une semaine ! La discrétion est assurée, tout au moins dans l'esprit de ma mère... Cette succession de « quiproquos » nous ravit, Nicole et moi.

Le temps est superbe, la journée ensoleillée et détendue, la convivialité s'installe. Le lendemain, nous partons en voiture vers les Baux-de-Provence où Raymond Thuillier, propriétaire de l'hôtel Baumanière, nous a invités. Il manifeste ainsi sa reconnaissance sans faille à mon père qui, lorsqu'il était commissaire au Tourisme, avait accordé en 1950 l'agrément hôtelier à cet établissement exceptionnel, situé au pied du village fortifié.

À Cajarc, la propriété est parfaitement entretenue, les agneaux naissent à Pâques, la luzerne est cultivée sur place. Les chevaux arabes assurent les promenades avec les familiers et quelques invités. Un valeureux « camarguais » blanc ferme la marche, cadeau de Francis Fabre [1] et de son épouse arlésienne, Mistou.

Après les joies de la piscine, viennent celles de la table : omelettes aux truffes, confits de canard. Bertie Schramm, à la fois gourmand et soucieux de faire plaisir, apporte les desserts : fameux éclairs au chocolat qui font les délices de tous, y compris de ma mère.

Délaissant rapidement ces « agapes », Claude s'isole dans le pigeonnier pour écouter Boulez, Wagner ou Berg, mais aussi les symphonies de Beethoven, les concertos de Mozart ou *Le Clavecin bien tempéré*, interrompu par les compositions de Buxtehude (maître de Jean-Sébastien Bach, qui se déplaçait à pied, couvrant plusieurs centaines de kilomètres, animé par l'instinct de l'oiseau migrateur). Une fois de plus, les choix maternels sont éclectiques. Car les enregistrements de Joan Baez, Leonard Cohen, Guy Béart ou Gilbert Bécaud côtoient ceux de la « grande » musique.

1. Francis Fabre (1911-1990). À l'époque, président des Chargeurs réunis (racheté par Jérôme Seydoux en 1980) et de la société Union des transports aériens, UTA, qui sera rachetée par Air France en 1990.

*

Les agréments de la vie à Cajarc n'enlèvent pas à Claude sa passion pour les voyages. Elle assouvit ainsi un besoin de dépaysement mais aussi une curiosité inlassable pour l'histoire ou l'actualité. Elle envoie ses impressions par cartes postales, aussi bien à nous qu'à Édouard Balladur, Jacques Chirac ou les Rothschild toujours impressionnés par sa « bougeotte ». Elle se fait généralement accompagner d'Alain Briottet (responsable de son protocole à l'Élysée) ou d'amis tels que Karl Flinker ou Claude Roland.

En 1982, elle accompagne Madeleine Malraux à New York pour un récital de piano. Puis elle passe nous voir à Birmingham, Alabama, où Nicole et moi, accompagnés de mon fils Thomas, effectuons un séjour postdoctoral dans le laboratoire d'un ami immunologiste, Max D. Cooper [1], rencontré en 1971 lors d'un congrès à Uppsala en Suède. Je l'avais emmené en 1972, avec son épouse, visiter les nouveaux appartements de l'Élysée : ils avaient été impressionnés.

À Birmingham, Claude s'étonne des disparités : d'un côté de riches industriels de l'acier, ouverts au

1. Max D. Cooper (1933-). Professeur de médecine, pédiatre et immunologiste. Enseignant à l'université d'Alabama à Birmingham (UAB), il rejoint, avec son équipe, l'université d'Emory à Atlanta en 2010. L'amitié de nos deux familles s'est encore renforcée lorsqu'il a acquis, en 1992, une propriété située près de la nôtre dans le Finistère Sud. Nos deux familles sont très proches.

progrès scientifique et soutenant la recherche universitaire, de l'autre un conservatisme total maintenant une forte ségrégation raciale.

En Chine, elle va contempler les défilés de la rivière de Guilin, mais rencontre aussi des artistes dissidents à Pékin. De même à Moscou, où elle entre en contact avec des peintres œuvrant dans la clandestinité afin d'échapper à la censure du régime soviétique. Il lui arrivera d'intervenir en leur faveur auprès des plus hautes autorités afin de permettre leur « séjour » en France. Odessa, en Ukraine, reste pour elle un émerveillement : elle y cherche des traces de la famille Kandinsky, mais l'escalier Potemkine, la maison de Tolstoï et le musée Pouchkine la fascinent aussi. « J'adore les voyages, proches ou lointains. Je suis surtout intéressée par les lieux qui ont une histoire, plus que par la nature sauf exception : Iguaçu ou la rivière de Guilin (27). » « Mon goût immodéré du voyage est ma part de fantaisie. Elle se manifeste, tout à coup, alors que je suis prise dans une situation close [...]. Je suis une passionnée des voyages, je veux tout voir : paysages, villes, musées, rencontrer le plus de gens possible, d'horizons différents et d'appartenances diverses [...]. Je crois aux vertus des voyages, à la curiosité qu'ils éveillent en nous pour d'autres formes de pensée, de culture, de société. Ils nous donnent du recul, nous apprennent le sens de la relativité et aussi celui de l'humilité (28). »

En mémoire du président

Claude Pompidou considère cependant que les successeurs de son mari n'ont pas suffisamment évoqué le président diparu : nous décidons donc ensemble de publier ses souvenirs. « Il manque de références de la part des responsables politiques de tous bords à son action et à son œuvre en tant que Premier ministre puis de président. On oublie qu'il a passé un quart de siècle auprès du Général. Je regrette ce silence. Tout se passe comme si la mémoire collective avait assimilé cette action en oubliant qui en fût l'auteur, ce à quoi je ne puis me résoudre (28). » Par voie testamentaire, mon père nous avait demandé de publier ses *Mémoires* interrompus. Il avait mentionné précisément, pour les collecter, Jean-François Saglio [1], un de ses collaborateurs à l'Élysée.

Afin de combler ou compléter des périodes manquantes, nous lui confions les cahiers de notes prises régulièrement par mon père entre 1949 et 1955. Son

1. Jean-François Saglio (1936-). Ancien élève de l'École polytechnique, ingénieur du corps des Mines. Après avoir été directeur de l'Agence financière de bassin Rhin-Meuse, il est, de 1969 à 1973, chargé de mission au secrétariat général de la présidence de la République pour le dossier Recherche/Enseignement supérieur, puis directeur de la Prévention des pollutions et nuisances (1973-1978) et délégué général à la Qualité de la vie (1978-1979). Il devient, en 1986, directeur général de l'Industrie à Bercy entre 1987 et 1988 puis poursuit sa carrière dans la protection de l'environnement.

choix sera rigoureux et illustre parfaitement les relations de Georges Pompidou avec le général de Gaulle. Il est complété par deux chapitres déjà rédigés sur Mai-68, puis de juin 1968 à l'élection présidentielle. Le titre – *Pour rétablir une vérité* (25) – prend tout son sens. Une photo s'impose à nous pour la quatrième de couverture : on y voit le Général pousser ostensiblement mon père à s'engager, malgré une réticence visible. Dans la famille, nous avons intitulé ce cliché : « Allez-y Pompidou ! » Publié en 1982, l'ouvrage connaît un grand succès. Nous avons accompli notre devoir.

En 1984, pour le dixième anniversaire de la disparition de mon père, plusieurs manifestations sont organisées. Une composition sculpturale conçue par Étienne Hajdu est érigée à Saint-Flour. Le buste réalisé trente ans plus tôt, en 1953, occupe une position centrale, entouré d'une construction épurée et monumentale à travers laquelle on découvre le paysage du Cantal. Une émission philatélique « Premier jour » reprend un timbre réalisé en 1975, évocateur de la personnalité du président, à la fois proche et incisif. Une statue confiée à mon ami sculpteur Louis Derbré [1] est aussi installée dans le jardin des

1. Louis Derbré (1925-2011). À l'âge de douze ans, il arrête ses études pour travailler dans la ferme de ses parents. Après son mariage, en 1945, il s'engage comme manœuvre dans une maison d'édition d'art. Fréquentant les élèves des Beaux-Arts, il se met à la sculpture et remporte plusieurs prix. En 1962, il se révèle au public en participant à l'exposition *Rodin, Maillol,*

Champs-Élysées, devant la grille du coq du palais présidentiel : elle est toute proche de celles du général de Gaulle et de Winston Churchill qui se font face en marge du rond-point.

Intitulée *La Minute de silence*, elle exprime la stature du personnage. Ma mère aurait souhaité la main de l'artiste César. Sans doute avait-elle raison car l'œuvre aurait eu un plus grand retentissement. Mais je m'entêtai, afin de garder, sans doute à tort, un contrôle sur l'œuvre… L'un comme l'autre, nous nous sommes appliqués à tenter de servir la mémoire du président. Avec une seule préoccupation : « Construire devant soi. »

Derbré, puis il présente *La Terre* à Tokyo. Je poursuis avec lui des activités de sculpture sur glaise et plâtre entre 1974 et 1980. En 1991, il crée l'espace culturel « Louis Derbré » dans sa ville natale. En 2000, une exposition rétrospective, place Vendôme à Paris, présente trente-cinq de ses sculptures monumentales. Il disparaît à l'âge de quatre-vingt-cinq ans sans avoir perdu son humour ni sa puissance créatrice.

Chapitre VII

Le défi permanent : 1986-2004

Encore un sursaut d'énergie

Cette période constructive sera interrompue en 1986, de mon fait. Le 10 mai, Jacques Chirac succède à Matignon à Laurent Fabius : c'est la première cohabitation. J'ai quarante-quatre ans, j'enseigne, je publie régulièrement, je viens de soutenir ma thèse de sciences. Pourtant je m'ennuie. Européen convaincu, je vois se profiler la perspective des élections européennes de 1989. Pour être élu, il faut se faire connaître des milieux politiques. En dehors d'excellentes relations avec Jacques Chirac, je n'ai pas d'engagement personnel. Il faut me construire un profil nouveau, qui me soit propre. Je suis sollicité par des collègues pour m'occuper des sciences du vivant au ministère de la Recherche. Nicole me pousse à accepter ; ma mère est inquiète pour moi à l'idée d'un poste en vue dans un cabinet ministériel. Avertie des aléas de la vie politique, elle tente de me décourager pour tenter de me protéger. Peine perdue, poussé par le désir de réalisation personnelle, j'entre au cabinet d'Alain Devaquet, la tête haute, dans un bureau situé au sein de l'ancienne École polytechnique. Je subis aussitôt l'assaut des journalistes. Ma mère refuse de voir les entrefilets et photos dans la presse, elle aurait préféré voir son fils en « grand professeur de médecine », sur le modèle de son père, chef de service à l'hôpital et respecté de tous (19). C'est donc d'une oreille distraite qu'elle écoute les récits liés à mes nouvelles fonctions.

En fin d'année, Alain Devaquet doit démissionner sous la pression d'une cabale menée à son encontre au nom d'une augmentation des droits d'inscription à l'université. À la demande de Jacques Chirac, je rejoins alors l'équipe de Michèle Barzach, ministre de la Santé, pour élaborer une politique de lutte contre l'infection par le VIH. Matignon délègue : surtout éviter de se retrouver avec une nouvelle et douloureuse affaire de « sang contaminé ». On m'appelle « M. Sida [1] ».

1. En 1987, malgré de nombreux obstacles à franchir tant administratifs, financiers que politiques, le ministre et moi mettons sur pied un plan de lutte contre l'infection. Complet et cohérent, il porte ses fruits. Le virus causal est identifié grâce à une étroite collaboration entre médecins hospitaliers et chercheurs de l'Institut Pasteur. Françoise Barré-Sinoussi et Luc Montagnier recevront plus tard le prix Nobel pour la découverte du virus responsable. La concertation internationale, l'aboutissement des recherches puis la mise au point des méthodes de diagnostic par l'Institut Pasteur stabilisent la pandémie. Plus tard, la trithérapie sera efficace et certains patients seront même guéris.

M'en ouvrant fièrement à ma mère, je l'entends murmurer : « Si cela pouvait servir à quelque chose ! » Dans les années suivantes, elle va perdre plusieurs de ses amis de la mode et du spectacle.

*

Pressentant mon succès, Claude n'est pas loin de se sentir en déshérence affective. Elle doit puiser en elle des ressources nouvelles. La haute couture redevient l'une de ses préoccupations : chez Christian Dior, elle maintient des relations suivies avec Marc Bohan [1] puis Jean-Paul Claverie [2], qui marqueront leur fidélité à l'ancienne Première dame.

Elle a également noué de longue date des liens d'amitié avec André Oliver, le dessinateur de talent des modèles de Pierre Cardin. Claude le présente à Bernadette Chirac pour qu'il l'habille selon son rang.

1. Voir p. 237.

2. Jean-Paul Claverie (1959-). Docteur en droit et en médecine, il entre en 1982 au cabinet de Jack Lang, chargé des affaires internationales puis conseiller du ministre. Il rencontre Bernard Arnault, président de LVMH, dont il devient le conseiller personnel en 1991. Il organise plus de trente expositions internationales dont celle dédiée à Giacometti au Centre Georges Pompidou. Il lance une action inédite en faveur des jeunes pour aider des milliers d'entre eux à s'intégrer dans la vie active, parmi lesquels de nombreux virtuoses. Il est à l'origine de la création de la Fondation Louis Vuitton dont le siège sera édifié au bois de Boulogne par l'architecte américain Frank Gehry. Le bâtiment sera inauguré en 2014 à l'occasion d'un gala organisé au bénéfice de la Fondation Claude Pompidou.

Enjoué, voire désopilant, il est d'une grande générosité. Il propose même des tenues à Nicole pour les grandes occasions. Fort de mes relations passées avec Coco Chanel, je l'accompagne un jour pour un essayage. Étonnement général dans la maison de couture, on n'escorte pas sa femme en ces circonstances. Quel naïf j'étais à force d'être amoureux… Le lendemain, ma mère me reprochera cette initiative. Quoi qu'il en soit, j'ai au moins eu le plaisir de choisir, avec André, une tenue qui nous plaisait. Il prêtera à Nicole une robe longue, rouge cramoisi, pour accompagner sa belle-mère au Festival de Bayreuth. Cette couleur « wagnérienne » saura faire apprécier des fervents du *Ring* la jeune germanophone qu'était mon épouse.

Quant à Claude, rien ne la fait se sentir à l'aise autant que les tailleurs Chanel. Mais elle porte aussi avec naturel et distinction les « robes pantalons ». Quand Karl Lagerfeld s'attache à sa personne, elle voit en lui un grand créateur et il reconnaît en elle un tempérament d'exception. Derrière son allure atypique, connue du Tout-Paris, c'est un homme droit, qui a entretenu avec sa mère des relations privilégiées, notamment pendant la guerre. Claude et lui ont en commun l'obsession de dissimuler leur âge. Ma mère le reçoit à déjeuner quai de Béthune afin de souligner sa générosité à l'égard de la Fondation. La démesure inspire souvent ces personnages hors du commun. Ainsi sommes-nous, ma mère, Nicole et moi, sidérés de voir arriver quai de Béthune d'imposants bouquets de roses blanches ! Les arrangements passent à peine dans la porte avant de venir orner le salon. Claude en est ravie, pour la plus grande joie de son invité, qui exprime ainsi son affection envers une personnalité qui lui rappelle sa jeunesse. La mode, pour ma mère, ne se résume pas à du paraître, elle est également l'occasion de se lier d'amitié avec ceux qu'elle perçoit comme des créateurs d'exception.

Le rite des défilés va lui offrir l'occasion d'une rencontre étonnante, celle de Jacqueline Delubac [1] qui lui est présentée par leur ami commun Claude Roland. Moi-même je suis impressionné par cette grande comédienne qui n'hésite pas, lors d'une soirée

---

1. Jacqueline Delubac (1907-1997). Fille d'un industriel lyonnais, elle se fait remarquer pour ses talents de comédienne. Sacha Guitry l'épouse en troisièmes noces en 1935 et lui fera tourner onze films et jouer vingt-trois pièces de théâtre. Ils divorcent en 1939. Alors qu'elle habite quelques années à New York avec sa mère, Salvador Dalí, séduit par sa prestance, lui fait livrer un tapis de gazon naturel en vue de la faire poser nue pour lui. Madame Delubac mère le met à la porte sans savoir à qui elle a affaire. Après la guerre, elle devient la compagne de Myran Eknayan, diamantaire renommé, qui l'épouse en 1981. Ayant abandonné le théâtre et le cinéma, elle constitue une collection d'art impressionniste et moderne : Degas, Renoir, Manet, mais également Picasso, Modigliani, Rouault, Fautrier et Bacon. En 1983, elle lègue au musée des Beaux-Arts de Lyon la plus grande partie de ses œuvres, dont elle garde l'usufruit jusqu'à sa mort, accidentelle, en 1997. Grâce à son ami de cœur Claude Roland, elle manifestera sa générosité à la Fondation Claude Pompidou.

de gala, à m'appeler son « fiancé » afin de semer le doute chez nos voisins de table. Nous y voyons, Claude et moi, une marque d'intérêt assortie d'une pointe d'humour. Cette rencontre nous rapproche, une fois de plus, car nous nous retrouvons ensemble dans le même monde.

C'est en 1981 que Claude rencontre Laure de Beauvau-Craon [1], sœur de son ami le peintre Guy de Rougemont. La princesse vient d'accéder à la présidence de Sotheby's France. Déterminée dans ses choix personnels et professionnels, apparemment modeste, mais diplomate et combative, autant de traits de caractère qui la rapproche de ma mère. Dès 1995, elle anticipe l'évolution du marché de l'art et engage un combat destiné à briser le monopole des commissaires-priseurs français. En 2001, elle parvient, avec le soutien de Claude, à ouvrir la France au marché de l'art international. Ma mère savait utiliser son influence au service de causes dont elle était convaincue longtemps avant les autres, par sa seule intuition.

---

1. Laure de Beauvau-Craon. Fille d'un militaire, le comte de Rougemont, jeune chef de la Résistance qui a commandé après la guerre les forces françaises en Allemagne. Déterminée dès sa jeunesse, elle commence sa vie professionnelle dans la vente de produits de beauté. Elle épouse le prince de Beauvau-Craon (1921-1982). Veuve, elle deviendra la première femme présidente, pour la France, de la société internationale de vente Sotheby's. Après avoir accompli ses missions avec succès, elle est devenue aujourd'hui présidente d'honneur de la prestigieuse institution.

*

La préoccupation majeure de Claude Pompidou reste cependant sa fondation. Son assistante, Nicole Le Picard, pour effacée qu'elle soit, lui apporte le soutien d'un dévouement sans faille, de même que Madame Ochin (née Demoulin), responsable du bénévolat pendant plus de trente ans. Elle est aussi très entourée par Jean-Paul Bolufer et Richard Hutin.

Un après-midi d'une semaine chargée, la porte du bureau est restée entrouverte. Le directeur général se présente sans frapper avec plusieurs parapheurs à signer. Claude le dévisage d'un regard réprobateur. Il s'étonne : « Ne bousculez pas le pot de fleurs (35) », lui répond-elle. Il revient, quelques minutes plus tard, présenter ses excuses. Ma mère signe de bonne grâce et gratifie son interlocuteur d'un sourire complice [1]. Elle sait transformer une contrainte en relation de connivence. C'est ainsi qu'elle progresse dans ses objectifs.

Elle est alors en train d'élaborer le projet d'un institut pour les malades atteints d'Alzheimer qui porte aujourd'hui son nom. Soutenu par la Ville de Nice et notamment Christian Estrosi, il sera installé au sein du centre hospitalo-universitaire. Une nouvelle étape de négociations se dessine avec les administrations et conduit à recourir à l'arbitrage du ministre de la Santé, Bernard Kouchner. Sans son appui, le projet n'aurait jamais abouti. En 2006, elle

1. Témoignage de Richard Hutin à l'auteur.

en pose la première pierre en présence du maire de l'époque Jacques Peyrat. Ultérieurement, Bernadette Chirac, devenue présidente de la Fondation, obtiendra une large contribution financière de Lily Safra [1], qui permettra de terminer les travaux et l'aménagement de l'Institut Claude Pompidou de Nice.

*

Denise Esnous est devenue, depuis la disparition de mon père, une véritable amie et un soutien permanent. Cette ancienne responsable du secrétariat particulier du président Pompidou a retrouvé les mêmes fonctions auprès de Jacques Chirac dans ses mandats successifs, à Matignon, à la mairie de Paris puis à l'Élysée. D'une remarquable efficacité, elle fait aboutir avec tact et courtoisie les interventions qui lui sont soumises. Au cours des déjeuners en tête à tête quai de Béthune, Claude apprécie son jugement sans faille. C'est elle aussi qui, de 1974 à 2007, assure un lien direct avec les Chirac. À un journaliste en vue Claude confiera, en 1997 : « Je considère que

1. Lily Safra, née à Porto Allegre au Brésil, est la veuve du philanthrope juif libanais Edmond Safra, épousé en secondes noces en 1976. Endeuillée dans des conditions dramatiques, elle gratifie le futur Institut Claude Pompidou de sept millions d'euros sous l'impulsion de Bernadette Chirac, devenue présidente de la Fondation en 2007. Ce don permettra d'achever l'Institut qui sera inauguré en 2012, grâce à l'implication permanente de la nouvelle présidente.

Bernadette est ma meilleure amie. Elle est d'une fidélité irréprochable (19). »

Ma mère suit également l'évolution du Centre qui porte le nom de son mari. Bien que la fréquentation soit excellente, il faut encore veiller à maintenir sa vocation initiale. Les deux présidents de la République qui se succèdent manifestent leur intérêt pour l'initiative de leur prédécesseur. François Mitterrand a fait réaliser l'Opéra-Bastille, a en projet la pyramide du Louvre, l'arche de la Défense et la très grande bibliothèque. Quant à Jacques Chirac, il pense déjà au futur musée des Arts premiers, qui verra le jour quai Branly le 23 juin 2006 en présence de ma mère. S'appuyant sur leur intérêt pour les initiatives culturelles, Claude n'hésite pas à leur écrire pour leur faire part de ses préoccupations. Elles portent sur les moyens affectés et les menaces d'une suppression de la Bibliothèque publique d'information, voire d'une scission avec l'Ircam.

Jean Maheu est toujours président de l'établissement. Il a livré une remarquable programmation et se montre adroit dans la gestion des conflits internes. Aussi, la nomination d'Hélène Ahrweiler [1], recteur

1. Hélène Ahrweiler (1926-). Diplômée de philosophie et d'histoire (spécialiste des Byzantins), docteur *ès* lettres, professeur des universités, présidente de l'université Paris I-Sorbonne. François Mitterrand la nomme recteur de l'Académie de Paris (1982-1989). En février 1989, elle prend la tête du Centre Pompidou mais, atteinte par la limite d'âge, ne fait qu'un mandat de deux ans et demi. Outre un grand nombre de publi-

de l'Académie de Paris, sera-t-elle une surprise. Mais Claude la connaît de longue date grâce aux Rothschild. Elle partagera plus tard de nombreux points communs avec son successeur Dominique Bozo [1].

Après lui, c'est sous la présidence de François Barré [2], en 1995, que sera décidée une opération de rénovation grâce à une contribution exceptionnelle de l'État attribuée par Édouard Balladur, encore Premier ministre. Les abords sont revus, l'atelier de Brâncusi est déplacé devant le bâtiment afin d'en faciliter l'accès. En septembre 1995, Lady Diana est reçue à Paris pour l'exposition Cézanne au Grand Palais. Bernard Arnault, en présence du ministre Douste-Blazy, organise pour elle un dîner de gala au Petit Palais dont une partie des contributions ira à la

cations, elle occupe de nombreuses positions prestigieuses, nationales et internationales dans le monde culturel.

1. Dominique Bozo (1935-1993). Diplômé de l'École du Louvre, il rejoint l'équipe de préfiguration du futur Centre Pompidou en 1969 en tant que conservateur au musée national d'Art moderne. À partir de 1974, il négocie la dation qui est à l'origine du musée Picasso puis dirige le musée national d'Art moderne et démissionne en 1986 en raison de l'insuffisance des moyens dont il dispose. Responsable des Arts plastiques au ministère de la Culture (1986-1990), il est nommé président du Centre Pompidou en août 1991. Son mandat est interrompu en avril 1993 par la maladie.

2. François Barré (1939-). Diplômé de l'ENA en 1965, dès 1969, il rejoint l'équipe de préfiguration du futur Centre Pompidou, dirigée par Robert Bordaz. Il sera ensuite responsable de diverses institutions culturelles : délégué aux Arts plastiques (1990-1993), président du Centre Pompidou (1993-1996) puis directeur de l'Architecture et du patrimoine (1996-2000).

Fondation Claude Pompidou. Une grande satisfaction !

Claude formera ensuite un véritable tandem avec Jean-Jacques Aillagon qui prend la présidence du Centre en 1996.

Érudit, intelligent et obstiné, Aillagon engage une gestion volontariste mais adaptée à l'esprit du lieu dont il parvient à maintenir l'intégrité. Il confie à Jean-Pierre Marcie-Rivière [1] une mission sur le mécénat, destinée à permettre des acquisitions supplémentaires, tâche dans laquelle il est secondé par Jean-Pierre Biron [2], directeur de la communication du Centre.

1. Jean-Pierre Marcie-Rivière (1957-2016). Homme d'affaires, il épouse en 1992 Zeineb Kebaïli, Française née en Tunisie et veuve en 1974 d'André Lévy-Despas, fondateur de Monoprix. Ils ont constitué ces trente dernières années une collection impressionniste d'une qualité rare. Zeineb est décédée en 2010. Il fit donation, à sa mort, de cent-quarante et une œuvres de Bonnard et Vuillard au musée d'Orsay.

2. Jean-Pierre Biron (1942-). Littéraire, il devient chargé de mission au service des enseignements artistiques du ministère de la Culture, avant de devenir directeur de l'École nationale d'architecture de Versailles (1969-1973). De 1973 à 1975, il est au Conseil supérieur de création esthétique industrielle puis, en 1981, adjoint au directeur général de la Société française de production (SFP). Ensuite chef de mission du département audiovisuel du Centre Pompidou ainsi qu'auprès du président du Grand Louvre (1984-1988), il se voit désigné directeur de la communication du Centre Pompidou, puis directeur auprès du président (1988-2007). En 2009, il deviendra conseiller du ministre de la Culture et de la Communication, Frédéric Mitterrand.

Couple d'une rare élégance, Jean-Pierre et Zeineb Marcie-Rivière poussent le sens de l'art et la générosité au plus haut point.

Jean-Pierre préside (bénévolement) l'association pour le développement du Centre Pompidou fondée en 1977 à l'initiative d'Édouard Balladur avec le soutien de Claude Pompidou. Jack Lang lui succédera en 2010, Édouard Balladur en assurant la présidence d'honneur. Destinée à élargir la collection du musée, cette initiative sera complétée par la « Georges Pompidou Art and Culture Foundation » lancée avec Dominique de Ménil – on l'a vu – aux États-Unis. La politique de mécénat est en marche.

1997 marque le vingtième anniversaire du Centre. Après le succès de l'exposition Léger, il ferme ses portes pour une rénovation intérieure complète. Le soutien des ministres successifs est acquis : Jack Lang, Catherine Trautmann puis Catherine Tasca (mélomane et amie de ma mère). Il s'agit d'adapter les moyens et les structures aux exigences d'une réalité sociale et culturelle en profonde mutation. Jean-Jacques Aillagon ne laissera pas cette période de fermeture faire oublier les murs : il imagine une haute horloge électronique qui égrène les secondes jusqu'au 1er janvier 2000. Située devant le Centre, elle matérialise l'écoulement du temps et devient une attraction.

Claude se rend régulièrement sur place pendant les travaux. Elle est amie de longue date des deux architectes Piano et Rogers, qui, comme Jean-Jacques Aillagon, sont reçus quai de Béthune pour évoquer la progression du chantier, l'évolution de l'art contemporain et de la vie culturelle. Les sujets techniques ne sont pas abordés, mais une confiance s'instaure durablement entre eux. Une fois de plus s'illustre la capacité de ma mère à traiter avec simplicité de grands sujets : « Je suis passionnée par les arts et leur évolution : musique, peinture. J'aime la compagnie des artistes, surtout les grands : Boulez avant tout, Béjart, Barenboim, Soulages, Martial Raysse. Malgré les complications de leur caractère, ils font voir les choses autrement : il y a des fenêtres qui s'ouvrent (27)... »

Le 1er janvier 2000, le Centre redevient accessible au public. L'exposition Martial Raysse est, par essence, anticipatrice. Aussitôt s'instaure une polémique autour de l'accrochage de l'effigie de Georges Pompidou par Vasarely. Certains considèrent qu'il est bien suffisant que le Centre porte son nom et que le portrait de « L'homme de 1968 » n'a pas lieu d'occuper le hall d'accueil. Jean-Jacques Aillagon a l'habileté d'en proposer d'abord une présentation difficilement accessible, avant de la faire réinstaller de façon frontale, offerte dès l'entrée à la vue des visiteurs. Claude lui souffle à l'oreille : « Si l'on veut exister, il faut se battre. » Elle a en tête cette phrase d'André Malraux : « La liberté appartient à ceux qui l'ont conquise. » Elle a d'autant plus de mérite à maintenir le souvenir de son mari que celui-ci est disparu vingt-cinq ans plus tôt !

*

La vie de ma mère est rythmée par les concerts et l'opéra. « Je vais beaucoup aux concerts, le plus souvent de musique contemporaine, à cause de l'Ircam [...]. La danse à l'opéra Garnier est superbe. Il me semble que c'est le plus grand ballet : danseurs extraordinaires. J'admire Maurice Béjart qui nous a donné des chorégraphies extraordinaires. C'est un ami, on ne le voit pas assez en France. Pourquoi (27) ? »

Hugues Gall [1] prend la direction de l'Opéra de Paris de 1995 à 2004. Il en mène la restructuration avec fermeté, soutenu dans ses difficultés internes par Claude Pompidou.

Encore plus épanouie, elle reçoit quai de Béthune les ministres de la Culture successifs et ses amis artistes : Niki de Saint Phalle et Jean Tinguely. Henri Dutilleux, l'architecte Pei et Jean-Claude Brialy viennent en voisins. Mais également Raymond

1. Hugues Gall (1940-). Diplômé de l'Institut d'études politiques et de lettres allemandes, il commence sa carrière au cabinet d'Edgard Faure au ministère de l'Agriculture, puis de l'Éducation nationale où il est chargé des enseignements artistiques. Il crée la filière musicale du baccalauréat, puis entre au cabinet d'Edmond Michelet, ministre d'État chargé de la Culture. À partir de 1969, secrétaire général de la Réunion des théâtres lyriques nationaux, il devient adjoint de Rolf Liebermann au théâtre national de l'Opéra (1973-1980), puis directeur du Grand Théâtre de Genève et enfin directeur de l'Opéra de Paris (1995-2004). Membre de l'Institut (Académie des beaux-arts), il est élu directeur de la Fondation Claude Monet à Giverny et reconduit pour cinq ans en 2013.

Hains, Maria Helena Vieira da Silva, Martial Raysse et Valerio Adami, qui lui donnera un étonnant portrait de Pierre Boulez. Elle invite des personnalités : Simone Veil et son mari, Hélène Rochas, les Rothschild, Caroline Pigozzi, journaliste appréciée puis grand reporter à *Paris Match*. Mais également Hubert d'Ornano et son épouse Isabelle [1] qui rejoindra le conseil d'administration de la Fondation Claude Pompidou. Enfin Hélène David-Weill [2] qu'elle connaît de longue date : elle apprécie son professionnalisme mais également son naturel et son engagement à la présidence du musée des Arts décoratifs.

En 1994, Pierre Boulez termine l'enregistrement de l'intégrale des symphonies de Mahler puis dirige, *Répons*, *Dialogue de l'ombre double* et *Lulu*. C'est l'occasion de discussions nourries entre Claude et lui, tant à Paris qu'à Baden-Baden.

Claude participe à plusieurs institutions culturelles : la Société Kandinsky, le conseil d'administration du Solomon Guggenheim Collection de Venise, le Guggenheim à New York, l'International Council

1. Isabelle d'Ornano. Elle a repris en 2015 avec ses enfants, au décès de son mari Hubert, l'entreprise de phyto-cosmétologie qu'il avait acheté en 1960 pour développer la marque de luxe Sisley et fonder avec son frère les produits Orlane. Amie de Claude Pompidou, elle participe avec intérêt à la vie de la Fondation et devient membre du conseil d'administration en 2006.

2. Hélène David-Weill. Épouse du banquier d'affaires Michel David-Weill, président de la banque Lazard. Elle sera présidente des musées des Arts décoratifs de 1993 à 2011.

du Museum of Modern Art de New York, l'association Le Cyclop à Milly-la-Forêt (du nom d'une sculpture monumentale réalisée par Niki de Saint Phalle et par Tinguely donnée à l'État en 1987 puis ouverte au public en 1994) ainsi que la Fondation Niki de Saint Phalle et Jean Tinguely. S'y ajoutent The American Friends of the Claude Pompidou Foundation et le Conseil du Palazzo Grassi à Venise.

Devant se rendre à New York avec Bernadette Chirac, elle en profite pour passer un moment avec mon fils, Thomas, et sa famille, ravis de les accueillir.

Sortant d'une réunion au Guggenheim Museum, elle est interpellée, en bordure de Central Park, par un promeneur avec son chien : « Hi, Madame, are you someone famous ? » (« Seriez-vous quelqu'un de célèbre ? ») Ma mère, qui se rappelle l'interview télévisée qu'elle a donnée la veille, se contente d'un sourire amusé mais poli et monte dans sa limousine noire, aux vitres teintées, sans commentaire. De retour à l'hôtel, Bernadette et elle s'amusent de cet épisode qui fera ultérieurement les délices de ma famille.

À Paris, toujours immergée dans son monde artistique, Claude s'attache à renforcer les liens avec ses amis plasticiens. Chaque année, elle fait réaliser par l'un d'eux une carte de vœux. Plus originales les unes que les autres, elles permettent de répondre à ses proches ainsi qu'aux cartes reçues de la part des plus humbles comme des plus célèbres. Chacun contribue bénévolement : l'art contemporain essaime ainsi en France et au-delà des mers.

*

Après les élections législatives de mai 1988, la gauche revient au pouvoir et Jacques Chirac est remplacé par Michel Rocard à Matignon. Je dois quitter le cabinet de Michèle Barzach et reprendre mes activités à la faculté de médecine. Les élections européennes se rapprochent, il va falloir continuer à exister.

Début avril 1989, douze jeunes députés défient les grands anciens pour tenter d'engager un renouvellement de la droite. Je transmets à cette occasion à l'AFP un communiqué de soutien, repris l'après-midi même. Dans les heures qui suivent, je reçois un appel d'Édouard Balladur, puis de Jacques Chirac, pour tenter de me faire revenir sur ma décision. Ma mère reste prudemment sur la réserve. Marie-Hélène de Rothschild me joint personnellement, elle essaye de me faire elle aussi changer d'avis. Trop tard, rendez-vous est pris avec TF1 pour le journal de 20 heures. Même si la tentative des « rénovateurs » échoue, peu importe, j'existe à nouveau dans le paysage politique.

Claude supporte mal cette situation de tension et s'en ouvre dans une lettre écrite à Jacques Chirac. Quelques semaines plus tard, je figure sur la liste d'union pour les élections européennes. Pendant la campagne, Jacques Chirac vient vers moi : « C'est fait, vous y êtes, mais tâchez désormais de rester tranquille ! » J'accepte la remarque, mais au moins je suis élu au Parlement européen. Je vais y siéger dix ans. Pendant cette période, Claude refuse d'aborder le sujet. Elle perçoit, néanmoins, que je trace mon chemin.

Durant l'été 1990, je prépare un ouvrage sur l'éthique biomédicale *Souviens-toi de l'homme* (26), qui remportera un certain succès et reste d'actualité sur bien des points. Claude en cite un passage dans son livre de souvenirs. « On se prend à souhaiter que, de nouveau, on parle de l'âme, que l'on rappelle le souci de l'éthique… J'aime la phrase que mon fils écrivit dans la conclusion de son livre, “la vraie force est en nous : le respect de soi-même est la force de l'individu soumis au monde moderne. Cette attitude est indispensable pour pouvoir pleinement exercer la justice et faire preuve d'amour” (28). »

À l'issue de ce parcours européen, deux témoignages méritent d'être rapportés car ils impliquent à nouveau ma mère. En 1999, je dois effectuer un troisième mandat. Philippe Seguin, chargé de composer la liste, m'assure que je figure en bonne place. Les aléas de la politique sont tels qu'il est remplacé par Nicolas Sarkozy, auprès de qui j'obtiens un entretien. Il me vouvoie, c'est mauvais signe ! Je suis, en effet, rétrogradé pour raisons de convenance politicienne. Une lettre de ma mère à Jacques Chirac (encore une) n'y fera rien. Quelques semaines après les élections dont j'ai été évincé, je demande rendez-vous au président de la République. Promesse est faite de me nommer au Conseil économique et social. Au moment de le quitter, je lui lance, dépité : « En tout cas, je vous demande de ne pas me décerner la Légion d'honneur ! » Deux ans plus tard, sans en avoir été informé, je suis sur la liste de la présidence : telle est la complexité humaine.

Le président Chirac me remettra cette distinction, en présence de ma famille, au domicile familial du quai de Béthune. À l'encontre de tout protocole, je ne pourrai m'empêcher de prononcer quelques mots de remerciement pour ma mère, qui n'était sans doute pas étrangère à cette distinction inattendue. Je sais qu'elle s'est toujours appliquée à lisser les aspérités, répugnant aux « états d'âme » qui durent.

Parallèlement à ces pérégrinations me concernant, ma mère poursuit ses activités tant culturelles que sociales. C'est l'occasion d'échanges réguliers entre nous. En dépit de sa capacité de discernement, elle apprécie mes jugements dont elle ne dédaigne pas s'inspirer.

Cajarc : le refuge

La vie à Cajarc est animée : les amis passent et repassent, le personnel est mobilisé. Les chauffeurs se succèdent. L'un d'eux, après avoir quitté l'Élysée en raison d'un « léger » penchant pour la boisson, est affecté dans un ministère. Remplaçant le chauffeur habituel, il vient accueillir ma mère en gare de Cahors, où elle descend accompagnée de son amie Odile de Croÿ. Imbibé d'alcool, il veut avoir l'air de maîtriser son véhicule mais embarque ses deux passagères dans une course folle, roulant à vive allure sur la route étroite qui borde la rivière. Les deux femmes sont terrorisées. Odile ose une remarque. « Ne vous inquiétez pas Madame la princesse, rétorque le conducteur, je conduis toujours entre cent soixante et cent quatre-vingts kilomètres à l'heure ! » Elles arrivent à bon port, épuisées. Le chauffeur regagnera dès le lendemain son affectation d'origine...

Les amis arrivent le jour suivant, l'incident alimente les discussions. Pour couper court, Claude emmène tout le monde à la bergerie. À cette période, les petits agneaux nouveau-nés suscitent l'émotion. Le lendemain est consacré à une excursion à Villefranche-de-Rouergue, d'où ma mère rapporte quelques assiettes de collection et des étains pour compléter sa décoration de table. Sachant que les petits-enfants vont arriver, elle s'arrête chez « Jeanot Lou paysan » pour leur offrir des pantalons et des pull-overs rustiques. Thomas a vingt et un ans, Romain dix-huit et Yannick dix-sept. Ils sont ravis de retrouver Cajarc et le Causse où ils ont passé une partie de leur enfance. Entre la piscine chauffée et le ping-pong tout neuf, les vacances sont animées. Avec leurs vêtements de paysan, ils arpentent la campagne et rentrent fourbus le soir. Après le dîner, ils entament une partie de cartes en dégustant une vieille prune du Causse.

Le lendemain, un ami, dresseur de chevaux d'attelage, nous rejoint. Il organise des concours de calèches traditionnelles. Haut en couleur, il nous entretient de son séjour au cirque Barnum, aux États-Unis, du dressage des chevaux et des éléphants. Ma mère a l'art de rassembler autour d'elle de fortes personnalités ! Elle reçoit Jean Vigouroux et son épouse, propriétaires de l'hôtel du château de Mercuès et des vignobles de Cahors, puis les Bolufer : c'est l'occasion d'aller voir l'achèvement du viaduc de Millau, ouvrage d'art commandé par Édouard Balladur sur les traces de Georges Pompidou et supervisé par le maire de Millau, Jacques Godfrain [1].

Avec le notaire André Roux, successeur de son père, Armand, elle s'informe sur la vie de Cajarc. Son épouse, Jacqueline, et moi évoquons nos souvenirs de jeunesse lorsqu'elle était encore fiancée. Ma mère

1. Jacques Godfrain (1943-). Diplômé de l'Institut d'études politiques de Toulouse et de sciences économiques de Paris, il est attaché de direction à l'Union des transports aériens (1970-1978) avant de rejoindre la Snecma (1978-1980). Il est chargé de mission auprès de Georges Pompidou de 1973 à 1974, député et conseiller général de l'Aveyron puis conseiller régional de Midi-Pyrénées. Ministre de la Coopération de 1995 à 1997 et maire de Millau de 1995 à 2008 au moment de la réalisation du viaduc. Il devient, le 28 janvier 2011, président de la Fondation Charles de Gaulle.

participe à ces conversations et s'amuse de ces détails de collégiens qui lui avaient échappé.

À Conques, Pierre Soulages vient de terminer les vitraux de l'abbatiale Sainte-Foy. Leur matière translucide donne un éclairage mystique. Il écrira : « L'œuvre n'est intéressante que si elle dépasse l'artiste qui la produit (34-37). »

En dépit de son entrain naturel, Claude sait aussi se livrer à la méditation contemplative. Elle retournera souvent se recueillir dans ce lieu privilégié, situé en dehors du temps. Elle apprécie les expériences hors du commun et les sites d'exception.

La réalisation de la Maison des arts de Cajarc suscite son intérêt. Elle est lancée à l'initiative d'un psychiatre accompagnant des jeunes en difficulté, Jean-Paul Coussy, qui en assure la direction de 1979 à 1989, date à laquelle y est adjoint un centre de séjour pour artistes à Saint-Cirq-Lapopie : la maison Daura. Gilbert Paris en assure la présidence. De nombreuses expositions font appel à des artistes contemporains tels Bissière, Bernar Venet ou Martial Raysse (37). Claude assiste à l'inauguration puis aux vernissages de l'établissement qui devient, en 2004, le Centre d'art et de culture Georges Pompidou. Jean-François de Canchy accepte la présidence du conseil d'administration auquel je siégerai à partir de 2015, par fidélité à ma mère. C'est à son initiative, soutenue par le notaire André Roux, que cet établissement deviendra le Centre d'art et de culture Claude et Georges Pompidou. Il rayonne sur toute la région et au-delà.

Donner et recevoir

Le temps passe, mes enfants grandissent. Diplômé d'une excellente école de commerce, Thomas part pour New York où il est recruté par la banque Lazard. Il connaît aujourd'hui un grand succès dans la finance internationale tout en s'appliquant à garder un profil réservé. Il se marie en juillet 1999 à la pointe de Long Island, à Montauk, avec une jeune New-Yorkaise, originaire des Philippines et fille d'ambassadeur. Claude s'est déplacée avec Bernadette Chirac. Le temps est beau, l'atmosphère détendue, les jeunes mariés sont radieux. Le mariage religieux est célébré en octobre à Paris en l'église Saint-Louis-en-l'Île, où ma mère n'est pas revenue depuis le décès de son mari. Elle est touchée de voir son petit-fils se lancer dans la finance sous les meilleurs auspices.

Yannick le suit de près. Il se marie le 22 juillet 2000 dans la petite chapelle bretonne de Sainte-Marine. Il est normalien et agrégé de lettres modernes. Ma mère est satisfaite : il y a un banquier et un normalien dans la famille… Romain, lui, poursuit très tôt une vocation d'art dramatique. Il abandonne l'hypokhâgne du lycée Henri-IV en 1989 pour fonder avec des amis une compagnie de spectacle : « La tour de Babel ». Après quelques brillantes adaptations dont *La Tentation de saint Antoine* de Flaubert, il s'inspire du dialogue inter-culturel entre l'Occident, l'Orient et l'Amérique du Sud. Sa présence sur scène est remarquable de même que son talent de réalisateur. Notre famille s'est enrichie d'un artiste, Claude est comblée.

Mes beaux-enfants, ceux de Nicole, poursuivent leur chemin avec talent et régularité malgré les embûches habituelles. La fratrie recomposée est inséparable jusqu'à l'adolescence, chacun désormais suit sa voie, sans pour autant s'ignorer.

En 2000, il est temps de prévoir l'avenir ! Nicole et moi quittons l'île Saint-Louis pour nous installer au bout du pont Sully, en bordure de la Seine, quai Henri-IV. Ma mère fait refaire son appartement afin de le rendre plus habitable pour ses petits-enfants et arrière-petits-enfants, qu'elle reçoit régulièrement. Jacques Chirac veille à ce que Claude n'ait besoin de rien. Il l'entoure d'une réelle affection qu'elle apprécie, présente sans être pesante. Leur relation est restée intacte depuis l'accession du Corrézien à la présidence de la République en 1995. Les liens se sont même resserrés avec Bernadette, on voit souvent les deux « dames » ensemble. Claude se tient au courant auprès de Denise Esnous des moments où elle peut inviter le couple présidentiel ou organiser des voyages avec Madame Chirac lorsque la présidence de la Fondation des Hôpitaux, qu'elle vient d'accepter, lui en laisse le temps.

Cette période est jalonnée d'initiatives destinées à servir la mémoire de mon père. Créée dès 1989 par Édouard Balladur, l'Association Georges Pompidou constitue un fonds d'archives, complété par les témoignages oraux des principaux collaborateurs. De nombreux colloques sont organisés, Claude Pompidou y participe de même qu'à la remise du prix Georges-Pompidou. Elle ne se rend toutefois pas aux messes commémoratives de la mort de l'ancien président. Outre le fait qu'elle s'épargne de douloureux souvenirs, le protocole est parfois difficile à établir car Édouard Balladur, Jacques Chirac et Valéry Giscard d'Estaing sont amenés à s'y retrouver.

Le président Mitterrand affecte deux chartistes au classement des archives présidentielles. En 1994, malgré la réalisation par Serge Courte-Paris du timbre commémoratif du vingtième anniversaire de la disparition du président, ma mère et moi considérons que ces initiatives sont insuffisantes. Nous souhaitons mieux rappeler Georges Pompidou au souvenir des Français. Ils se souviennent d'une présidence heureuse, mais l'image de mon père s'estompe de la mémoire collective. Je m'appuie sur Denis Baudoin, qui avait dirigé la communication de l'Élysée avec Simone Servais (chargée de la presse à Matignon, rue de La-Tour-Maubourg, puis à la présidence), et nous contactons Marcel Jullian [1] pour préparer un ouvrage à destination du grand public sur les relations entre le général de Gaulle et Georges

1. Marcel Jullian (1922-2004). Dialoguiste, écrivain, réalisateur et scénariste, homme de télévision, il fut l'un des fondateurs de la chaîne Antenne 2, qu'il présidera de 1975 à 1977. Il est parallèlement directeur littéraire des Éditions Plon et Julliard. Et auteur de comédies réalisées au cinéma pour Gérard Oury. Il meurt brutalement en 2004.

Pompidou. Le titre est évocateur : *La France à voix haute : le soldat normalien* (12).

Publié en 1994, le livre aura hélas peu de succès : faute d'une bonne diffusion ou parce que les Français ont d'autres préoccupations. Claude en est déçue et multiplie, pour compenser, les apparitions médiatiques à l'occasion de ce vingtième anniversaire. Elle avait déjà répondu, en mars 1991, aux questions des journalistes de l'émission télévisée « L'Heure de vérité ». Chacun est frappé par sa séduction naturelle et un charme qui passe bien à l'écran. Sur le plateau d'Antenne 2 sont rassemblées des personnalités aussi diverses que Catherine Tasca, Alain Peyrefitte, Maurice Schumann, Jack Lang, Guy Béart : un éventail qui confirme l'ouverture d'esprit de Claude Pompidou, dont l'amitié ignore les catégories partisanes. Ultérieurement, elle enfonce le clou, insiste sur « le rôle déterminant de Georges Pompidou dans trois domaines principaux qui sont : la modernisation de l'industrie, l'ouverture de la France sur le monde et enfin l'attention particulière accordée à l'essor culturel. Mais mon mari a eu aussi une approche prémonitoire sur des sujets comme l'environnement, dont il a créé le premier ministère (28)… ».

Elle est néanmoins blessée par l'ingratitude du monde politique vis-à-vis de ce qu'il a fait pour la France : « J'en veux aux hommes politiques, de droite comme de gauche, de le gommer de leur propos. Quand je vois la façon chaleureuse dont les étrangers continuent de me parler de lui… Enfin, j'ai pris le parti de ne pas m'attrister et de penser à ce que j'ai à faire (28). »

Si elle estime devoir rendre hommage à l'action de son mari, elle garde du passé un souvenir douloureux. « J'ai détesté l'Élysée. L'Élysée a quelque chose qui fait que c'est une maison mal-aimée. Depuis la mort de mon mari, je n'y suis pas retournée et je n'y retournerai jamais, quel qu'en soit le président. Pour moi c'est la maison du malheur (35). »

C'est dans ce contexte qu'en 1995 elle commence à rédiger de courtes notes où elle dévoile un peu de son caractère. Dans ce petit carnet relié en cuir, que je retrouve vingt ans plus tard, elle fait un retour sur elle-même, témoignant de ce qu'elle a vécu avec Georges, de la manière dont elle perçoit l'évolution de la société et des valeurs qui l'animent (27).

Après deux années de travail et de maturation, elle confie, pour relecture, son manuscrit à un ami littéraire, ancien conseiller de Jack Lang à la Culture : Alain Arnaud [1].

La publication de *L'Élan du cœur* (28) connaît un vif succès. L'ouvrage est traduit en chinois. Ma mère y écrira : « Les Chinois me semblent, sur bien des

1. Alain Arnaud (1948 -). Docteur *ès* lettres, entré en 1975 au ministère de la Culture, il devient conseiller de Jack Lang de 1990 à 1993, puis chargé de mission auprès du président du Centre Georges Pompidou et nommé inspecteur de la Création et des Spectacles. Écrivain d'une grande sensibilité, il organise parallèlement un fonds d'archive dédié au domaine musical et chorégraphique.

points, assez proches des Français notamment par leur caractère enjoué, leur goût de plaisanter et de vivre. Ils me paraissent cependant plus sérieux (28)... » Elle y rend également un hommage au Général ainsi qu'à son épouse et y met en lumière ce qui a compté pour elle dans son parcours. Nouvelle dans sa vie, cette démarche traduit un besoin de s'exprimer, mais aussi de se projeter dans le futur.

Les êtres d'exception suscitent chez Claude un intérêt particulier. En 1998, sollicitée par un journaliste qui lui demande d'évoquer celui ou celle qu'elle désire rencontrer, elle répond par une boutade : « C'est certainement Zinédine Zidane. » Il vient de gagner la Coupe du monde de football...

Le musée de Montboudif est inauguré le 10 juillet 1999. Nous lui donnons l'original du portrait de Vasarely (dont la reproduction est présentée dans le hall du Centre Pompidou). J'y ajoute des souvenirs marquants de la vie de mon père. Une collection de photographies évoque ses relations avec l'Auvergne.

C'est le vingt-cinquième anniversaire de la disparition du président. Nicole et moi accompagnons à Montboudif ma mère, mon oncle Henri Domerg et son épouse Madeleine, sœur du défunt. Nous sommes accueillis dans la maison natale par ma cousine Françoise Coolen, son frère Jean-Paul et leur famille. Mon père avait décidé que Françoise hériterait de cette maison simple mais désormais historique. Il considérait que cette nièce veillerait au mieux à son entretien, comme s'y appliquaient déjà ses parents qui y séjournaient régulièrement l'été.

Le maire est présent, ainsi que son adjoint et Alain Marleix, député de la circonscription et président de l'association cantalienne destinée à perpétuer localement la mémoire paternelle. Le président Valéry Giscard d'Estaing et Édouard Balladur nous rejoignent afin de se recueillir avant la messe devant le monument dédié à Georges Pompidou. À la sortie, ils se prêtent à l'assaut des photographes et des caméras de télévision, puis au bain de foule au milieu des Cantaliens et des curieux. Un déjeuner s'ensuit dans une auberge voisine. Mais Claude, à la fois digne et émue, ne se laisse pas aller aux anecdotes et souvenirs de jeunesse et, après les remerciements d'usage, regagne Paris dans sa voiture.

Cet événement à retentissement local et national ainsi que la publication de *L'Élan du cœur* rappellent la mémoire de celui qui, avec son épouse, avait marqué une période heureuse de notre histoire.

Une femme accomplie

Comment mieux résumer la personnalité de ma mère qu'en faisant référence aux écrits dont elle est elle-même l'auteur ?

Visage énergique, regard direct, Claude privilégie indépendance d'esprit et liberté de jugement : le formalisme l'ennuie. Elle n'aime pas les « étiquettes ».

« Georges, non plus, pas plus en art qu'en politique. Il suffit de regarder les choix de son anthologie de la poésie française (28) », dit-elle. Animée d'une vive curiosité, elle passe ses expériences au crible de sa personnalité. « Je suis très indépendante tout en étant capable d'être dépendante. Je crois être quelqu'un d'authentique. En fait, j'ai absolument besoin d'être naturelle. Je parle parfois trop vite car je ne peux m'empêcher de dire ce que je pense (28). »

Elle sait se protéger, mais s'ingénie aussi à relever des défis de tous ordres. « Je crois à la puissance des décisions, comme à celle des convictions [...]. Il faut tenir compte de la part d'utopie qui anime les convictions profondes [...]. Je suis intuitive et instinctive, plus portée vers l'action que vers la réflexion : plutôt naïve et peu mystérieuse (28). » Claude défend ses convictions quoi qu'il lui en coûte : derrière une désinvolture, voire une futilité apparente se cache une grande détermination, carapace d'une profonde vulnérabilité. Cette complexité n'enlève rien à son authenticité, à la fraîcheur et au charme de sa simplicité naturelle. « J'aime la légèreté de ceux qui se montrent détachés, sans toutefois rester indifférents (27). »

Ma mère refuse les décorations qui « figent » la personnalité, elle tient à ne rien perdre de ce que lui offre la vie. « J'ai besoin de distraction : Malraux évoquait cet état de distraction tout-puissant qui nous permet de vivre (28). » Mais, parallèlement, le dépassement de soi est érigé en principe. « N'est-ce pas le lot des très grands artistes que d'échapper à la banalité du quotidien et la chance pour ceux qui les fréquentent d'accéder à un autre univers que le leur, d'étendre leur dimension (27) ? »

Comme l'évoque Delphine Le Guay dans son ouvrage *Femmes de président* (13) : « Paradoxalement, Claude Pompidou, qui n'a jamais manifesté d'intérêt pour la politique et semble être restée très en dehors, est intervenue à plusieurs reprises, par voie de presse essentiellement, afin de corriger les allégations ou présuppositions en tous genres que l'on a pu dire sur son mari. On découvre avec surprise que celle qui prétendait ne pas connaître tous les noms des ministres du gouvernement sous Pompidou était malgré tout très au courant de ce qui se passait en coulisse. » Sûre de la justesse de sa perception, par exemple, elle dément vigoureusement la prétendue brouille entre Pompidou et de Gaulle après Mai-68 : « Il n'y a jamais eu de divorce, en dépit de ce qu'essaient de faire croire ceux qui sont jaloux, parce que mon mari a été choisi bien que sorti de rien [...]. C'est-à-dire qu'il ne venait pas de la France libre et qu'il n'avait pas appartenu aux réseaux de la Résistance. Et pourtant le Général l'a choisi, appelé et gardé pendant vingt-cinq ans [...]. Le plus important, c'est de lire les lettres qu'il a adressées à mon mari : il comptait sur lui pour lui succéder (13). »

Claude s'inspire de l'empreinte humaine en s'appuyant sur l'histoire des peuples et des individus : son sens du passé permet d'acquérir la vision d'en haut. Personnalité en permanent devenir, elle a besoin de transmettre à ses proches le fruit des expériences acquises. « Au cours des déjeuners avec mon fils ou l'un de mes petits-fils, j'apprends beaucoup d'eux. En retour, j'essaie de leur transmettre mon expérience et de développer leur sens moral au cours de discussions à perte de vue sur tous les sujets, sans complexe ni préjugés (28) ! » « J'adore ma famille : enfants, petits-enfants, neveux et nièces. Tristesse des départs (27)... », écrira-t-elle. Elle exprime ainsi, dans l'intimité de son petit carnet, la tendresse qui l'attache à moi et à ma famille. Son plus grand plaisir est de se retrouver à Orvilliers ou à Cajarc, dans l'intimité et la simplicité auprès des siens.

« Avec le recul, le bonheur n'est pas un état permanent et notre existence connut ses moments de bonheur et ses épreuves. Mais les premiers l'emportent, de loin, sur les seconds. Nous avons su pendant près de quarante ans préserver notre intimité familiale, quelles que soient les circonstances où nous nous trouvions, comme nous avons su conserver des vertus auxquelles nous étions attachés : la simplicité, la sincérité et le goût de l'amitié (28). »

Fidèle à son passé et tournée vers l'avenir, Claude n'a plus rien à prouver sinon servir la mémoire de son mari disparu. Elle reste pourtant réactive, s'appuyant sur sa capacité au rêve.

Chapitre VIII

Grandeur et solitude : 2004-décembre 2006

Elle fait face

En 2003, je reçois un appel de Nicole Fontaine, ministre de l'Industrie. Elle propose ma candidature à la présidence de l'Office européen des brevets (OEB). Étant moi-même inventeur [1], j'accepte. Le poste nécessite de s'expatrier pendant trois ans à Munich, en Bavière. Mon épouse est partante, elle parle allemand. Ma mère, en revanche, est inquiète à l'idée de nous voir quitter la France et se retrouver seule.

J'entre en campagne et sillonne l'Europe. Au bout de quelques mois, je reste en compétition avec la directrice de l'office britannique, la situation est bloquée. Jacques Chirac et Tony Blair se mettront finalement d'accord, au cours d'un déjeuner officiel, sur un compromis destiné à élire en même temps le

1. Je suis aujourd'hui titulaire de plus de trente brevets d'invention que je développe de par le monde.

Français et la Britannique pour deux mandats consécutifs. Au 57e tour de vote, nous obtenons la majorité requise ! Le délégué néerlandais est le premier à sortir de la salle du conseil, il clame : « Habemus papam und mamam ! » Nicole est aussitôt informée. J'appelle Claude qui reste sans voix : son fils se trouve à la tête d'une organisation internationale paneuropéenne réunissant trente-huit États membres !

Il faudra cependant attendre deux ans pour qu'elle se déplace à Munich. Nous l'accueillons au pied de l'avion pour l'emmener à son hôtel, puis directement à l'office avant la tombée de la nuit. Stupeur devant la taille du bâtiment et la sculpture monumentale de Nicolas Schöffer, dans la cour d'honneur. Elle entre dans mon bureau, que j'ai meublé de canapés dessinés par Philippe Starck, s'assied, observe le décor et nous dit : « Je vois qu'ici il y a beaucoup d'argent ! »

Elle n'ose se l'avouer mais elle hésite à réaliser qu'il y a désormais un autre président dans la famille !

De Munich, nous nous organisons pour venir passer un week-end sur deux à Orvilliers. Mais bien que je l'appelle tous les matins à dix heures, Claude se sent isolée, et même « abandonnée » sur le plan familial.

Elle doit en outre faire face à des difficultés financières. L'entretien de Cajarc et le coût des gardiens sont très lourds, de même que les trains de vie à Paris et à Orvilliers. Elle a déjà vendu plusieurs de ses tableaux. Et doit se séparer d'un Yves Klein bleu et d'un Fontana de la série « Concerto spatial ». Elle négocie quelques bijoux que, d'ailleurs, elle ne porte pas.

Claude écrit, « Si l'on n'est pas dans la finance, si l'on n'a pas la fibre du commerce ou des affaires, nous avons tous, un moment ou l'autre, des difficultés financières, surtout si l'on est dépensier (13) ! » Voilà qui témoigne d'un certain réalisme.

*

Nous sommes en 2006 et ma mère a plus de quatre-vingt-dix ans. Malgré une résistance morale entretenue par les défis quotidiens qu'elle s'impose, des difficultés de santé apparaissent : une anémie est mise sur le compte d'une mauvaise assimilation du fer. Cette explication lui convient car elle lui permet de refuser tout examen complémentaire. Elle accepte un traitement symptomatique et adapte son régime. Malgré un amaigrissement notable, elle maintient ses engagements, ne voulant ni déchoir ni décevoir.

Le Dr Jack Dorol, médecin de l'Élysée dépêché par Bernadette Chirac, la suit régulièrement, elle lui fait confiance. Sage et compétent, il n'envisage pas d'intervenir tant qu'aucune aggravation ne menace le pronostic vital. Nous sommes d'accord sur cette attitude qui évitera de diminuer les forces vives et la persévérance de ma mère.

À la Fondation, son assistante, Nicole Le Picard prend sa retraite, Jean-Paul Bolufer est moins présent. Gilbert Paris et Serge Courte-Paris quittent Paris. Madeleine Négrel, fidèle à mes parents depuis 1945, retourne dans sa maison de campagne. Seule Denise Esnous reste disponible, trait d'union permanent avec Jacques et Bernadette Chirac qui sollicitent souvent ma mère. De son côté, elle évite de mobiliser le président de la République. Elle s'adresse plutôt aux ministres de la Culture – Jean-Jacques Aillagon puis Renaud Donnedieu de Vabres [1] – qu'elle invite quai de Béthune à ses traditionnels déjeuners en tête à tête.

Le Centre Pompidou est tenu avec fermeté par Bruno Racine [2] dont Claude a connu le père, Pierre, au Conseil

1. Renaud Donnedieu de Vabres (1954-). Diplômé de sciences politiques et ancien élève de l'ENA, promotion Voltaire 1980. Fils de Jacques Donnedieu de Vabres, il est le petit-fils d'Henri Donnedieu de Vabres, juge au procès de Nuremberg. Après plusieurs postes administratifs, il entame sa carrière politique auprès de François Léotard, ministre de la Culture (1987-1988) puis ministre de la Défense (1993-1995), avant d'être élu député d'Indre-et-Loire en 1997, réélu en 2002 et nommé ministre de la Culture du 31 mars 2004 au 15 mai 2007, précédé à ce poste par Jean-Jacques Aillagon et suivi par Christine Albanel. Après diverses responsabilités, il crée en 2012 la société de communication RDDV Partner.

2. Bruno Racine (1951-). Normalien, agrégé de lettres classiques, diplômé de l'Institut d'études politiques et de l'ENA, il est également écrivain. Auditeur à la Cour des comptes en 1979, conseiller référendaire en 1983, il rentre aux Affaires stratégiques et du désarmement du ministère des Relations extérieures (1983-

d'État. Cet énarque et normalien érudit connaît bien l'art contemporain. Il mène une politique offensive en faveur d'un Centre fort de son succès : vingt-deux expositions temporaires et trois mille cinq cents connexions Internet chaque jour. La fréquentation reste élevée. Il fait appel à des mécènes tels Bernard Arnault pour les expositions Yves Klein et Giacometti, qui fascinent Claude. Elle a tissé parallèlement des liens privilégiés avec Alfred Pacquement [1], ils ont la même passion pour la création contemporaine et partagent le même sens de la modestie, la même pudeur. L'homme a un humour froid, assorti d'une profonde richesse intérieure.

*

La Fondation Claude Pompidou se développe : le directeur général et le personnel permanent sont très

---

1988), avant de rejoindre le cabinet de Jacques Chirac à Matignon (1986-1988). Directeur des Affaires culturelles de la Ville de Paris jusqu'en 1993, il rejoint le cabinet d'Alain Juppé, ministre des Affaires étrangères, et le suivra à Matignon, chargé entre autres des questions culturelles. Il sera directeur de l'Académie de France à Rome (1997-2002), avant de prendre la présidence du Centre Georges Pompidou de 2002 à 2007. Il présidera ensuite la Bibliothèque nationale de France, reconduit jusqu'en mars 2016. Il a publié plusieurs ouvrages dont un sur le peintre Jean Hélion particulièrement apprécié de Claude Pompidou et le plus récent sur sa mère.

1. Alfred Pacquement (1948-). Il fait partie, dès 1970, de l'équipe de préfiguration du futur Centre Georges Pompidou. Conservateur du patrimoine, il est directeur du musée d'Art moderne de 2000 à 2013.

motivés. Les dons et legs sont réguliers, mais l'équilibre budgétaire est assuré par les mécènes, au premier rang desquels Bernard Arnault, Karl Lagerfeld et Monique Pozzo di Borgo. Les galas annuels, organisés par la fidèle Françoise Dumas, mobilisent encore de généreux donateurs. Comme le constatera Nicole Le Picard : « Madame Pompidou continue à sortir beaucoup. Elle va à tous les dîners d'ambassadeurs... Elle organise ces galas dans le but de solliciter des fonds pour sa fondation : le Tout-Paris se déplace pour soutenir l'œuvre mais surtout pour l'attachement à la présidente (13). »

Nous assistons Nicole, ma mère et moi, à un spectacle de Raymond Devos, à l'issue duquel il nous invite dans sa loge. Claude et lui sont ravis de se retrouver, le dialogue s'engage.

— Je suis impressionnée, que puis-je faire pour vous ?

— Mais asseyez-vous donc, répond l'humoriste.

Il la regarde avec une sympathie mêlée de compassion : « Madame, ce soir, puis-je vous dédier un petit cachet pour votre fondation ? » Claude se confond d'autant plus en remerciements qu'elle n'avait rien cherché à obtenir. Une fois de plus, elle suscite malgré elle la générosité.

Un sentiment de plénitude

En dépit de son énergie intérieure, elle ressent un isolement qu'elle s'évertue à combler par la domination d'elle-même. « Je suis seule », confie-t-elle à Serge Courte-Paris, qui, une fois de plus, perçoit son regard se perdre dans un ailleurs échappant à son interlocuteur.

À Orvilliers, le personnel est attentif. François et Thérèse Delaby évitent à ma mère tout souci d'ordre pratique. Elle emploie ses journées à lire ses « Pléiades », est attirée par Diderot, Voltaire et même Saint-Simon. Elle écrit aussi dans son carnet intime : « Je relis surtout Kafka, Musil [1] et Hölderlin [2] (27). » Leurs pouvoirs de suggestion littéraire et poétique l'entraînent dans un autre monde.

Elle relit encore Shakespeare, en anglais dans le texte, surtout lorsqu'elle revient d'un spectacle rassemblant à Paris les meilleurs interprètes. La musique agrémente ses longues heures de solitude : Boulez ainsi que Webern et Alban Berg, tous les deux précurseurs de la musique dodécaphonique, restent ses préférés. Elle se passionne également pour le parcours d'Alexandre le Grand qui, avant trente ans, avait poussé ses troupes jusqu'à l'Euphrate et bien au-delà, jusqu'à l'Indus.

Nous venons, comme convenu, Nicole et moi la retrouver à Orvilliers deux fois par mois. Tous deux seuls avec elle, les petits-enfants devenus de jeunes

1. Robert Musil (1880-1942). Essayiste, ingénieur et écrivain autrichien. Au même titre que Proust, James Joyce ou Thomas Mann, il est l'un des fondateurs de la littérature contemporaine.

2. Friedrich Hölderlin (1770-1843). Écrivain, penseur et poète allemand. Il situe son inspiration entre tragédie et poésie mêlées d'une folie constructive et anticipatrice de l'art moderne.

adultes ayant charge de famille. Pour se distraire, Nicole apporte la presse hebdomadaire et notamment quelques journaux « people » dont ma mère finit par se délecter, comme tout le monde, après avoir fait mine de les ignorer. Ce qu'elle appelle désormais « la presse futile » devient une source de conversation.

Le dimanche après-midi, Nicole prend le volant pour des balades jusqu'à la cathédrale de Chartres, en passant par Illiers, le « Combray » de Proust où nous nous attardons dans la maison de la « tante Léonie », d'*À la Recherche du temps perdu*. L'évocation de la « madeleine » de Proust, enfant, lui rappelle celle de l'odeur des camélias du jardin de sa grand-mère. Nous y partageons une vive émotion littéraire, notamment à la saison des aubépines en fleur, chères à l'écrivain : « Je trouve [le chemin] tout bourdonnant de l'odeur des aubépines (30). » À Montfort-Lamaury, la maison de Ravel est restée comme aux derniers jours du compositeur. Le château d'Anet est un ravissement et ma mère apprécie de refaire la tournée des châteaux Louis XIII de la région : Pontchartrain, Le Tremblay-sur-Mauldre, Gambais (évoqués dans *Les Rois maudits* de Maurice Druon), sans oublier les vestiges des villas gallo-romaines situées sur la route du futur pèlerinage du Mont-Saint-Michel.

*

En juillet 2006, lors des vacances en Bretagne, Claude nage tous les jours dans la mer à grandes brassées. Elle me confie : « Quand je rentre dans l'eau, cela me serre la nuque et puis ça passe. » Je l'engage à écourter ces baignades bretonnes qui commencent à être dangereuses pour elle. Elle marche ensuite plusieurs kilomètres sur la plage, d'un pas rapide. L'après-midi, en se rendant à la criée du Guilvinec, elle s'arrête à Pont-l'Abbé, chez Le Minor, pour nous offrir des nappes brodées au décor bigouden. Elle poursuit jusqu'au calvaire de Tronoën, le plus ancien de Bretagne. Elle passe par la chapelle de Tréminou, où a commencé la révolte des bonnets rouges en réaction au papier timbré instauré par Louis XIV. Elle découvre dans un champ, en bordure de forêt, trois énormes pierres levées qui indiquent une direction sacrée, puis un menhir isolé dans la rivière de Pont-l'Abbé. Elle est sensible aux lieux abritant les mégalithes, transformés plus tard en sites druidiques puis parfois en ermitages avant d'être abandonnés. Elle retourne voir les œuvres de Max Jacob au musée de Quimper, sa ville d'origine.

Lors d'un après-midi ensoleillé, je me hasarde à son retour de promenade à évoquer ses dispositions testamentaires. La réponse est immédiate « Mais, tu hérites de tout, je n'ai rien à prévoir. » Mon objectif était de préserver sa succession.

En août 2006 à Cajarc, elle profite de la famille réunie au grand complet : je m'occupe des noyers de mon père, Thomas plante un figuier, ses frères jouent au ping-pong.

Les visites en voiture nous mènent aux mégalithes de la région, à Figeac, cité médievale, puis Saint-Cirq-Lapopie avant de passer à la Maison des arts Georges Pompidou. Elle retourne au viaduc de Millau, désormais terminé, et à Conques, pour un moment de recueillement dans l'abbatiale baignée de la lumière diffuse des vitraux de Pierre Soulages.

*

À Paris, dans l'appartement du quai de Béthune, la Seine renvoie sur les murs les rayons du soleil. Les tableaux entourent Claude comme les totems familiers de toute une vie. Elle s'organise pour recevoir ses petits-enfants et leur famille : Thaddée, l'aîné de Thomas, rejoint par Héloïse et Valentin, les enfants de Yannick, pour des jeux sans fin. Yannick m'informe qu'il a décidé de passer tout son temps disponible en famille avec sa grand-mère, afin de profiter de sa présence le plus longtemps possible.

*

En septembre 2006, Claude Pompidou préside le dernier gala de sa fondation. Trop mince, elle présente une allure hiératique qui n'échappe à personne. Elle exprime sa gratitude dans une courte allocution que chacun se lève pour applaudir : le respect et l'admiration se font sentir. Au dîner, elle s'adresse, assise, aux convives. Sa robe est resplendissante, l'assistance se sent privilégiée de côtoyer cette personnalité d'exception.

Quelques semaines plus tard, elle pose, à Nice, la première pierre de son institut pour la maladie d'Alzheimer en présence du maire, Jacques Peyrat. Elle va en suivre régulièrement la progression.

Chapitre IX

Les derniers mois : 2007

Ultimes rayonnements

Le 26 décembre 2006, l'épouse de mon fils Thomas, Marean, donne naissance à des jumeaux, Achille et Philippine à New York. Le 11 janvier 2007, Claude est l'invitée d'honneur des Amis américains du Centre Pompidou. Elle propose à Bernadette Chirac de l'accompagner. Une date est trouvée. La visite des deux présidentes est très attendue par la famille de mon fils. La photographie de Claude, Bernadette, des jumeaux et de leur grand frère est encore exposée aujourd'hui dans l'ancien bureau de ma mère, à sa fondation. C'est l'image du bonheur. Elle fait pendant au cliché de presse sur lequel le général de Gaulle incite Georges Pompidou à devenir Premier ministre : plus de cinquante ans de vie et d'efforts sont réunis par ces deux illustrations.

Lors de ce voyage, Claude rencontre Jeff Koons, l'artiste iconoclaste à la cote vertigineuse ; et lui fait promettre de donner une œuvre au bénéfice de la

Fondation. Promesse tenue trois ans plus tard, grâce à Bernadette Chirac qui la lui rappellera, devant moi, lors de l'inauguration de sa grande exposition au Centre Pompidou.

Au retour de ma mère des États-Unis, nous nous retrouvons un moment seuls. Elle aborde ses soucis de santé, mais refuse le bilan complet que je lui propose. Elle évoque en revanche, à demi-mot, la possibilité que Bernadette Chirac puisse « venir la seconder » à la Fondation : « Elle accomplit un travail fantastique avec les pièces jaunes, me dit-elle. Je voudrais bien pouvoir m'appuyer sur elle. » Quel aveu ! Marque d'amitié, de confiance mais témoignage également d'une grande lucidité.

En février, Claude Pompidou organise chez elle une réception pour les quatre-vingts ans de Maurice Béjart. Plus élégante que jamais, elle est entourée par leurs amis communs : Pierre Boulez qui occupe une place privilégiée, mais également leur ami Laurent Bayle, qui a quitté l'Ircam pour diriger la Cité de la musique, ainsi que les artistes qui sont à Paris à ce moment-là. Béjart est ému. Claude encore plus.

Le 2 avril 2007, trente-trois ans jour pour jour après la disparition de mon père, Alain Seban [1] succède à Bruno Racine à la tête du Centre Pompidou.

---

1. Alain Seban (1964-). Diplômé de l'École polytechnique et de l'École nationale d'administration. Chargé de la Culture auprès de Jacques Chirac, président de la République. Il présidera le Centre Georges Pompidou du 2 avril 2007 au 29 février 2015, où il sera remplacé par Serge Lasvignes. Il aura élaboré

Curieuse coïncidence. Il ne rencontrera ma mère que deux fois en tête à tête. La première avant sa nomination, à la demande de Jacques Chirac : il est tellement ému qu'il en oublie d'admirer les œuvres qui évoquent le parcours hors du commun de Claude et Georges Pompidou. Ma mère ne lui en porte pas grief parce qu'elle est séduite par ce jeune polytechnicien et énarque. Brillant, déterminé, il est également sensible à l'art contemporain et elle trouve en lui, dès leur premier entretien, de profondes résonances avec sa manière de percevoir la création artistique. Elle s'en ouvre à moi lors de nos conversations téléphoniques quotidiennes entre Paris et Munich. À leur seconde rencontre, il est déjà nommé président du Centre. Plus détendu, il admire les œuvres d'art puis il s'imprègne pendant deux heures de la démarche qui a conduit à la réalisation du Centre. Catalyseur d'énergies, Alain Seban va « chausser les bottes » de Georges Pompidou en s'appliquant à développer la vision du projet initial. Claude est sereine, la relève est assurée.

En février 2005, Renaud Donnedieu de Vabres est ministre de la Culture. Devant le refus de Claude d'accepter toute distinction honorifique, il décide d'organiser une réception en son honneur, réunissant

---

et fait avaliser un plan stratégique puis accompagné la création du Centre Pompidou-Metz ouvert en 2010, et créé enfin, à titre temporaire, le Centre Pompidou-Malaga. Conseiller d'État, il est chevalier de la Légion d'honneur et commandeur des Arts et des Lettres.

ses proches parmi les artistes et les personnalités du monde culturel.

Elle apprécie cette attention délicate et donne, à la suite de cette manifestation, plusieurs interviews où elle livre ses pensées, revient sur son passé, sa jeunesse, le parcours de son mari, sa fondation et le Centre Pompidou, ses engagements et son intense activité. « Vous savez, moi je suis quelqu'un qui n'aime pas attendre. Je suis un peu comme un moteur. Alors, quand je commence, je continue… quand j'ai décidé de faire quelque chose, je le fais sans traîner (28). »

En mai 2007, Nicolas Sarkozy alors candidat à l'élection présidentielle, demande à la rencontrer. Elle lui donne rendez-vous le 4 à la Fondation. Circonspecte, mais habile, elle évoque la maladie d'Alzheimer. Le candidat lui promet d'en faire une cause nationale s'il est élu. Ils posent ensemble devant la fenêtre qui donne sur le Centre Pompidou. Hasard de la campagne ou décision délibérée, cette photo n'est pas publiée. Claude apprécie cette visite finalement désintéressée.

Le 20 juin 2007, lors du conseil d'administration de sa fondation, sans exprimer la moindre faiblesse intellectuelle, ma mère laisse apparaître une grande fatigue. Au lieu de la réception traditionnelle avec le personnel, une réunion en petit comité se tient dans son bureau avec Richard Hutin en présence de Jacques Chirac et de Simone Veil. Chacun prend congé sans rien exprimer, bouleversé par l'émotion.

Après leur départ, ma mère est assise à son bureau, Richard Hutin face à elle. Elle commente : « Je crois que ce que nous avons fait est bien. Mais pourquoi personne n'a rien dit ? » Elle attendait un mot, une phrase de réconfort au moment où une page de sa vie se refermait. Elle se lève et salue sans rien ajouter [1]. Elle sait qu'elle dit adieu à sa fondation.

Le 30 juin 2007, Claude décide de revoir les expositions permanentes du Centre Pompidou. Habillée d'une robe mauve, à larges plis pour cacher sa minceur excessive, elle passe et repasse devant les œuvres. Seule, dans une forme de communion avec les créations contemporaines. Le photographe du Centre est autorisé à filmer [2]. Ce reportage est émouvant par la simplicité et l'authenticité de ce dernier hommage rendu aux artistes qu'elle aime et aux œuvres que découvriront, encore et encore, les visiteurs à venir. Sa passion ravive une dernière fois son énergie. Elle rentre chez elle heureuse de l'hommage rendu, imprégnée par le souvenir de ces œuvres familières.

Entourée des siens

Son médecin et moi l'avions convaincue de prendre rendez-vous pour un bilan complet, dans une clinique

1. Témoignage de Richard Hutin à l'auteur.
2. Ce reportage figure dans les collections audiovisuelles du Centre Pompidou.

voisine. Le vendredi soir, elle a des difficultés à se déplacer. Son chauffeur nous appelle, mon épouse et moi, à Munich, pour nous faire part de son inquiétude. Nous arrivons dès le samedi midi. Par une grâce du ciel, ses petits-enfants américains et leur famille sont venus à Paris de New York pour quelques jours. Romain est disponible. Yannick et les siens passent le soir. Pour faire diversion, nous regardons ensemble à la télévision *Le Gendarme de Saint Tropez* avec Louis de Funès. L'ambiance est sereine. Yannick doit partir le lendemain matin pour L'Isle-sur-la-Sorgue. Avec Daniel Abadie [1], il est commissaire adjoint d'une exposition d'hommage au poète René Char (1). Yannick propose de rester à Paris, mais Claude exige qu'il mène son action jusqu'au bout.

Le lendemain, lundi à dix heures trente du matin, ma mère n'est toujours pas apparue. C'est le jour du rendez-vous à la clinique. Pénétrant dans sa chambre, je la trouve à peine consciente, vraisemblablement victime d'une crise cardiaque. Le Samu, grâce à un traitement efficace, lui permet de revenir à elle : elle demande un café. Les soins s'organisent sous le contrôle du fidèle Dr Dorol, médecin de l'Élysée, et, l'après-midi, Claude a repris des forces : mon épouse lui propose de la recoiffer, elle s'empare du peigne et procède par elle-même !

---

1. Daniel Abadie (1945-). Historien d'art, directeur de la galerie nationale du Jeu de paume (1994-2004), où il sera commissaire de la rétrospective *Georges Pompidou et la modernité* de février à avril 2007.

*

Jacques et Bernadette Chirac lui rendent visite, la voix nouée par l'émotion.

— Comment allez-vous ? leur lance-t-elle.

— Chère Claude, c'est à vous qu'il faut poser la question, répond Jacques.

— Je suis heureuse de vous voir.

À leur retour dans le salon, je leur explique ce qui est arrivé. Les médecins renoncent à se prononcer. Je profite de ce moment privilégié pour indiquer à Bernadette Chirac que son nom a été évoqué par ma mère pour la présidence de sa fondation. « C'est un honneur pour moi mais, comme vous le savez, je dois m'occuper de la Fondation des Hôpitaux. » Jacques Chirac la coupe aussitôt : « Bernadette, vous ne pouvez rien refuser à Madame Pompidou ! »... L'avenir de la Fondation est assuré.

Édouard Balladur et son épouse leur succèdent. Une conversation s'engage : courte mais intime et chaleureuse, légère pour ne pas fatiguer ma mère, mais attentionnée. Ils sont bouleversés, traversés par tant de souvenirs communs.

Nicole, Thomas, son épouse Marean et moi restons dormir sur place. La nuit est paisible. Le lendemain matin, 3 juillet, ma mère est peu présente. Elle n'est pas transportable. Après avoir passé quelques minutes auprès d'elle, le médecin nous demande de venir l'entourer. Yannick est déjà parti pour le Midi, respectant l'engagement pris auprès de sa grand-mère bien qu'il ait croisé l'ambulance du Samu sur le quai de Béthune.

Quelques minutes plus tard, « Biche » nous quitte, après qu'elle nous a tous reconnus et que nous l'avons embrassée. Le ciel – ou le destin – a fait que nous avons été réunis autour d'elle. C'est la fin paisible de celle qui a su nous entourer de sa tendresse en dépit de « la bataille pour la vie » qu'elle a menée de bout en bout.

Je recevrai quelques heures plus tard deux appels téléphoniques de François Fillon, Premier ministre, au nom des liens anciens entre nos deux familles et de Michèle Alliot-Marie, devenue une fidèle amie durant notre mandat commun au Parlement européen.

*

Le 7 juillet, en présence du président Sarkozy, la cérémonie religieuse, à l'église Saint-Louis-en-l'Île, rassemble les intimes et le Tout-Paris pour un hommage du cœur. La messe est chantée en grégorien. Une composition pour flûte de Pierre Boulez est interprétée, à la perfection, par un musicien de l'Ensemble intercontemporain. Elle témoigne de la fidélité du monde de la création contemporaine. Nous partons en famille au cimetière d'Orvilliers, où reposent désormais, ensemble, les époux réunis.

Épilogue

Claude Pompidou suscite une admiration unanime. On lui reconnaît d'avoir su construire sa personnalité au fil du temps, dans les meilleurs moments comme les plus difficiles. Prestance, générosité, ouverture d'esprit et fidélité totale à la mémoire de son mari, son image impressionne encore. Incarnation d'un destin d'exception, elle savait à la fois se retourner sur le passé et se projeter vers l'avenir. D'elle, beaucoup ont énormément appris. Moi le premier. Parce que Claude, c'était ma mère.

*

Peu avant sa disparition, à la fin d'un entretien avec Caroline Pigozzi de *Paris Match*, celle-ci s'était hasardée à lui poser une question personnelle.

— Madame, après vous, comment voyez-vous la suite ?

— Comment cela, après moi ?

— Oui, je veux dire dans l'au-delà ?

La réponse fuse, limpide :

— Dans l'au-delà ? Mais je pense que tout est organisé.

Références bibliographiques

Ouvrages cités (1-38)

1. ABADIE, Daniel, *René Char : paysages premiers*, Hazan, 2007.
2. BALLADUR, Édouard, *La Tragédie du pouvoir – Le Courage de Georges Pompidou*, Fayard, 2013.
3. BOISSIEU, Alain de, *Pour servir le Général*, Plon, 1982.
4. BORDAZ, Robert, *Le Centre Pompidou, une nouvelle culture*, Ramsay, 1977.
5. DUPUY, Anne-Marie, *Le Destin et la volonté : Mémoires*, La Table ronde, 1996.
6. ÉSAMBERT, Bernard, *Une vie d'influence*, Flammarion, 2013.
7. GALL, Jacques et François, *Les Invités du tour du monde*, Gallimard, coll. « L'Air du Temps », 1958.
8. GRACQ, Julien, *Au château d'Argol*, José Corti, 1989.
9. GRIMAUD, Maurice, *En mai, fais ce qu'il te plaît*, Stock, 1977.
10. GRIMAUD, Maurice, *Je ne suis pas né en Mai-68 – Souvenirs et carnets : 1934-1992*, Taillandier, 2007.
11. JOBERT, Michel, *Ni dieu ni diable – Conversations avec Jean-Louis Remilleux*, Albin Michel, 1993.

12. JULLIAN, Marcel, *La France à voix haute – Le Soldat et le Normalien*, Fayard, 1994.
13. LE GUAY, Delphine, *Femmes de président*, France-Empire, 1995.
14. MALRAUX, André, *Les Noyers de l'Altenburg*, Gallimard, 1948.
15. MALRAUX, André, *La Métamorphose des dieux*, Gallimard, 1957.
16. MALRAUX, André, *Psychologie de l'art – La Création artistique*, Albert Skira, 1948.
17. MASSU, Jacques, *Baden 68 – Souvenirs d'une fidélité gaulliste*, Plon, 1983.
18. MAURIAC, Claude, *Un autre de Gaulle – Journal (1946-1954)*, Hachette, 1970.
19. MEYER-STABLEY, Bertrand, *Les Dames de l'Élysée – Celles d'hier et de demain*, Perrin, 1999.
20. MOLLARD, Claude, *L'Enjeu du Centre Pompidou*, 10-18, 1976.
21. POMPIDOU, Georges, *André Malraux, pages choisies*, Hachette, 1955.
22. POMPIDOU, Georges, *Anthologie de la poésie française*, Hachette, 1961 ; Le Livre de Poche, 1967.
23. POMPIDOU, Georges, *Le Nœud gordien*, Plon, 1974.
24. POMPIDOU, Georges, *Entretiens et discours, 1968-1974*, Plon, 1975.
25. POMPIDOU, Georges, *Pour rétablir une vérité*, Flammarion, 1982.
26. POMPIDOU, Alain, *Souviens-toi de l'homme – L'Éthique, la vie, la mort*, Payot, 1990.
27. POMPIDOU, Claude, *Carnets personnels*, 1994.
28. POMPIDOU, Claude, *L'Élan du cœur – Propos et souvenirs*, Plon, 1997.

29. POMPIDOU, Georges, *Lettres, notes et portraits, 1928-1974 – Témoignage d'Alain Pompidou, préface d'Éric Roussel*, Robert Laffont, 2012, Le Livre de Poche, 2014.
30. PROUST, Marcel, *À la recherche du temps perdu, vol. 1 : Du côté de chez Swann*, Bernard Grasset, 1913.
31. ROTHSCHILD, Guy de, *Contre bonne fortune…*, Belfond, 1983.
32. ROUSSEL, Éric, *Charles de Gaulle*, Gallimard, 2002, Perrin, col. « Tempus », 2002.
33. ROUSSEL, Éric, *Georges Pompidou*, J.-C. Lattès, 1984, revu et corrigé 1994, nouvelle édition Perrin, coll. « Tempus », 2004.
34. SOULAGES, Pierre, *Noir lumière*, La bibliothèque des Arts, 2002.
35. TERRAY, Aude, *Claude Pompidou – L'Incomprise*, Éditions du Toucan, 2010.
36. TERRAY, Aude, *Madame Malraux*, Grasset, 2013.
37. VEZIN, Jean-Luc, *Autour d'une collection : le président et Madame Georges Pompidou*, Arts et dialogues européens, Maison des Arts Georges Pompidou, 1994.
38. VIATTE, Germain, *Le Centre Pompidou – Les Années Beaubourg*, Gallimard, 2007.

Ouvrages consultés

ABADIE, François et CORCELETTE, Jean-Pierre, *Georges Pompidou – Le Désir et le Destin,* Nouveau Monde Éditions, 2007.

BROMBERGER, Merry, *Le Destin secret de Georges Pompidou*, Fayard, 1965.

CHAZOT, Jacques, *Chazot Jacques*, Stock, 1975.
CHIRAC, Bernadette avec Patrick de CAROLIS, *Conversation*, Plon, 2001.
CLERC, Christine, *Tigres et Tigresses – Histoire intime des couples présidentiels sous la Vᵉ République*, Plon, 2006.
COTTA, Michèle, *Cahiers secrets de la Vᵉ République, tome I : 1965-1977*, Fayard, 2007.
ÉSAMBERT, Bernard, *Pompidou – Capitaine d'industries*, Éditions Odile Jacob, 1994.
FERNIOT, Jean, *8 h 15, De de Gaulle à Pompidou*, Plon, 1972.
FRÈREJEAN, Alain, *C'était Georges Pompidou*, Fayard, 2007.
GARAUD, Marie-France, *La Fête des fous – Qui a tué la Vᵉ République ?*, Plon, 2006.
GUICHARD, Olivier, *Mon général*, Grasset, 1980.
GAULLE, Charles de, *Mémoires de guerre*, 3 tomes, Plon, 1954-1959.
GAULLE, Charles de, *Mémoires d'espoir*, Plon, 1970 et 1971.
GAULLE, Philippe de, *De Gaulle, mon père – Entretiens avec Michel Tauriac, tomes I et II*, Plon, 2004.
GAULLE, Yves de, *Un autre regard sur mon grand-père Charles de Gaulle*, Plon, 2016.
GENESTE, Pascal et BAT, Jean-Pierre, *Georges Pompidou 1911-2011*, catalogue d'exposition, Archives nationales, 2011.
GIDEL, Henry, *Les Pompidou*, Flammarion, 2014.
GISCARD D'ESTAING, Valéry, *Le Pouvoir et la Vie*, 3 vol, LGF, 1988-1991.
JOBERT, Michel, *Mémoires d'avenir*, Grasset, 1971.

MALRAUX, André, *Les chênes qu'on abat...*, Gallimard, 1971.

MALRAUX, André, *Antimémoires*, Gallimard, 1972.

PEYREFITTE, Alain, *Rue d'Ulm – Chroniques de la vie normalienne*, Fayard, 1994.

PEYREFITTE, Alain, *C'était de Gaulle*, 3 tomes, Fayard, 1997-2000.

POUJADE, Robert, *Le Ministère de l'impossible*, Calmann-Lévy, 1975.

POUJADE, Robert, *Avec de Gaulle et Pompidou*, l'Archipel, 2011.

SERVAIS, Simone, *Regards sur de Gaulle*, Plon, 1990.

SERVAT, Henry-Jean, *Les Premières Dames de France*, Albin Michel, 2007.

TOURNOUX, Jean-Raymond, *La Tragédie du Général*, Plon, 1967.

TOURNOUX, Jean-Raymond, *Le Mois de mai du Général*, Plon, 1969.

TOURNOUX, Jean-Raymond, *Le Tourment et la fatalité – Tout fini par se savoir*, Plon, 1972.

TRICAUD, Sabrina, *Les Années Pompidou*, Belin, 2014.

VENDROUX, Jacques, *Ces grandes années que j'ai vécues, 1958-1974*, Plon, 1975.

Index des noms cités

H

J

Q

R

S

T

U

V

Remerciements

Je tiens à mentionner d'abord mon épouse, Nicole, qui a mis en forme les versions successives de cet ouvrage. Elle m'a suggéré la photographie de couverture et m'a aidé pour la présélection des clichés du cahier d'illustrations. Son soutien quotidien m'a permis d'aboutir dans cette initiative à forte consonance émotionnelle.

Sylvie Santini et Françoise Dumas sont à l'origine de cet hommage à Claude, ma mère. Indépendamment des témoins qui m'ont apporté leur contribution avec sérieux et fidélité, je souhaite remercier Éric Roussel, pour son introduction, Sylvie Santini, pour la direction de l'ouvrage et Philippe de Ratuld, pour la relecture du manuscrit.

Quant à Thierry Billard, directeur éditorial de Flammarion, il m'a témoigné sa confiance assortie d'un intérêt pour ma démarche sous forme d'un récit vivant.

Chacun d'entre eux m'a permis de mener à bien ce travail de mémoire sur une femme d'exception.

L'intégralité des droits d'auteur de cet ouvrage sera versée exclusivement à la Fondation Claude Pompidou.

Table

Imprimé en France par CPI
en novembre 2016

Mise en page par
Pixellence/Meta-systems
59100 Roubaix

Dépôt légal : octobre 2016
N° d'édition : L.01ELKN000604.A003
N° d'impression : 138534